Les religions afro-caribéennes à la lumière de la foi chrétienne

GLOBAL LIBRARY

Ce volume représente une étude originale sur l'émergence, l'histoire, la théologie, l'éthique, la philosophie et les rites cérémonieux de cinq cultes religieux afro-caribéens – le vodou, la santeria, le Shango, les sectes de réveil et le rastafarisme. Suite à leur exposé sur ces cultes religieux, les auteurs discutent des similitudes et des différences entre ces religions afro-caribéennes et les principales doctrines de la chrétienté : la christologie, l'anthropologie, l'hamartiologie, la pneumatologie, la sotériologie et la doctrine de Dieu. Cette enquête érudite et remarquable démontre la complexité de l'atmosphère religieuse courante dans les Caraïbes et servira certainement de ressource pour l'évangélisme dans les Caraïbes et au-delà.

Hélène Dallaire, PhD
Professeure d'Ancien Testament et de langues sémitiques,
Directrice des programmes de judaïsme messianique,
Denver Seminary, Colorado, États-Unis

Je félicite chaleureusement les auteurs Dieumeme et Mirlenda Noëlliste pour leur excellent travail dans leur ouvrage *Les religions afro-caribéennes à la lumière de la foi chrétienne*. Dès le départ, leur volonté est claire : adopter l'approche de l'apôtre Paul envers la spiritualité athénienne pour étudier la réalité religieuse des Caraïbes. Leur traitement des principales religions afro-caribéennes aide le lecteur à abandonner les stéréotypes et à se faire une idée plus précise de ces systèmes de croyances. Le résultat est une compréhension plus respectueuse que celle que l'on peut souvent rencontrer en dehors de ces systèmes, ce qui nous permet de mieux les comparer aux doctrines bibliques fondamentales. Ce livre est utile pour qui veut comprendre la vision du monde des Caribéens et a pour cœur de les inviter à « saisir la vraie vie» (1 Tm 6.19).

John Berger
Ancien Président,
Séminaire de Théologie Évangélique de Port-au-Prince, Haïti
Vice-Président,
Crossworld

Les diverses réalités des religions afro-caribéennes sont mises en lumière au travers d'images bien choisies avec, à l'appui, des citations pertinentes, laissant place bien sûr à de nombreuses références bibliques. Nul doute que ce livre est le bienvenu dans un contexte où l'évangile de Jésus-Christ est attaqué de toute part, car nous pouvons crier haut et fort : *Soli Deo Gloria, Solus Christus, Sola Gratia, Sola fide, Sola Scriptura.*

Luc Saint Louis
Directeur,
Institut Biblique Afro-Caribéen (IBAC), France

La théologie contextuelle est l'un des domaines d'investigation et de recherche les plus négligés et sous-représentés au sein de l'académie évangélique aujourd'hui. Cet ouvrage, *Les religions afro-caribéennes à la lumière de la foi chrétienne*, qui offre un engagement clair, concis et complet de l'interfaçage de la culture animiste et de la théologie chrétienne, est non seulement une ressource utile pour des millions de croyants et d'érudits du monde majoritaire, mais il est aussi un témoin du fait que les tendances du christianisme mondial et sa représentation majoritaire dans les pays du Sud doivent être prise au sérieux.

Matthew Ayars, PhD
Président,
Séminaire Biblique Emmaüs, Cap-Haïtien, Haïti

Le christianisme s'est toujours distingué du vodou tant dans sa doctrine et son éthique que dans ses pratiques et ses aspirations. Cela étant dit, c'est vraiment rafraichissant que de lire : *Les religions afro-caribéennes à la lumière de la foi chrétienne*. Les auteurs proposent ici une œuvre savante, approfondie et élaborée. Le lectorat évangélique leur saura un gré infini pour cet excellent outil qui contribuera certainement à « encourager les autres par la saine doctrine et réfuter les contradicteurs » (Tt 1.9, Segond 21).

J. Abede Alexandre, DMin, PsyD
Pasteur titulaire,
Église Baptiste du Tabernacle
Professeur adjoint de Psychologie,
Gordon Conwell Theological Seminary, Massachusetts, États-Unis
Psychologue clinicien,
Boston, Massachusetts, États-Unis

Cet ouvrage est une mine de connaissances sur les courants culturels, religieux, théologiques et philosophiques des Caraïbes. La profonde analyse qui en est faite devrait intéresser tous les chercheurs de la région et du monde, et tout particulièrement les leaders religieux, les professeurs et étudiants des séminaires théologiques.

Joël Vibert, D. Min.
Président,
Séminaire Théologique de l'Église de Dieu en Haïti (STEDH)
Pasteur,
Église de Dieu de Carrefour Feuilles, Port-au-Prince, Haïti

La formulation théologique dans le contexte afro-caribéen poursuit sa marche pour établir les chrétiens dans le vécu de leur foi en Jésus-Christ. L'ouvrage de Dieumeme Noëlliste et Mirlenda Noëlliste est venu à point nommé au stade crucial de cette formulation dans le contexte afro-caribéen. Par une analyse critique du contexte religieux et faisant usage de la méthode de l'apôtre Paul confronté au contexte athénien similaire à celui en discussion dans l'ouvrage, les auteurs passent du descriptif religieux à une courageuse interaction des doctrines religieuses en présence de la révélation biblique. Le résultat d'une telle entreprise théologique de dialogue, confrontant les similitudes et les différences des religions afro-caribéennes avec la foi chrétienne, est la réaffirmation et la formulation d'une doctrine trinitaire contextuelle, unique à la profession de foi chrétienne qui, selon les auteurs, constitue « l'essence de la conviction et l'orthodoxie chrétienne » (p. 2) qui soutient et donne un sens au vécu chrétien.

Je recommande fortement cet ouvrage à la lecture et à l'utilisation de ces convictions pour affirmer sa foi sans complaisance dans un contexte de confusion religieuse et déclarer avec l'apôtre Paul : « Je sais en qui j'ai cru ! » (2 Tm 1.12).

Dr Abel Ndjerareou
Ancien Doyen,
Faculté de Théologie Évangélique de Bangui (FATEB)
Membre de la Haute Autorité Académique,
Conseil des Institutions Théologiques d'Afrique Francophone (CITAF)
Directeur,
École Doctorale de l'Université Évangélique du Tchad (UET)

Cet ouvrage utilise une approche historique, religieuse et ethnographique pour discuter des similitudes et des différences entre les religions afro-caribéennes et la foi chrétienne. Les auteurs ont fait montre d'une dextérité exceptionnelle tant dans les recherches que dans l'analyse critique qui supportent leurs conclusions. Le lecteur curieux ou chercheur trouvera dans ce livre de quoi nourrir et soutenir une conversation utile sur la vie culturelle et religieuse des Caraïbes.

Abson Prédestin Joseph, PhD
Doyen des Affaires Académiques,
Professeur de Nouveau Testament,
Wesley Seminary, Indiana Wesleyan University, États-Unis

Deux théologiens évangélistes, oncle et nièce de surcroît, proposent dans cet ouvrage une analyse comparée des religions d'origine africaine des Caraïbes. Saluons l'énorme travail d'érudition et de rigoureuse argumentation dont témoigne cet ouvrage. Il représente sans aucun doute un ouvrage de référence pour tout théologien et/ou pasteur évangéliste souhaitant porter la parole de Dieu dans les Caraïbes. Espérons qu'il contribuera à effacer le discours qui a cours actuellement dans les Églises évangéliques et qui diabolise les religions afro-caribéennes.

Dr Marie-José Nzengou-Tayo
Professeure de français,
University of the West Indies, Mona, Jamaïque

Qualifier ce travail du Dr Dieumeme Noëlliste, un éminent théologien, et du Dr Mirlenda Noëlliste, une éducatrice chevronnée au niveau universitaire, de contribution énorme n'est pas une exagération. Ces deux théologiens chrétiens, au lieu de faire *tabula rasa* de ces phénomènes religieux ou de les traiter d'une manière superficielle, comme le font la plupart de leurs collègues, ont choisi de faire une étude descriptive de chaque phénomène en particulier, de les analyser tous et de nous présenter ce travail de religions comparées. Cet ouvrage sera utile non seulement aux chercheurs, étudiants et adeptes du secteur judéo-chrétien, mais aussi à tous ceux qui cherchent à mieux connaître et à mieux comprendre ces religions afro-caribéennes. Voilà une œuvre de grande valeur et d'une utilité universelle que nous recommandons à tous. Bonne lecture !

Rony Joseph, MA
Créoliste et auteur

Les religions afro-caribéennes à la lumière de la foi chrétienne

Similitudes et différences

Dieumeme Noëlliste et Mirlenda Noëlliste

GLOBAL LIBRARY

© Dieumeme Noëlliste et Mirlenda Noëlliste, 2019

Publié en 2019 par Langham Global Library,
Une marque de Langham Publishing
www.langhampublishing.org

Les éditions Langham Publishing sont un ministère de Langham Partnership.

Langham Partnership
PO Box 296, Carlisle, Cumbria, CA3 9WZ, UK
www.langham.org

ISBNs:
978-1-78368-652-0 Print
978-1-78368-686-5 Mobi
978-1-78368-685-8 ePub
978-1-78368-687-2 PDF

Conformément au « Copyright, Designs and Patents Act, 1988 », Dieumeme Noëlliste et Mirlenda Noëlliste déclarent qu'ils sont en droit d'être reconnus comme étant les auteurs de cet ouvrage.

Tous droits réservés. La reproduction, la transmission ou la saisie informatique du présent ouvrage, en totalité ou en partie, sous quelque forme ou par quelque procédé que ce soit, électronique, mécanique, photographique, est interdite sans l'autorisation préalable de l'Éditeur ou de la Copyright Licensing Agency.

Sauf indication contraire, les citations bibliques sont tirées de la Bible version Louis Segond 1910 (publiée en 1910 par Alliance Biblique Universelle).

British Library Cataloguing in Publication Data
A catalogue record for this book is available from the British Library

ISBN : 978-1-78368-652-0

Mise en page et couverture : projectluz.com

Langham Partnership soutient activement le dialogue théologique et le droit pour un auteur de publier. Toutefois, elle ne partage pas nécessairement les opinions et avis avancés ni les travaux référencés dans cette publication et ne garantit pas l'exactitude grammaticale et technique de celle-ci. Langham Partnership se dégage de toute responsabilité envers les personnes ou biens en ce qui concerne la lecture, l'utilisation ou l'interprétation du contenu publié.

Préface

Les religions afro-caribéennes à la lumière de la foi chrétienne est une œuvre savante, on ne peut plus riche. C'est une épopée, tant sur le plan de l'érudition que sur le plan théologique – porteuse de lumière, de connaissances et de sages conseils quant à la manière de voir et d'appréhender les réalités d'une civilisation multiculturelle et syncrétiste dans laquelle nous évoluons. Ce livre arrive à point nommé. La communauté évangélique francophone a longuement attendu un ouvrage de cette nature. La parution de ce livre fera, sans nul doute, l'effet d'une pluie de la première saison, dans un champ trop longtemps desséché, « faute de connaissance » (Os 4.6, Semeur).

Il y a environ vingt siècles, l'apôtre des Gentils a écrit les paroles prophétiques que voici : « Mais l'Esprit dit expressément que, dans les derniers temps, quelques-uns abandonneront la foi, pour s'attacher à des esprits séducteurs et à des doctrines de démons » (1 Tm 4.1). Quelque trois ans plus tard, ce même apôtre, écrivant au même destinataire, a tenu à peu près le même langage : « Sache, dit-il, que dans les derniers jours, il y aura des temps difficiles » (2 Tm 3.1). Cette persistance de la part de l'écrivain Paul sur le caractère difficile de l'avenir de l'Église et sur les dangers qui la menaçaient, indique la gravité de la situation qui attendait les croyants du premier siècle et ceux des siècles suivants, et aussi, l'urgence d'une mise en garde contre l'apostasie. On définit l'apostasie comme l'abandon de la foi ; ce qui revient à dire que, seul celui qui est en possession de la foi peut l'abandonner, pour « s'attacher à des doctrines de démons ».

Les religions afro-caribéennes à la lumière de la foi chrétienne est l'œuvre de deux chercheurs chrétiens de forte conviction évangélique, tous deux membres d'une même famille. Ce livre comprend deux parties : la première partie traite d'une *analyse descriptive* couvrant les quatre premiers chapitres, et la deuxième partie est *une analyse critique et évaluative* et comprend les six derniers chapitres.

Que peut-on dire des coauteurs de ce passionnant ouvrage ? Le palmarès de ces auteurs est si riche que je me garderai d'en parler, car cela dépasserait de beaucoup le cadre de ce projet. Le docteur Mirlenda Noëlliste est la nièce du docteur Dieumeme Noëlliste.

Mirlenda a obtenu son doctorat de Barry University, à Miami, en Floride, dans les domaines de l'Éducation et du Leadership. Et c'est aussi à cette Université qu'elle enseigne depuis 2011. Elle est un membre actif de l'Église Baptiste Béthanie, à Miami où elle dirige actuellement le département des enfants et des jeunes à l'école dominicale. Elle a récemment obtenu une maîtrise en théologie du Dallas Theological Seminary aux États-Unis.

Quant au Dr Dieumeme Noëlliste, je l'ai connu dès sa tendre jeunesse. Par la suite, j'ai eu l'honneur de le voir à l'œuvre comme doyen et président de la plus prestigieuse institution théologique des pays de la Caraïbe, institution dont j'étais membre du conseil d'administration durant deux décennies. Doué d'une intelligence prodigieuse et détenteur d'un doctorat en théologie de la Northwestern University, le Dr Noëlliste a fait une longue carrière dans le monde universitaire anglophone. D'abord comme Assistant à Rosemarie Radford Ruether à Garrett – Evangelical Theological Seminary/ Northwestern University. Ensuite, il a passé 20 ans comme premier doyen universitaire et président de la Carribean Graduate School of Theology (CGST) et Jamaica Theological Seminary (JTS) en Jamaïque. Depuis onze ans, il occupe les postes de professeur de Théologie et d'Éthique et de directeur du Vernon Grounds Institute of Public Ethics à Denver, aux États-Unis. Il est aussi le Pasteur titulaire d'une jeune congrégation francophone à Denver.

Personne n'est en mesure de dénombrer le nombre des fidèles de l'Église chrétienne qui ont « fait naufrage par rapport à la foi » (1 Tm 1.19) durant les vingt siècles qui nous séparent du temps de Paul. Et cette hémorragie spirituelle continue et va en crescendo, à mesure que nous nous rapprochons de la fin des temps, d'où l'extrême urgence d'un document portant sur la saine doctrine et sur les moyens les plus efficaces de sauvegarder la foi chrétienne et ses précieux et éternels acquis. Et c'est précisément à ce problème que répond le présent ouvrage.

Ce livre est un avertissement pour tous ceux qui observent l'accomplissement des prophéties bibliques et qui interprètent les événements mondiaux à la lumière de la Bible. Plusieurs théologiens et prédicateurs de l'Évangile ont donné l'alarme à travers leurs discours et leurs écrits. L'une des dernières publications du théologien américain du siècle dernier, Tim LaHaye, a pour titre : *Avertissement à la Planète ! Vivons-nous les derniers temps ?* Dans cet ouvrage, qui est « un avertissement urgent en même temps qu'un message d'espérance », LaHaye signale que « Le monde va mal et tout le monde le sait. Une catastrophe est imminente. Même les plus puissants parmi les puissants ont le sentiment que le temps est compté[1] ».

---

1. Tim LAHAYE, *Avertissement à la planète ! Vivons-nous les derniers temps ? Quand la prophétie s'inscrit dans l'histoire de l'humanité*, France, Éditions Vida, 2008, p. 9.

Le théologien français Charles Rochedieu, commentant brièvement 2 Timothée 3.1, a écrit : « Seul l'Esprit divin pouvait prévoir que la puissance du mensonge serait capable de détourner l'homme de cet Évangile qui répond si admirablement aux besoins du cœur et de la conscience[2] ». Ensuite, faisant allusion à 1 Timothée 4.1, il affirme que ce verset est une proclamation frappante et humiliante de la déchéance humaine et de l'impuissance de la civilisation, de la science et de la raison ; tous les progrès de l'instruction publique obligatoire ne parviennent, dit-il, qu'à démontrer son impuissance à régénérer, à changer le cœur. Seul le Saint-Esprit peut créer une vie nouvelle, une nouvelle naissance.

Cet ouvrage n'est pas seulement un avertissement, c'est aussi une mise en garde :

- Mise en garde contre un pluralisme religieux privé d'éléments essentiels au salut éternel de l'âme. Le christianisme n'est pas une religion au sens large du terme, c'est plutôt une relation ; une relation entre le pécheur repentant et son Dieu, son Sauveur Jésus-Christ.
- Mise en garde contre un Universalisme morbide qui n'a rien à voir avec les cinq solae des réformateurs du XVIe siècle (*Sola scriptura, Sola gratia, Sola fide, Solus Christus, Soli Deo gloria*) qui constituent les postulats de la Foi Chrétienne fondamentale, car si lorsque Rome était à son zénith comme la « maîtresse » du monde on pouvait dire : « Tous les chemins mènent à Rome », il n'en est pas ainsi du Ciel. Jésus disait à ses disciples : « Je suis le chemin, la vérité et la vie. Nul ne vient au Père que par moi » (Jn 14.6).
- Mise en garde contre une symbiose quelconque entre les *religions afro-caribéennes et la foi chrétienne* biblique qui est un don divin. Saint Paul dit aux croyants d'Éphèse : « Car c'est par la grâce que vous êtes sauvés, par le moyen de la foi. Et cela ne vient pas de vous, c'est le don de Dieu » (Ép 2.8).
- Mise en garde contre tout excès de crédulité aveugle et naïve dont les conséquences conduisent trop souvent au naufrage spirituel : bref, à l'abandon de la foi. Saint Paul affirme que la foi vient de ce qu'on entend, et ce qu'on entend vient de la parole de Christ (cf. Rm 10.17). Jude, de son côté nous exhorte tous « à combattre pour la foi qui a été transmise aux saints une fois pour toutes » (Jude 3).

---

2. Charles ROCHEDIEU, *Les Trésors du Nouveau Testament*, Saint-Léger, Éditions Emmaüs, 1970, p. 361.

Je recommande chaleureusement la lecture et l'usage de cet outil qui, je l'espère, redonnera ses lettres de noblesse à la théologie évangélique et aidera à affirmer la foi en « Jésus-Christ, le témoin fidèle, le premier-né des morts, et prince des rois de la terre » ! - Celui qui ose dire : « Je suis l'alpha et l'oméga, [...] celui qui est, qui était, et qui vient, le Tout-Puissant » (Ap 1.5, 8) !

Tout en remerciant les coauteurs du privilège exceptionnel de préfacer ce remarquable ouvrage, je leur souhaite un grand succès de librairie pour ce livre !

En dernier ressort, qu'il me soit permis de citer saint Augustin dans les *Confessions* : *Tolle lege* (« Prends et lis ») !

Jean Duthène Joseph
Docteur ès sciences religieuses

Remerciements

Ce projet voit enfin le jour après des mois de labeur. C'est un modeste accomplissement auquel nombre de personnes ont contribué. Elles méritent toutes notre gratitude.

Nous remercions d'abord le Seigneur qui a rendu possible pour nous – un oncle et une nièce – de collaborer à la production de cette œuvre. D'avoir pu travailler ensemble harmonieusement et diligemment est une démonstration de sa grâce que nous ne tenons pas pour acquise. À lui soit la gloire. Notre sincère gratitude va aussi à Claire Moore, notre éditrice chez Langham Publishing, pour la patience dont elle a fait montre envers nous durant le processus de rédaction. Pour des raisons imprévisibles, il nous a fallu, à plusieurs reprises, lui demander la permission de reporter la date de soumission du manuscrit. Sa réponse a toujours été positive et bienveillante. Merci Claire ! Nous reconnaissons aussi avec gratitude le soutien pratique et moral reçu des membres de la famille Noëlliste tout le long du processus. Sans ce soutien continuel, il nous aurait été difficile sinon impossible d'achever ce travail. Enfin, nous remercions sincèrement nos amis et collègues Rony Joseph et Jean Duthène Joseph pour leur inestimable apport – Rony en particulier, pour son encouragement et sa disponibilité dans le partage et le brassage d'idées, et Jean Duthène, pour avoir accepté de rédiger la préface du volume.

En plus des personnes mentionnées ci-dessus, chacun de nous a des contributeurs particuliers qui méritent une mention spéciale.

Dieumeme remercie sincèrement le conseil d'administration du Denver Seminary pour l'octroi d'une période sabbatique en automne 2017, durant laquelle une bonne partie du livre fut rédigée. Il remercie également les dirigeants et les élèves de l'Institut Biblique Afro-Caribéen (IBAC) pour l'aimable et le chaleureux accueil qu'ils lui ont réservé, ainsi qu'à sa femme Gloria, lors de leur séjour à Paris en septembre 2017. Une bonne partie du contenu de ce livre fut présentée dans le cours sur les religions traditionnelles que Dieumeme a donné en deux occasions à l'IBAC : au printemps 2014 et en automne 2017. Il tient à remercier en particulier les co-directeurs de l'IBAC, en l'occurrence les pasteurs Luc Saint Louis et Albert Wato, les assistantes administratives et étudiantes, Wanadine Francisque et Chantale Dulciste, et les membres de l'église Centre Missionnaire Évangélique qui nous ont toujours chaleureusement accueillis durant notre séjour parmi eux. Ses sincères remerciements vont aussi aux membres de l'église New Creation Fellowship International de Denver, où il sert comme pasteur titulaire, pour leurs prières, encouragement et soutien moral. Enfin, il remercie chaudement sa femme Gloria, son fils Joseph et sa fille Nicole pour leur soutien et encouragement tout le long du processus d'écriture.

Mirlenda tient à remercier tous les canaux que Dieu a utilisés pour l'aider à accomplir ce projet. Ils sont nombreux ! Un remerciement particulier à son oncle pour l'avoir entraînée dans cette aventure inoubliable. Elle a beaucoup appris de son mentorat, de son enthousiasme, de son sens de l'humour, de sa piété, de sa patience et surtout de sa passion de communiquer avec clarté et précision la vérité qui libère. Avec une reconnaissance profonde, elle tient aussi à exprimer sa gratitude envers Dipa Hart, la directrice des stages, et Chong-Ae H. Shah, la directrice assistante des stages au Dallas Theological Seminary, pour avoir facilité l'exécution de ce projet. Un grand remerciement à son père, le pasteur Yvan Noëlliste, sa mère, Marie Anita Noëlliste, ses frères, Jean Yvan Noëlliste Jr. et Luther Noëlliste pour leur soutien spirituel et affectif. Des mots d'appréciation et de remerciement vont à ses amies (Mme Dori Scott Nelson, Florence Pierre-Louis, Bernadine Smith et sa famille, Fabienne Alexandre et sa famille, Marie Anne Constant et famille), compagnons de ministère (Rose Bassette, Melanda Jean-Son, Immacula Joseph, Roline Augustave, Rendy Vincent, Dia Joseph, Miracia Dessaint, Marie Laure Jackson, Esther Fleurvil et Georgette Metellus), au pasteur Salim Auguste et à tous les membres de l'Église Baptiste Béthanie de Miami pour leurs prières incessantes. Et à tous ceux qui ne sont pas mentionnés, ils se reconnaîtront, un grand merci ! *Soli Deo Gloria* !

Introduction

À travers les âges, la religion a toujours été un élément incontournable dans la quête de la compréhension de la vie de l'être humain, de ses aspirations, de son histoire, de sa communauté, de sa culture et de sa destinée. Ainsi, en vue de faciliter cette compréhension de l'autre, est-il utile d'observer ses modalités culturelles et de s'interroger sur les fondements de ses croyances. Tout cela aide à établir un dialogue avec lui.

Prenons ensemble l'exemple de Paul à Athènes, au beau milieu du premier siècle de notre ère dans la ville des arts, le bastion de la philosophie, le centre de la culture et de l'intellectualité aux yeux du monde civilisé d'alors[1]. En compagnie de l'apôtre Paul dans son deuxième voyage missionnaire, parcourons ensemble cette ville entièrement adonnée à l'idolâtrie. Pouvez-vous voir le temple des Euménides, les Propylées et le Parthénon, l'Acropole d'Athènes hébergeant la statue en bronze d'*Athéna Promachos*[2] et le temple de la Victoire Aptère (*Athéna Nikè*), etc.[3] ? Regardons ensemble la multiplicité et la diversité de leurs idoles et sanctuaires dans les rues et sur les places publiques. Ressentez-vous l'aigreur qui bouillonne dans le cœur de l'évangéliste juif chrétien et qui le presse à s'entretenir avec les philosophes athéniens ? Mais, comment Paul s'y prend-t-il pour leur communiquer son message ? Remarquablement, l'apôtre des païens commence par un « compliment » attestant une réalité : « Hommes Athéniens, je vous trouve à tous égards extrêmement religieux » (Ac 17.22). Il explique ensuite le pourquoi de sa remarque. En parcourant la ville d'Athènes, il a vu la surabondance des images représentant de nombreuses divinités. Et après avoir salué leur piété, Paul se sert de la présence de cet autel qu'ils ont dédié à un dieu inconnu comme « pont » et point d'accord et d'accroche pour introduire son auditoire à Yahvé et au Christ : « Ce que vous révérez sans le connaître, c'est ce que je vous annonce » (Ac 17.23). Et ainsi, on voit se dérouler l'articulation de son discours de religions comparées. Dans son allocution, il touche à toute

---

1. D. H. Madvig, « Athens », *International Standard Bible Encyclopedia*, 1979, p. 257-258.
2. David W. J. Gill, « Acts and Roman Religion. A. Religion in a Local Setting », dans David W. J. Gill et Conrad Gempf, sous dir., *The Book of Acts in its First Century Setting, vol. 2 Graeco-Roman Setting*, Grand Rapids, Eerdmans, 1994, p. 85.
3. Vinciane Pirenne-Delforge, « Épithètes cultuelles et interprétation philosophique. À propos d'Aphrodite Ourania et Pandemos à Athènes », *L'antiquité classique*, Tome 57, 1988, p. 142-157.

une gamme de doctrines ; il parle de la théologie propre ou doctrine de Dieu, de l'anthropologie, de la christologie, de l'eschatologie, entre autres. Tout le long de son exposition, il a pris soin de souligner, en même temps, les faiblesses de l'entendement païen de ces concepts.

De même, dans notre ouvrage, nous nous attelons à effectuer une analyse comparative des religions afro-caribéennes et de la foi chrétienne, en utilisant l'approche que l'apôtre des Gentils a suggérée dans son discours aux philosophes d'Athènes. Ici, un éclaircissement s'impose. Par foi chrétienne, nous n'entendons pas nécessairement une version particulière du christianisme comme la foi catholique, la foi protestante, ou une posture de confiance comme le souligne l'auteur de l'Épître aux Hébreux (11.1-3), ou un abandon existentiel comme l'exhorte l'évangéliste Jean. Certes, ces entendements du concept ont leur place. Mais dans ce travail, ce que nous avons en tête, en particulier, c'est l'ensemble des croyances maîtresses ancrées dans les Saintes Écritures et qui forment l'essence de la conviction et de l'orthodoxie chrétienne. Il s'agit de l'*enseignement* de la foi, du *depositum fidei*, que nous sommes exhortés à garder pour nous-mêmes (2 Co 13.5), à préserver pour la postérité (2 Tm 2.2), à enseigner et transmettre à la génération présente (2 Tm 2.2), à défendre contre les assauts venant de toute part (Jd 3 ; 2 Co 10.5) et à encourager les autres à embrasser pour leur propre bien (1 P 3.15)[4]. Cependant, ce dépôt qui a ses germes et racines dans les Saintes Écritures est un legs dont la compréhension est dynamique et non statique et figée. À la compréhension toujours croissante de ce dépôt, qui au fil des ans, implique tantôt un éclaircissement, tantôt une correction, tantôt un élargissement, ont participé toute une pléthore d'interprètes et des maîtres de la foi depuis le début du christianisme au premier siècle de l'ère chrétienne jusqu'à nos jours[5]. Toutefois, l'utilité au processus d'entendement de tout effort explicatif dépend de sa fidélité aux grains et pépinières doctrinaux ensemencés dans le sol scripturaire.

À l'instar d'Athènes, la Caraïbe est un milieu très religieux. Dans ce vaste bassin qui consiste, en grande partie, de territoires minuscules, on trouve plusieurs des grandes religions du monde y compris le christianisme, le judaïsme, l'islam et

---

4. Pour une exposition de ces commandes, voir Dieumeme Noëlliste, « Handmaiden to God's Economy : Biblical Foundation for Theological Education », dans Fritz Deininger et Orbelina Eguizabal, sous dir., *Leadership in Theological Education, Volume 1 : Foundations for Academic Leadership*, Carlisle, Langham Global Library, 2017, p. 24-29.

5. Voir Donald Bloesch, *Essentials of Evangelical Theology : Vol One : God, Authority and Salvation*, San Francisco, Harper and Row Publishers, 1978, p. 3-13.

l'hindouisme[6]. Mais parmi les différents systèmes de croyance qui partagent la région, deux systèmes de foi prédominent. Il s'agit du christianisme dans ses versions multiples et fragmentées et des croyances afro-caribéennes dans leurs diverses formes et expressions[7]. Dès leur première rencontre vers la deuxième partie du XVIe siècle, il y a toujours eu un frottement entre ces deux types de croyance. En raison de cette proximité, il nous paraît pertinent et utile d'avoir une conception fiable et crédible du genre de rapport qui serait convenable entre les deux systèmes de croyance.

Quand on se lance à la recherche d'une explication de ce rapport entre les croyances afro-caribéennes et le christianisme, on se trouve, au moins, en présence de quatre options. La première option est celle qui invite à nous embarquer sur une piste que nous dénommons divergence outrancière. Par cela nous entendons une perspective qui voit en les deux systèmes des voies parallèles qui ne partagent aucun point d'intersection commune. Dans cette perspective, malgré leur contiguïté, la foi chrétienne et les religions afro-caribéennes existeraient totalement indépendamment les unes des autres. Elles seraient comme des voisins qui se voient chaque jour mais ne se saluent jamais. Le théologien protestant et ethnologue haïtien Charles-Poisset Romain remarque cette tendance dans le protestantisme missionnaire haïtien qui est caractérisé par l'emballage des cultures exogènes, le rejet systématique des traits culturels du terroir et la réprobation « de tout ce qui rappelle de loin ou de près le passé culturel africain[8] ». Cette conception, à notre avis, se heurte à deux difficultés. Le premier problème est que cette théorie semble fermer les yeux sur une réalité historique évidente. Comme nous le verrons plus tard dans les premiers chapitres de ce livre, la nécessité de coexistence dans un espace géographique restreint et, de surcroît, les enjeux historiques, politiques et les exigences existentielles

---

6. Brian GATES, « The Scope of Religion in Education », dans Brian GATES, sous dir., *Afro-Caribbean Religions*, London, Ward Lock Educational, 1980, p. 92-93.
7. Plusieurs auteurs caribéens soulignent la forte présence du christianisme dans les Caraïbes. Devon Dick, dans son ouvrage intitulé *Rebellion to Revolt*, rapporte qu'il y a de nombreuses missions chrétiennes qui fonctionnent en Jamaïque. Pour sa part, Charles-Poisset Romain rapporte qu'il y a quelque 38 grandes missions protestantes travaillant en Haïti (Charles-Poisset ROMAIN, *Le protestantisme dans la société haïtienne : contribution à l'étude sociologique d'une religion*, Port-au-Prince, Imprimerie Henri Deschamps, 1986). Parlant pour les Caraïbes en général, Brian Gates mentionne plus d'une trentaine de dénominations dans la région. Quant aux autres sectes, Harold Turner et Dale Bisnauth en ont documenté plus d'une douzaine. Voir Harold TURNER, « New Religious Movements in the Caribbean », dans Brian GATES, *Afro-Caribbean Religions*, London, Ward Lock Educational, 1980, p. 49-57 ; Dale BISNAUTH, *History of Religions in the Caribbean*, Kingston, LMH Publishing Limited, 2006, p. 165-192.
8. ROMAIN, *Le protestantisme dans la société haïtienne*, p. 86.

rendaient inévitable un frottement serré entre la foi chrétienne et les phénomènes religieux de provenance africaine. Le deuxième défi concerne la conduite de la tâche ministérielle. S'il n'existe aucun point commun entre les deux systèmes, comment initier une conversation entre eux ? La question n'est pas banale. Les experts de la missiologie moderne ne cessent d'attirer l'attention sur l'importance des dénominateurs communs pour l'exécution de l'œuvre missionnaire et de la tâche d'évangélisation[9].

La deuxième piste que nous pouvons choisir est celle d'*absorption* ou de *remplacement*. Cette option prône qu'avec l'arrivée des phénomènes religieux afro-caribéens, la chrétienté a perdu droit de cité dans la région. Elle doit céder la place à ces nouvelles sectes, et, par conséquent, leurs adhérents doivent se sentir libres de pratiquer leurs religions sans prétendre satisfaire les croyances et sensibilités chrétiennes. Certes, il n'y a pas de doute que certains adeptes des religions afro-caribéennes trouvent cette option attrayante. Toutefois, pour une majorité d'adhérents, le chevauchement des deux croyances semble offrir une plus grande satisfaction.

La troisième voie est celle du *syncrétisme* ou de *symbiose* religieuse. Contrairement aux deux premières conceptions, cette option conçoit le rapport des deux systèmes en termes de mélange. Elle les voit comme un amalgame qui, au fond, n'admet aucune différence appréciable entre elles. Dans le cas du vodou, par exemple, les auteurs haïtiens comme Jean Fils-Aimé et Leslie Desmangles recommandent cette piste comme la plus pratique et raisonnable[10]. Pour sa part, Charles-Poisset Romain souligne, sans le soutenir, que le syncrétisme a non seulement été l'approche préférée de nombre de fidèles catholiques et de vodouisants, mais aussi qu'il a même commencé à s'infiltrer dans le secteur protestant[11].

---

9. Citons comme exemple le travail de Don Richardson intitulé *Peace Child* (Glendale, Regal Books Division, 1976), où l'auteur propose le concept « d'analogie rédemptrice » comme outil conceptuel de présentation de l'évangile dans les cultures étrangères. Richardson recommande la recherche dans ces cultures des pratiques ou concepts qui sont des échos ou analogies des principes et vérités de l'évangile. Œuvrant comme missionnaire parmi le peuple Sawi de la Nouvelle Guinée Hollandaise, il trouva dans leur pratique culturelle « d'enfant de paix » une analogie rédemptrice. La coutume du peuple Sawi de livrer un enfant à l'ennemi comme prix de paix rappelle la livraison par Dieu de son Fils pour établir la paix entre lui et le pécheur. Voir en particulier le chapitre 17.
10. Voir Jean Fils-Aimé, *Vodou, je me souviens*, Montréal, Éditions Dabar, 2007, p. 85-88 ; Leslie Desmangles, *The Faces of the Gods : Vodou and Roman Catholicism in Haiti*, Chapel Hill and London, University of North Carolina Press, 1992, p. 178-181.
11. Voir Romain, *Le protestantisme dans la société haïtienne*, p. 317, où il cite cette déclaration révélatrice de J. C. Dorsainvil : « La conscience catholique et la conscience vodouique coïncident sans se gêner. »

Cette théorie s'inspire de l'idéologie du pluralisme religieux qui prône que toutes les religions émanent de la même réalité transcendante. Par conséquent, elles sont, au fond, les mêmes et accomplissent les mêmes objectifs. Comme sa concurrente, cette option nous paraît aussi problématique. En effet, si l'absence de point commun entre les systèmes rend difficile le démarrage du dialogue entre eux, la non-reconnaissance de différence appréciable entre eux rend toute conversation futile et superflue. Tout dialogue requiert la présence de deux interlocuteurs différents. Si les interlocuteurs sont les mêmes, le dialogue devient alors un discours que l'on prononce à soi-même.

Les difficultés que nous avons détectées dans les conceptions divergentes et convergentes nous amènent à considérer une quatrième option qui nous paraît plus prometteuse. Il s'agit d'une conception intermédiaire qui se situe entre les points extrêmes de la ligne continuelle, et nous la désignons par les termes *similitudes et différences*. Nous avons parlé d'un frottement historique entre la foi chrétienne et les phénomènes religieux afro-caribéens. Prenons le temps d'y réfléchir un instant. Lorsque deux objets se frottent, il est inévitable qu'ils retiennent des particules et des résidus qui feront désormais partie intégrante de leur nature. Ces particules peuvent être si minuscules qu'elles ne sont pas visibles à l'œil nu ; il faut l'aide du microscope pour les percevoir. Toutefois, leur présence est indéniable. Mais supposons que ces particules soient substantielles. Même dans ce cas, elles ne pourraient en aucune manière constituer la totalité de la nature des objets en question. Quoique réels, ces résidus ne peuvent être que des traits partiels, insuffisants et inadéquats des objets dont ils font partie. Cela veut dire que, suite à l'acte de frottement, chaque objet portera les marques de ressemblances et de différences. Selon nous, cette compréhension du rapport de la foi chrétienne et des religions afro-caribéennes apparaît plus réaliste et plus convenable. Il rend compte de la réalité historique sans pour autant sombrer dans un syncrétisme naïf et injurieux. C'est pour cela que nous le retiendrons comme outil conceptuel dans le travail que nous nous proposons d'exécuter dans les prochaines pages.

Cet ouvrage est divisé en deux parties. Dans la première, nous ferons une analyse descriptive de cinq systèmes religieux afro-caribéens (le vodou, la santeria, le Shango, les sectes de réveil et le rastafarisme) qui nous paraissent les plus prédominants tant par leur force numérique que par leur influence culturelle. Bien qu'elle ne soit pas exhaustive, l'analyse aura soin de relever les caractéristiques que nous pensons être fondamentales à la compréhension de ces religions : l'origine africaine de leurs croyances, leurs panthéons, l'évolution de leurs pratiques religieuses découlant de leur contact avec le catholicisme et le protestantisme. Dans la deuxième partie, nous décrirons les différentes méthodes de la relation théologie-culture en consignant les raisons pour lesquelles la méthode d'*appropriation critique* sera utilisée pour notre évaluation. Ce chapitre sera suivi d'une série d'exposition biblique des doctrines clef de la foi chrétienne : la doctrine du Christ, la doctrine de l'humanité et du péché, la doctrine du salut, la doctrine du Saint-Esprit et la doctrine de Dieu. À la fin de chaque exposé biblique, nous établirons un dialogue entre les deux systèmes de croyances afin de relever les similitudes et les différences qui existent dans les religions afro-caribéennes à la lumière de la foi chrétienne. Le travail se terminera par une brève conclusion qui dégagera certaines implications des résultats de l'étude pour la conduite de la vie chrétienne et l'exécution du ministère chrétien dans le contexte caribéen.

Première partie

Analyse descriptive

1

Le contexte caribéen et africain des religions afro-caribéennes

Introduction

Les phénomènes religieux que nous nous proposons d'examiner dans cette étude sont qualifiés par une épithète qui combine deux vocables joints par un trait d'union : religions *afro-caribéennes*. Cela veut dire, forcément, que dans leur nature, ces phénomènes réunissent des attributs appartenant à deux réalités contextuelles différentes : la scène africaine et le milieu caribéen. Voilà pourquoi une analyse fiable de ces religions ne peut pas se passer d'un entendement préalable de ces deux milieux ambiants. Cela dit, l'objectif de ce chapitre d'ouverture est une ébauche brève de ce double contexte qui a tant contribué aux réalités religieuses qui sont l'objet de notre étude.

Bien que le terme *afro* précède l'adjectif *caribéenne* dans notre épithète composée, l'approche que nous adoptons dans ce chapitre est rétrospective et non prospective. Dans notre analyse, nous avons en effet choisi de faire marche arrière au lieu de marcher vers l'avant. Nous commencerons par peindre le paysage caribéen avant de nous pencher sur la description de l'apport du patrimoine africain.

La Caraïbe est un milieu extrêmement divers et hétérogène[1]. Cela veut dire qu'à la place du préfixe *afro*, on pourrait avoir un grand nombre de préfixes concurrents. *Euro*, *hindo*, *sino*, peuvent aussi bien précéder le mot caribéen. Nous ne pouvons donc tenir pour acquis le choix du vocable *afro*. C'est pourquoi,

---

1. Voir à ce sujet, Sidney W. Mintz, *Caribbean Transformations*, Baltimore, London, ; John Hopkins University Press, 1974. Dieumeme Noëlliste, « Faith Transforming Context : In Search of a Theology for a Viable Caribbean », vol 1, 1 *Binah*, 1997.

chemin faisant, il nous faudra justifier la décision de choisir les religions *afro-caribéennes* comme le point focal de notre étude.

A. Le contexte caribéen

Comparée aux autres régions du monde, la Caraïbe est petite ; tant sur le plan territorial (c'est-à-dire, en termes de superficie de terre ferme) que sur le plan démographique[2]. Toutefois, malgré sa petitesse, la Caraïbe est une région complexe et difficile à décrire. Il est donc au-delà de la portée de ce chapitre de nous engager dans une analyse exhaustive de cette partie du globe. Nous nous limiterons plutôt à une ébauche raccourcie des traits que nous jugeons pertinents pour la conduite de notre étude. Nous considérerons, en l'occurrence, le panorama physique, la réalité ethnique et la scène culturelle et religieuse.

Le panorama physique

Définir avec précision l'espace physique des Caraïbes n'est pas chose facile. Cette définition dépend dans une large mesure de la manière dont on conçoit les Caraïbes. L'économiste jamaïcain Girvan Norman mentionne au moins quatre notions que les chercheurs emploient pour référer généralement à la région. Certains, dit-il, parlent de la Caraïbe comme d'une chaîne d'îles, d'autres la conçoivent comme un bassin, d'autres encore la voient comme une zone ethno-historique, et certains se passent de la question géographique et parlent simplement de la Caraïbe comme d'une communauté transnationale qui embrasse la dispersion caribéenne. Pour ceux qui adoptent cette dernière conception, la question géographique ne se pose évidemment pas[3].

Malgré cette divergence conceptuelle, Girvan rejoint le nombre des penseurs qui perçoivent la région en termes de son appartenance à une partie du continent américain que l'anthropologue américain Charles Warley appelle la « zone de plantation[4] ».

---

2. MINTZ, *Caribbean Transformations*, p. 43-44.
3. Norman GIRVAN, « Creating and Recreating the Caribbean », dans Kenneth HALL et Denise BENN, sous dir., *Contending with Destiny : The Caribbean in the 21st Century*, Kingston, Jamaïque, Ian Randle Publishers, 2000, p. 31-32.
4. Charles WAGLEY, « Plantation-America : A Cultural Sphere », dans Vera RUBIN, sous dir., *Social and Cultural Pluralism in the Caribbean*, New York, Annals of the New York Academy of Sciences, 1960, p. 3 [traduction libre].

Géographiquement, cette Caraïbe comprend quatre composantes :

- Les îles qui pointillent la mer des Caraïbes[5] et l'océan Atlantique ;
- La poignée de pays de l'Amérique du Sud et Centrale qui jonchent la côte sud de la mer des Caraïbes, comme Guyana, la Guyane française, le Suriname et Belize ;
- Les parties costales de certains pays de l'Amérique du Sud, de l'Amérique centrale et de l'Amérique du Nord, comme le sud de la Floride, le nord du Brésil, de la Colombie et du Venezuela ;
- La partie est des pays de l'Amérique centrale tels le Panama, le Costa Rica, le Guatemala et le Nicaragua.

Nous devons préciser que les endroits qui tombent dans la dernière catégorie mentionnée ci-dessus font partie de la grande région caribéenne, non de la Caraïbe propre. À notre avis, géographiquement, la Caraïbe proprement dite comprend la partie insulaire, plus les quatre pays côtiers précédemment mentionnés. De plus, nous maintenons qu'il faut ajouter la Caraïbe de la dispersion éparpillée dans plusieurs pays de l'Europe, de l'Amérique du Nord, de l'Amérique du Sud. Certes, cette addition déborde l'entendement géographique ; toutefois, elle n'est pas moins importante. À peu près un tiers de la population caribéenne vit à l'étranger et continue de maintenir un intérêt soutenu dans leur région d'origine[6]. Tenant compte de ce fait, nous sommes enclins à tomber d'accord avec Ralph Premdas qui suggère que la notion Caraïbe doit être élargie pour inclure toutes les parties du monde où les Caribéens sont émigrés et où ils constituent des communautés discrètes[7].

Les îles qui constituent le noyau de la région se divisent en deux groupes :

- Les Grandes Antilles qui couvrent quelque 90 % de l'aire géographique de la région. Elles incluent Cuba, Hispaniola, la Jamaïque et Porto Rico ;
- Les Petites Antilles qui comprennent les îles minuscules éparpillées çà et là dans la grande mer Caribéenne et même dans l'océan Atlantique[8].

---

5. Selon certains cartographes, la mer des Caraïbes a une superficie d'environ 2 640 000 km^2 et est située entre 9 et 22 degrés nord et 60 à 89 degrés ouest. Voir Byron BLAKE, « The Caribbean—Geography, Culture, History and Identity », dans Kenneth HALL et Denise BENN, sous dir., *Contending with Destiny* : *The Caribbean in the 21st Century*, Kingston, Jamaïque, Ian Randle Publishers, 2000, p. 46.
6. Ralph R. PREMDAS, « Ethnicity and Identity in the Caribbean : Decentering a Myth », Kellogg Institute for International Studies, Working Paper #234, 1996, p. 22.
7. *Ibid.*, p. 8.
8. Comme exemple, mentionnons les îles Turks et Caicos situées au nord d'Haïti et les Bermudes, territoires anglais, situés dans l'Océan Atlantique.

Historiquement, cette Caraïbe de la plantation fut la scène d'une compétition intense et prolongée entre les puissances esclavagistes et coloniales européennes[9]. Celles-ci finirent par la tronquer en miettes dans le but de consolider et de préserver leurs intérêts économiques et leur hégémonie politique. Ce poids continue de peser lourdement sur les Caraïbes de plusieurs manières. À titre d'exemple, signalons qu'aujourd'hui encore les Caraïbes continuent d'être divisées en plusieurs sous-régions politiques et culturelles qui reflètent l'influence des puissances étrangères qui les ont assujetties pendant quelque 500 ans. On y rencontre une Caraïbe britannique, une Caraïbe française, une Caraïbe espagnole, une Caraïbe américaine et une Caraïbe hollandaise. Il y eut même, dans le passé, une Caraïbe danoise[10]. Politiquement, on y trouve une variété de statuts politiques liés à leur expérience historique. Parmi les dizaines d'entités administratives qui partagent les Caraïbes, certaines sont des nations indépendantes ; d'autres sont des colonies pures et simples ; d'autres occupent une position intermédiaire, opérant comme des unités politiques semi-autonomes et semi-coloniales.

La part du lion de cette histoire esclavagiste et coloniale impliquait des Noirs venant de plusieurs parties du continent africain. Voilà pourquoi il nous parait justifiable de prêter une attention particulière à cette entité ethnique.

La réalité ethnique

C'est un truisme de dire que le sort des Caraïbes changea drastiquement suite aux exploits de l'aventurier italien Christophe Colomb qui, au cours de son voyage maritime vers l'Inde, à la fin du XVe siècle, tomba par hasard sur certaines îles de la région. Les changements que ce heurt accidentel causa sont multiples ; mais le changement le plus significatif a peut-être été la transformation de la composition ethnique de la région.

Avant la découverte de Christophe Colomb, la Caraïbe était une région mono-ethnique ; elle n'avait pour habitants que les Amérindiens, notamment les Arawaks, les Caribes et les Taïnos. Après l'arrivée de Christophe Colomb et l'invasion européenne qui s'ensuivit, tout a changé. À partir de ce moment, la Caraïbe devint une véritable zoologie humaine, une région « peuplée par une plénitude de types biologiques[11] ». Au fil des ans, les vagues successives d'affluence

---

9. MINTZ, *Caribbean Transformations*, p. 46.
10. Les îles qui portent le nom d'îles Vierges Américaines en l'occurrence Saint-Thomas, Saint-John et Sainte-Croix étaient auparavant des colonies danoises. C'est seulement en 1917 qu'elles furent vendues aux États-Unis d'Amérique pour la somme de 25 000,00 $.
11. MINTZ, *Caribbean Transformations*, p. 39 [traduction libre].

humaine ont transformé cette région tropicale en un véritable pot-pourri racial, ethnique et culturel. En effet, dans cet habitat on trouve des Européens de diverses nationalités, des Amérindiens, des Africains, des Indiens asiatiques, des Chinois, des Libanais, des juifs, des Javanais, etc. Et cette hétérogénéité déjà incroyable ne s'arrête pas là. À tout cela, nous devons ajouter la population caribéenne métisse et hybride, issue du croisement des différentes races et ethnicités qui partagent la région. Ce groupe constitue une catégorie mixte qui inclut des variations ethniques infinies. C'est donc avec raison que l'anthropologue haïtien Michel-Rolf Trouillot affirme que « les sociétés caribéennes sont inévitablement hétérogènes[12] ». C'est une région qui a « toujours été un endroit où des gens remarquablement différents vivent côte à côte. La région... a [donc] toujours été multiraciale, multilingue et [...] multiculturelle[13] ».

Cela dit, nous devons noter que l'hétérogénéité ethnique et raciale que nous venons de souligner ne signifie pas une répartition égale de la population caribéenne entre les multiples groupes qui habitent la région. Les différentes cultures produites par le kaléidoscope humain caribéen ne sont pas réparties géographiquement de façon homogène. Il y a une présence plus notable des descendants européens à Cuba, en République dominicaine et à Porto Rico qu'en Haïti, en Jamaïque et qu'à Antigua. De même, les descendants d'Indiens asiatiques sont éparpillés à travers les Caraïbes, mais c'est à Trinidad, au Guyana et au Suriname qu'on trouve une concentration appréciable de ce groupe.

De toutes les ethnies qui font leur demeure dans notre région, les afro-caribéens sont ceux qui prédominent, tant par leur force numérique que par leur pénétration régionale. En effet, les Caribéens de descendance africaine forment la majorité de la population de la majorité des îles habitables. Celles-ci incluent Haïti, la Jamaïque, la Barbade, la Guadeloupe, les Bahamas, Sainte-Lucie, Antigua, les îles Vierges, Saint-Vincent, Dominique et Saint-Kitts-et-Nevis[14]. De plus, la communauté noire réclame un pourcentage appréciable de la population de la majorité des autres pays et entités administratives de la région. Selon certaines estimations, lorsqu'on combine ces facteurs, le nombre des Afro-Caribéens s'élève à 30 000 000 d'âmes, soit 70 % de la population totale de 43 000 000 personnes[15].

---

12. Michel-Rolph TROUILLOT, « The Caribbean Region : An Open Frontier in Anthropological Theory », *Annual Review of Anthropology* 21, 1992, p. 21 [traduction libre].
13. *Ibid.*
14. Ralph R. Premdas, « Ethnicity and Identity in the Caribbean : Decentering a Myth », Kellogg Institute for International Studies, Working Paper #234, 1996, p. 41.
15. World Bank, Caribbean Economic Review, « Caribbean Group for Cooperation in Economic Development, 2000 ».

Le terme *afro-caribéen* est une néologie relativement récente. Le terme fut inventé seulement dans les années 1960 pour décrire les habitants des Caraïbes qui situent leur origine ancestrale en Afrique occidentale. Les ancêtres detras afro-caribéens font partie des Noirs transportés dans le continent américain pour remplacer la population amérindienne qui fut quasi totalement exterminée moins d'un demi-siècle après l'arrivée de Christophe Colomb. En Haïti seulement, Laënnec Hurbon nous informe que « moins de trente ans après le premier débarquement de Colomb, Hispaniola ne compte plus que cinq mille à vingt mille Indiens sur une population estimée à un million trois cent mille en 1492[16] ». À vrai dire, nul ne connaît avec certitude le nombre précis d'esclaves noirs transplantés dans les Caraïbes durant la période esclavagiste. Toutefois, une estimation conservatrice estime ce nombre à quelque 11 000 000 d'âmes involontairement et sauvagement propulsées dans la région par les puissances européennes pour travailler dans les plantations de canne à sucre durant l'horrible traite des Noirs[17].

La Caraïbe post-colombienne est dominée par l'expérience africaine. La première partie de cette histoire est appelée la traite des Noirs. Ce trafic humain qui dura plus de trois siècles, de 1502 à 1886, n'impliquait que les ressortissants africains. Certes, à la suite de l'abolition de la traite des Noirs, les puissances européennes ont amené des personnes de l'Inde pour remplacer la main-d'œuvre africaine. Cependant, il faut souligner que ces derniers travaillaient à titre d'*engagés* et non comme esclaves, et cela pour une période beaucoup plus courte que celle de la traite des Noirs. C'est à bon escient que Mintz affirme que le « processus de l'esclavage [...] a tant noirci et africanisé les îles que leurs cultures et leurs peuples demeurent dans une large mesure africains[18] ». Si à tout cela nous ajoutons la taille supérieure de la communauté afro-caribéenne, le choix de porter notre attention sur cette communauté dans notre étude devient évident.

La scène religieuse

La Caraïbe est non seulement une mosaïque ethnique ; elle est aussi un kaléidoscope religieux. Cette petite région du monde regorge de différents mouvements et tendances religieuses. Un récit de l'histoire religieuse de la région révèle que, de la période précolombienne à la période postcoloniale, en passant par la période esclavagiste, cette diversité de croyances va grandissante.

---

16. Laënnec HURBON, *Religions et lien social : L'Église et L'État moderne en Haïti*, Paris, Éditions du Cerf, 2004, p. 57.
17. N. S. MURRELL, *Afro-Caribbean Religions*, Philadelphia, Temple University Press, 2010, p. 23.
18. MINTZ, *Caribbean Transformations*, p. 49 [traduction libre].

Si nous commençons par jeter un coup d'œil rapide sur la période précolombienne ou amérindienne, nous nous rendons vite compte que les premiers habitants de la région étaient profondément religieux. Les Arawaks comme les Caraïbes croyaient en l'existence d'un être suprême, puissant, invisible, immortel et créateur de l'univers. C'était un être totalement transcendant qui n'était pas l'objet de l'adoration de la part de ses dévots, et avec qui on ne faisait pas commerce. Dans la croyance aborigène, une telle révérence était réservée plutôt aux dieux subalternes et aux esprits maléfiques connus sous le nom de *maritous* qui avaient besoin d'être pacifiés en vue de prévenir le déclenchement de leur colère sur les dévots et la communauté[19].

Avec l'arrivée de Colomb dans la région, l'hégémonie de la religion aborigène cessa. L'invasion économique européenne n'était pas séculaire ; elle était accompagnée du christianisme européen.

Au premier abord, la version du christianisme qui prédominait était le catholicisme ; ce qui n'est pas surprenant, étant donné que la Réforme protestante n'avait pas encore vu le jour, et que les puissances esclavagistes d'alors – la France et l'Espagne – étaient foncièrement catholiques.

Peu de temps après, cependant, le paysage religieux changea. La révolution religieuse mise en mouvement en Europe au début du XVIe siècle par le réformateur allemand, Martin Luther, se fait presque immédiatement sentir dans les Caraïbes, avec l'arrivée d'un contingent de missionnaires réformés dans plusieurs îles caribéennes. Comme l'a remarqué Elizabeth Thomas-Hope, à l'époque esclavagiste, le christianisme pourvoyait deux environnements religieux dans lesquels les religions populaires évoluaient[20]. D'un côté, il y avait l'environnement du catholicisme romain lié aux colonies françaises et espagnoles, et de l'autre, il y avait le milieu protestant attaché aux colonies britanniques et hollandaises[21]. Mais à mesure que la période esclavagiste avançait vers sa fin, ce christianisme protestant fut lui-même subdivisé en deux versions. Le protestantisme historique qui regroupait les missions traditionnelles comme l'anglicanisme sera rejoint par le protestantisme non conformiste comme les baptistes, les moraves et les wesleyens. Plus tard, une autre vague de dénominations américaines, parmi lesquelles les différentes versions de la foi pentecôtiste, feront leur apparition sur

---

19. BISNAUTH, *History of Religions*, p. 7-9.
20. Elizabeth THOMAS-HOPE, « The Pattern of Caribbean Religions », dans Brian Gates, *Afro-Caribbean Religions*, London, Ward Lock Educational, 1980, p. 10.
21. *Ibid.*

la scène caribéenne. Ensemble, ces tendances créèrent une véritable congestion religieuse[22].

L'histoire ne s'arrête pas là. Comme nous l'avons remarqué plus haut, suite à la décimation de la population aborigène, les puissances esclavagistes européennes importèrent dans un premier temps des esclaves de l'Afrique et, ensuite, des *engagés* de l'Inde, pour pallier le manque de main-d'œuvre créée respectivement par l'extermination des Amérindiens et l'abolition de l'esclavage. L'introduction de ces deux groupes ethniques additionnels dans la région augmenta sa diversité religieuse et changea profondément le caractère du paysage religieux caribéen. Dorénavant, le kaléidoscope des systèmes de foi prit la configuration suivante :

1. Une concentration catholique dans les îles françaises et espagnoles parmi lesquelles Cuba, la République Dominicaine, Porto Rico, la Guadeloupe, la Martinique, Haïti, etc.

2. Une concentration du protestantisme traditionnel dans certaines des îles britanniques, y compris la Barbade, la Jamaïque, Antigua, les Bermudes, etc.

3. Une présence prononcée de l'hindouisme et de l'islam au Guyana, à Trinidad et au Suriname.

4. Une prolifération transrégionale de l'évangélisme et du pentecôtisme.

5. La prédominance du phénomène de syncrétisme religieux résultant du frottement du christianisme catholique et protestant avec les croyances traditionnelles africaines. Ce phénomène est présent dans toute la région, mais il est particulièrement visible dans certaines des plus grandes îles, où il assume des noms différents. En Haïti, il est connu comme vodou, à Cuba et Porto Rico comme santeria, à Trinidad comme Shango, en Jamaïque comme obeah et les sectes de réveil.

Compte tenu de la taille et de la répartition éparse de la présence africaine dans les Caraïbes, ce dernier phénomène revêt une importance particulière et de ce fait mérite une attention particulière. C'est une autre raison majeure qui justifie notre choix des religions afro-caribéennes pour notre étude.

---

22. L'information fournie dans ces paragraphes est tirée des sources suivantes : Bisnauth, *History of Religions* ; Devon Dick, *Rebellion to Riot : The Jamaican Church in Nation Building*, Kingston, Ian Randle, 2002, chapter 1 ; Harold Turner, « Caribbean Christianity », dans Brian Gates, sous dir., *Afro-Caribbean Religions*, London, Ward Lock Educational, 1980, chapitre 5 ; Romain, *Le protestantisme dans la société haïtienne*, p. 39-79.

B. L'héritage historique et culturel africain
L'origine des esclaves africains

Les *Afro-caribéens* qui, au fil des ans, sont parvenus à constituer le groupe ethnique majoritaire et épars dans les Caraïbes, ne venaient pas d'une région extraterrestre. Leur milieu d'origine est bien l'Afrique, et en particulier, la partie occidentale qui loge le grand arc costal qui relie la région septentrionale et la région méridionale du continent. C'est cette Afrique qui est le lieu de provenance des nombreuses ethnies transportées dans les Caraïbes, du début du XVIe siècle à la première moitié du XIXe siècle. L'historien guyanais, Dale Bisnauth, a fait un résumé clair de l'histoire du déracinement des Africains de leur milieu habituel dont nous relevons l'extrait suivant :

> L'esclavage des Africains par les Européens survint comme résultat du contact entre l'Afrique occidentale et l'Europe occidentale à la fin du XVe siècle. Peu après 1470, les Portugais arrivaient au Delta du Niger. Déjà en 1510, ils expédiaient plus de 3500 esclaves africains annuellement vers les marchés des îles du Cap Vert, de la péninsule ibérique, des Îles Canaries et de Madère. Les Européens se rendirent vite compte que la valeur du Nouveau Monde découvert par Colomb en 1492 résidait dans les strates de métal et [...] les produits agricoles. L'exploitation de ces mines et des champs agricoles (raisonnaient-ils) nécessitait une main-d'œuvre abondante, capable de faire face aux conditions tropicales. Face à l'épuisement rapide des [Amer]indiens, les Espagnols trouvaient cette source de main-d'œuvre dans les esclaves africains… [Ces esclaves] furent transportés dans la Caraïbe dès 1510 [...] pour travailler dans les mines d'Hispaniola. À partir de 1517 [...] des esclaves furent transportés en grand nombre vers Hispaniola, Cuba, la Jamaïque, Porto Rico et l'Amérique latine. Avec l'établissement des plantations de canne à sucre dans le Nouveau Monde, des esclaves furent transportés par centaines de milliers vers les Caraïbes [...] Les Anglais ont alors commencé leur propre commerce d'esclaves qui a duré de 1651 à 1808 et qui a introduit approximativement 1 900 000 Africains dans les Caraïbes. La traite française a duré de 1664 à 1830 et a transporté 1 650 000 d'Africains [...] Les Hollandais ont transporté un nombre additionnel de 900 000 vers les Guyanes, Curaçao, Aruba, Bonaire…
>
> La majorité des esclaves africains venaient de Sénégambie, de Sierra Leone, de la Côte du Vent, de la Côte d'Or et de la Baie du

Bénin. Ils appartenaient à des tribus différentes et parlaient des langues différentes. Un grand nombre de ceux qui venaient de la Côte du Vent et de Sierra Leone étaient des Mandingues, tandis que les Koromantins venaient de la Côte d'Or et les Papayes [...] de la Baie du Bénin[23].

Le récit de Bisnauth est instructif à plusieurs égards. En plus de l'histoire, de la provenance et de la destination des victimes de la traite des Noirs, il nous donne une idée claire du mobile de ce commerce horrible qui a délogé les Africains de leur habitat originel et les a propulsés dans le milieu étrange et brutal de la Caraïbe esclavagiste et coloniale.

La civilisation de l'Afrique occidentale

Le monde occidental peint souvent une caricature négative de l'Afrique. Selon George Ayittey, dans la mesure où les occidentaux parlent de l'Afrique, l'approche traditionnelle est de la décrire comme « un peuple sans histoire, sans culture, sans civilisation, sans rien de valeur à contribuer à la création de l'être humain[24] ». Cependant, le missiologue éthiopien Alemayehu Mekonnen a démontré d'une manière persuasive que cette peinture d'une Afrique dénuée de culture et de civilisation est totalement erronée. Dans son récent et volumineux ouvrage intitulé *The West and China in Africa*, Mekonnen offre une riche documentation des accomplissements extraordinaires de la civilisation de l'Afrique en général et de l'Afrique occidentale en particulier dans nombre de domaines du savoir humain. Il a relevé, en particulier, les progrès enregistrés par les Africains dans les domaines de la science, de la technologie, du commerce, de la navigation, de la médecine et de l'organisation sociale et politique. Mekonnen a eu soin de démontrer que tous ces progrès étaient enregistrés *avant la rencontre des Africains avec les Européens*[25].

De son côté, le professeur N. Samuel Murrell de la Grenade, dans son récent ouvrage *Afro-Caribbean Religions*, entreprend une analyse détaillée de la civilisation de l'Afrique occidentale. Dans cette étude magistrale, Murrell met en relief quatre cultures majeures de cette région de l'Afrique. Il note tout d'abord la culture Yoruba qui englobe le Nigeria, le Ghana, le Togo et le Bénin. Le peuple

---

23. BISNAUTH, *History of Religions*, p. 80-82 [traduction libre].
24. Cité par Alemayehu MEKONNEN, *The West and China in Africa : Civilization without Justice*, Eugene, OR, Wipf and Stock, 2015, p. 37 [traduction libre].
25. *Ibid.*, p. 55-59, 64-67.

Yoruba est l'un des groupes ethniques les plus larges, les plus religieux et les plus influents de cette partie de l'Afrique. Chez ce peuple, les croyances traditionnelles africaines, comme la foi en l'existence d'un dieu suprême qui existe de par lui-même, et les divinités subalternes étaient monnaie courante[26].

Ensuite, Murrell fait état de la culture Akan et Fanti-Ashanti, qui consiste en un rassemblement de peuples éparpillés dans la majeure partie du Togo, du sud de Ghana et de la région orientale de la Côte d'Ivoire. Ces peuples parlent une diversité de dialectes qui tombent sous le nom commun de *twi*[27]. Les Akans avaient une croyance ferme en l'importance de la lignée ancestrale paternelle et maternelle pour la constitution de l'être humain. Le sang d'un individu, disaient-ils, vient de sa lignée maternelle, sa personnalité émane de sa lignée paternelle, et son âme vient de Dieu[28].

La troisième civilisation est celle du peuple Fon. Les fons constituaient un ancien royaume qui regroupait les peuples qui habitaient le Dahomey ancien (le Bénin actuel), une partie du Togo et une tranche de la région orientale du Ghana. Au centre de l'empire Fon était la capitale Abomey et la ville Allada. Les Fons croyaient fermement en un dieu distant et créateur, des divinités naturelles et une déification de l'ancêtre fondateur d'un clan qu'ils appelaient Dambada Hwedo[29].

La quatrième civilisation est la culture Kongo. Fondé au XIVe siècle de notre ère, l'ancien royaume Kongo regroupait la section de l'Afrique centrale où sont situés les pays modernes comme la République démocratique du Congo et Angola. La région était dotée de traditions culturelles variées, mais certains traits communs dominaient. Parmi eux, le partage de la langue bantoue et la prédominance de l'agriculture[30]. D'après le savant africain Simon, quand les puissances européennes comme la France, la Belgique, le Portugal, la Grande-Bretagne, arrivèrent dans la région qu'elles finiront par se partager entre elles, l'empire Kongo était un royaume florissant et constituait « l'une des plus grandes civilisations africaines de l'ère prémoderne[31] ».

Toutes ces cultures étaient foncièrement religieuses. Même si la manière dont elles exprimaient leurs croyances variait, elles partageaient certaines constantes

---

26. *Ibid.*, p. 14-15.
27. *Ibid.*, p. 16-17.
28. *Ibid.*, p. 17.
29. *Ibid.*, p. 18-19.
30. *Ibid.*, p. 20-21.
31. Cité par MURRELL, *Afro-Caribbean Religions*, p. 21.

doctrinales fondamentales. Nous relevons les croyances suivantes des travaux de John S. Mbiti et de Yusufu Turaki :

- Croyance en des puissances mystiques et des êtres spirituels qui pénètrent la nature et habitent les divers éléments de l'univers[32] ;
- Croyance en un dieu suprême transcendant, créateur de tout et gouverneur des divinités subalternes et intermédiaires[33] ;
- Croyance en une pluralité de divinités subalternes qui servent d'intermédiaires entre l'être humain et le dieu suprême[34] ;
- Croyance en l'interaction entre l'univers physique, la sphère divine et spirituelle et le monde ancestral[35] ;
- Croyance en la divination comme unique moyen d'accès à la connaissance qui est démise dans le domaine spirituel ;
- Croyance en la magie comme moyen de mettre à sa disposition la puissance du monde spirituel[36] ;
- Croyance en la pratique du culte ancestral comme moyen de maintenir un contact constant entre les vivants et les morts-vivants[37] ;
- Croyance en l'offre des offrandes et des sacrifices aux êtres spirituels et divinités en vue de satisfaire leurs désirs et de s'assurer de leur faveur[38].

Bagages pour la grande traversée

Le transport des Africains dans le Nouveau Monde fut une expérience horrible et traumatique. La traversée transatlantique fut bestiale et tortueuse, n'acceptant, dans l'esprit des trafiquants d'hommes, qu'une seule sorte de bagages à bord : le corps physique des esclaves. À leur insu, cependant, à l'intérieur de ces corps asservis, il y avait un autre genre de bagage : la culture africaine et, en particulier, les croyances et les pratiques religieuses des esclaves. À vrai dire, les esclaves

---

32. Yusufu Turaki, *Foundations of African Traditional Religion and Worldview*, Nairobi, Kenya, Word Alive Publishers, 2006, p. 24-25 [traduction libre].
33. John Mbiti, *African Religions and Philosophy*, London, Ibadan, Nairobi, Heinemann, 1985, p. 29-36 [traduction libre].
34. *Ibid.*, p. 75.
35. *Ibid.*, p. 75-76.
36. *Ibid.*, p. 48-49.
37. *Ibid.*, p. 83-85.
38. *Ibid.*, p. 58-60.

ne pouvaient pas transporter au-dedans d'eux la totalité de leur legs culturel[39]. Mais il y en avait assez pour leur permettre de naviguer, tant que faire se peut, les mers tumultueuses du Nouveau Monde. Dès leur arrivée sur le sol caribéen, ils allaient se servir de cet outil comme moyen de navigation dans le nouveau milieu hostile. De cela allait naître le phénomène de syncrétisme religieux connu sous le nom de religions afro-caribéennes. Comme l'a bien dit Samuel Murrell :

> Les religions et les traditions culturelles, provenant des civilisations Yoruba, Kongo, Ashanti et Fon-Ewe constituent l'âme des religions afro-caribéennes. Les esclaves africains transportés dans le Nouveau Monde emmenèrent avec eux leurs religions. Ils emmenaient en particulier le système de divination Ifa dans plusieurs parties des Amériques[40].

Conclusion

Les phénomènes religieux afro-caribéens qui résultaient du transport des différentes ethnicités africaines dans la région caribéenne sont nombreux. Le temps et l'espace nous manquent pour les traiter tous dans cette étude. Nous nous limiterons donc à l'examen de cinq de ces religions, en l'occurrence, le vodou, le Shango, la santeria, les sectes de réveil et le rastafarisme. Dans leur évolution sur le sol caribéen, toutes ces religions ont eu un frottement substantiel avec le christianisme. La portée de cette étude est donc de déceler la relation qui existe entre leurs croyances et celles de la foi chrétienne. Notre étude démontrera que bien qu'il y ait des points de convergence entre ces phénomènes et la foi chrétienne, il existe néanmoins des gouffres théologiques énormes qui les séparent. Cette dialectique apparaît dans toutes les doctrines principales qui forment la substance de la foi chrétienne.

---

39. MINTZ, *Caribbean Transformations*, p. 11, 12.
40. MURRELL, *Afro-Caribbean Religions*, p. 53 [traduction libre].

2

Le vodou ou le culte des *loas*

Introduction

Parmi les variations des religions afro-caribéennes que nous avons choisies pour notre travail, le vodou est probablement la plus connue. Ses nombreuses similarités avec les religions de l'Afrique de l'Ouest, sa longévité et popularité en Haïti aussi bien que sa renommée à l'extérieur du pays lui donnent, à juste titre, le caractère d'une religion afro-caribéenne prototype. Nous jugeons donc approprié de commencer notre analyse descriptive des religions afro-caribéennes avec un examen approfondi de cette religion. Par la suite, nous aborderons les autres religions tout en ayant soin de souligner, chemin faisant, les résonnances du vodou qu'elles contiennent.

A. Usages et définition

Le vodou est très populaire en Haïti. Feu le Dr Edner Jeanty, théologien et ethnologue haïtien de renom, l'appelle la religion du peuple haïtien[1]. Sa portée et son impact dépassent de loin l'influence des autres croyances pratiquées dans cette ancienne colonie française. Beaucoup considèrent d'ailleurs comme futile le besoin de déterminer le pourcentage d'Haïtiens qui adhèrent au vodou par rapport au catholicisme et au protestantisme. Pour eux, il n'est guère exagéré de dire que, dans une large mesure, la grande majorité des Haïtiens sont vodouisants. Cependant, malgré cet avantage numérique, on a du mal à trouver un consensus sur la façon de représenter cette religion par écrit et sur la manière de la définir. L'orthographe du vodou, par exemple, varie considérablement. Les auteurs qui

---

1. Edner JEANTY, *Le christianisme en Haïti*, Port au Prince, Presse Évangélique Haïtienne, 1990, p. 33.

traitent du vodou utilisent des orthographies différentes pour décrire la même réalité. L'éminent théologien et pasteur, le Dr Jean Duthène Joseph, par exemple, dans sa thèse de doctorat, souligne au moins dix morphologies différentes employées par divers écrivains pour faire référence au vodou[2]. Pour sa part, le professeur N. Samuel Murrell de Grenade, dans son récent ouvrage, *Afro-Caribbean Religions*, mentionne sept formes, la majorité desquelles correspond à celles que nous trouvons chez Joseph.

Dans ces ouvrages, on rencontre des orthographies variées comme vaudou, vaudous, vaudoux, vodun, vodu, voodoo, hoodoo et vodou. À la fin de leur analyse, Joseph and Murrell ont tous deux opté pour la forme *vodou*, arguant que cette forme jouit de l'adhésion de bon nombre de penseurs contemporains. Phonétiquement, elle est aussi plus précise que ses concurrentes[3]. De son côté, le théologien trinidadien George Mulrain préfère l'orthographie française *vaudou*, parce que, selon lui, le vocable anglais *voodoo* connote souvent une impression négative de la religion[4].

Il est difficile de trancher cette question. Toutefois, tout en reconnaissant la difficulté de se prononcer d'une manière catégorique à ce sujet, dans cet ouvrage, comme le lecteur peut bien l'avoir déjà remarqué, nous utiliserons la forme *vodou* à l'instar de Murrell et de Joseph. Cette forme nous paraît plus simple et plus fidèle aux origines historiques de la religion.

Qu'est-ce que le vodou ? Voilà une autre question qui suscite des controverses. La réponse qu'elle reçoit dépend en grande partie de la perspective de l'observateur. Nous notons ici trois conceptions dominantes auxquelles nous ajoutons une quatrième.

Nous mentionnons d'abord ce que nous appelons la *conception populaire exogène*. Selon cette perspective, le vodou consiste en des rites barbares et répugnants perpétrés par un peuple doté d'une mentalité arriérée et primitive. Cette perspective, nettement péjorative, a une longue histoire qui s'étend de la période prérévolutionnaire d'Haïti à nos jours. Elle est propagée dans une littérature volumineuse de provenance externe et est popularisée à travers des

---

2. Jean Duthène JOSEPH, « The Symbiotic Relationship between Roman Catholicism and Haitian Vodou and the Impact of their Association on the Protestant Church and Community in Haiti », thèse de doctorat, Trinity Theological Seminary, NewBurgh, Indiana, 2006, p. 1 ; MURRELL, *Afro-Caribbean Religions*, p. 58-59.
3. *Ibid.*
4. George MULRAIN, *Theology in Folk Culture : The Theological Significance of Haitian Folk Religion*, Francfort, New York, Peter Lang, 1984, p. 12.

films produits par Hollywood, et même dans le discours politique américain[5]. Cette perception est à la base d'un sensationnalisme culturel qui continue de mettre en appétit le touriste occidental et, de ce fait, d'alimenter un commerce profitable[6]. Il faut noter que ce point de vue a été aussi adopté par l'ancienne élite dirigeante du pays qui a pris des actions drastiques anti-vodou dans le but de satisfaire l'Église catholique, leur allier traditionnel. Mentionnons en guise de référence la campagne anti-vodou sous l'administration du Président Lescot communément dénommée *Kanpay rejete*.

Parallèlement à cette perception négative et populaire, nous notons deux autres compréhensions qui méritent l'attention. Elles sont mises en relief par le théologien canado-haïtien, le Dr Jean Fils-Aimé dans son ouvrage, *Vodou, je me souviens*[7]. La première de ces perspectives peut être décrite comme une *conception purement religieuse*. Elle est prônée, entre autres, par certains anthropologues et historiens de religion, et voit dans le vodou un phénomène foncièrement religieux au même titre que les autres religions du monde. Son statut religieux dérive du fait qu'on y trouve une divinité hiérarchique, un ensemble de croyances, de rituels, d'observances et de pratiques, et une piété qui lui sont propres.

Sans abandonner totalement cet aspect religieux, certains penseurs accentuent fortement le côté culturel du vodou. Selon eux, le vodou est, avant tout, un mode distinctif d'existence humaine. Même dans l'absence des observances religieuses, le vodou demeure, disent-ils, le mode distinctif de l'Haïtien d'être au monde. Ce mode existentiel est caractérisé, entre autres choses, par une vision du monde ou un *Weltanschauung* qui accorde une place primordiale à une vision mythique de la réalité, une attitude méfiante envers autrui, etc.[8] Nous dénommerons cette perspective une *conception à prédominance culturelle et philosophique*.

Que dire de ces entendements ? À notre avis, l'entendement sensationnel et populaire est trop superficiel pour justifier l'effort d'une critique soutenue. Ses auteurs semblent s'intéresser davantage à la satisfaction de la curiosité des touristes occidentaux et à l'alimentation des idées préconçues concernant Haïti qu'aux multiples données visant l'éclairage des lanternes de leurs auditoires.

---

5. Parmi les films, nous notons en guise d'exemple le film *The Believers*. Pour le discours politique, retenons l'expression « voodoo economics » employée par l'ancien Président américain George Bush, père pour mettre en évidence le caractère flou et banal de la politique économique de son concurrent Ronald Reagan lors de la campagne présidentielle de 1980.
6. MURRELL, *Afro-Caribbean Religions*, p. 68-69.
7. FILS-AIMÉ, *Vodou je m'en souviens*, p. 98-128.
8. *Ibid.*

Quant aux approches religieuses et culturelles, elles sont certes méritoires mais, prises à part, à l'exclusion l'une de l'autre, elles souffrent d'un réductionnisme qui affaiblit leur pouvoir explicatif.

Cela dit, y-a-t-il donc un entendement qui soit plus satisfaisant ? Nous pensons que oui. Il s'agit de celui qui rassemble en un tout l'aspect religieux, culturel, et même philosophique du vodou. Dans cette perspective, le vodou est vu comme un ensemble religio-culturel résultant principalement de la rencontre et de la confrontation de deux visions divergentes du monde : la vision africaine et la vision occidentale. Dans le cadre de cette rencontre entre deux forces inégales dans un environnement nouveau, précaire et hostile, le vodou haïtien a émergé comme un moyen de survie et comme une quête de sûreté. Pour ce faire, il a acquis un caractère hautement adaptable, intégrant des éléments appartenant à plusieurs visions du monde, en particulier les deux visions concurrentes. Ce mélange a donné naissance à une synthèse créatrice ayant ses propres systèmes de croyances ou sa propre théologie, sa propre piété, sa propre conception de la réalité et sa propre manière de vivre. L'éminent théologien et ethnologue haïtien, le Dr Charles-Poisset Romain, abonde dans un sens similaire quand il voit dans le vodou une « religion syncrétique dont les principaux éléments constitutifs proviennent des croyances d'anciennes tribus africaines noires [...] auxquelles s'ajoutent des croyances chrétiennes catholiques et ça et là quelques avatars du naturisme des aborigènes Indiens[9] ».

B. Un bref historique

Origines

On rencontre des théories divergentes et concurrentes concernant les origines du vodou. Cependant, la position qui semble jouir d'une réputation populaire est celle qui situe ses racines historiques en Afrique occidentale, en particulier dans le Dahomey ancien connu aujourd'hui sous le nom de la République du Bénin. Nombre de chercheurs sont tombés d'accord sur le fait que le mot vodou vient du vocable Fon *Vodun* qui rassemble deux conceptions, en l'occurrence, le mot « Vo » qui signifie « introspection » et le mot « du » qui veut dire « dans l'inconnu ». Dans la langue et culture Fon, les vodun sont les divinités dahoméennes. Un vodou est donc un « dieu », un « esprit », un « mystère » ou un *loa*. Les deux dernières appellations sont des désignations distinctement haïtiennes.

---

9. Romain, *Le protestantisme dans la société haïtienne*, p. xxxiv.

Cependant, comme le démontrent les travaux de Murrell et de Hurbon, le sens plénier du phénomène s'étend bien au-delà de cette perspective étymologique. Selon Murrell, dans le système religieux Fon, vodou sous-entend l'existence d'un panthéon de divinités aussi bien que la spiritualité et les rituels dévoués à ces divinités[10]. Et d'après Hurbon, ce système sous-entend la croyance « en une force invisible, terrible et mystérieuse[11] ».

Début du vodou haïtien

Le vodou n'est pas une religion écrite, munie des écritures fondamentales, comme la Bible et le Coran, et d'une littérature volumineuse produite par ses adhérents[12]. Il est donc difficile de déterminer précisément la date formelle de son établissement en Haïti. Toutefois, Gérard Férère avance que l'histoire du vodou haïtien « commence avec l'arrivée des esclaves à Saint-Domingue[13] ». Cette hypothèse n'est pas déraisonnable. En effet, avant leur débarquement sur le sol caribéen, les esclaves n'étaient pas des personnes *tabula rasa*, privées de tout entendement cognitif et de legs culturel. Comme nous l'avons vu dans le chapitre précédent, déjà en Afrique, ils étaient dotés d'une vision du monde et d'un riche patrimoine culturel, y compris une religion et une vision distinctive du monde. Ce legs étant ancré profondément dans leur être intérieur, ils ne pouvaient pas le laisser complètement derrière eux ; il était inévitable qu'ils le transportent avec eux dans le Nouveau Monde.

Il ne s'agissait évidemment pas d'une transplantation pure et simple. Sur le sol de Saint-Domingue, le vodou allait subir des changements considérables causés par nombre de facteurs. On peut citer, en l'occurrence, le caractère disparate et diversifié des premiers adhérents du culte, les rigueurs et les exigences du système esclavagiste auxquelles ils devaient se soumettre, le frottement et même la confrontation avec le christianisme catholique. Les mutations résultant de ces facteurs étaient si considérables que certains conçoivent le vodou haïtien comme une religion à « base africaine et d'influence catholique qui sert trois

---

10. Murrell, *Afro-Caribbean Religions*, p. 59.
11. Laënnec Hurbon, *Voodoo : Search for the Spirit*, New York, Harry N Abrams, 1995, p. 13 [traduction libre].
12. Herbert Marks, « Voodoo in Haiti », dans Brian Gates, *Afro-Caribbean Religions*, London, Ward Lock Educational, 1980, p. 61.
13. Gérard A. Férère, *Le vodouisme haïtien / Haitian vodouism*, Philadelphia, St. Joseph's University Press, 1989, édition bilingue, cité par Joseph, « The Symbiotic Relationship », p. 84 [traduction libre].

catégories d'êtres spirituels : les mystères (les *loas*), les morts et les *marassa* (les jumeaux)[14] ».

Évolution dans le milieu haïtien

À la suite de son introduction à Saint-Domingue, le vodou connaîtra des hauts et des bas. Comme a remarqué Micial M. Nérestant, « certains chefs d'État ont combattu le vaudou, d'autres au contraire s'en sont servi pour mystifier les masses[15] ».

Si nous commençons avec la période esclavagiste qui s'étend de la fin du XVIe au début du XIXe siècle, nous notons deux positions opposées vis-à-vis du vodou, l'une adoptée par l'Église catholique et l'autre par les esclaves. Tandis que le monde esclavagiste, en particulier, l'Église catholique, voyait la religion d'un très mauvais œil, les esclaves la considéraient comme un outil puissant de résistance. Ils se servaient du vodou pour intimider les colons en invoquant sa mythologie et ses pratiques pour semer la frayeur et la peur dans l'esprit et le cœur de leurs maîtres. Ensuite, ils utilisaient les croyances vodouesques pour se montrer invincibles et invulnérables aux yeux de leurs oppresseurs. Enfin, comme en témoigne la cérémonie du Bois Caïman, convenue sous le couvert de la nuit du 14 août 1791, dans le nord d'Haïti, pour planifier la campagne révolutionnaire, les esclaves voyaient dans le vodou un point de ralliement, de gage et d'allégeance[16].

Plus d'une décennie après la tenue de cette rencontre nocturne, les forces révolutionnaires l'emportèrent sur l'armée française esclavagiste, à la fameuse bataille de Vertières qui eut lieu le 18 novembre 1803. Cette victoire historique « consacra l'évincement définitif sur l'armée expéditionnaire française[17] ». Cet évènement historique et mémorable convertissait la colonie française de Saint-

---

14. Karen Brown, citée avec approbation par Murrell, *Afro-Caribbean Religions*, p. 59 [traduction libre].
15. Micial M. Nerestant, *Religions et politique en Haïti*, Paris, Éditions Karthala, 1994, p. 96.
16. À notre avis, c'est le point essentiel de cette cérémonie qui eut lieu dans la nuit du 14 août 1791. Sur ce point, nous partageons l'opinion de Micial Nérestant qui attribue au vodou le rôle de « cohésion et de prise de conscience révolutionnaire dans le déclenchement de la révolte générale » qui aboutit à la conquête de l'Indépendance. Nous partageons donc son refus d'attribuer l'acquisition de l'Indépendance « à la seule puissance des loas » (Nerestant, *Religions et politique en Haïti*, p. 32). Aussi, contrairement à ce que pensent certains penseurs, nous ne voyons pas dans cet évènement la promesse de livraison du pays aux dieux vodouesques en échange pour l'octroi de la liberté de leur part. Nous rejetons la thèse selon laquelle cet évènement signifierait que Haïti est sous la malédiction divine. Voir Dieumeme Noëlliste, « Is Haiti Under Divine Curse ? », *Journal of Latin American Theology : Christian Reflection from the Latino South*, vol. 6, no. 1, 2011, p. 86-106.
17. Nerestant, *Religions et politique en Haïti*, p. 31.

Domingue en République d'Haïti et faisait d'elle la première république noire du monde. Toutefois, nonobstant l'emploi du vodou qu'ont fait les esclaves dans la lutte pour l'Indépendance, l'attitude *officielle*[18] adoptée par les leaders de la nouvelle nation sera celle de l'intolérance. Par exemple, dans son code pénal de 1835, Jean-Pierre Boyer, quatrième président d'Haïti, déclara le vodou religion superstitieuse et illégale. À la suite de la signature du Concordat de Damiens en 1860, entre le Vatican et l'État Haïtien, qui fit du catholicisme la religion officielle du pays, plusieurs gouvernements haïtiens conduisirent, de concert avec l'Église catholique, des campagnes anti-vodou, tout le long du XIXe et du XXe siècle, dans le but précis de déraciner le culte de la société haïtienne[19].

Un siècle après sa déclaration d'Indépendance de la France, Haïti subissait ce que ses leaders redoutaient le plus depuis l'acquisition de sa liberté en 1804, en l'occurrence, la reconquête du pays par une puissance esclavagiste étrangère. Il revint aux États-Unis d'Amérique de réaliser cet exploit avec le débarquement de ses Marines sur les côtes haïtiennes le 28 juillet 1915 sous l'ordre du Président Woodrow Wilson, suite à l'assassinat du Président haïtien Vilbrun Guillaume Sam[20].

L'occupation américaine (1915-1934) marquait une autre ère dans la fortune du vodou. Blessure aigüe infligée à la fierté nationale, l'invasion américaine servait à raviver l'esprit nationaliste et à susciter une résurgence de l'amour de l'héritage africain de la part de l'intelligentsia intellectuelle et politique du pays. Les leaders de ce mouvement voyaient dans le vodou le fondement culturel des masses haïtiennes, et par conséquent, le fondement du nationalisme haïtien[21].

Le leader le plus connu de ce mouvement indigène est sans doute François Duvalier, Président d'Haïti de 1957 à 1971. Duvalier était un fervent africaniste qui jouait un rôle prédominant dans la formation du groupe littéraire connu sous le nom de « l'école des Griots ». Tirant son nom de la tribu africaine du nom de « Griots » qui est connue pour son souci de transmettre sa culture à la postérité,

---

18. Nous mettons l'accent sur le caractère officiel de la position des nouveaux leaders parce que, de l'avis de plusieurs chercheurs, nombre de ces leaders pratiquaient le vodou en cachette en même temps qu'ils le dénonçaient publiquement. Voir, par exemple, Michel LAGUERRE, *Voodoo and Politics in Haiti*, New York, Saint Martin Press, 1989.
19. Ces campagnes dénommées antisuperstitieuses eurent lieu en 1864, 1896, 1912 et 1946.
20. Léon PAMPHILE, *L'éducation en Haïti sous l'occupation américaine : 1915-1934*, Port-au-Prince, Imprimerie des Antilles, 1988, p. 52.
21. L'œuvre classique qui promut cette tendance demeure le livre de Jean PRICE-MARS, *Ainsi parla l'oncle* (Port-au-Prince, Les Presses de l'Imprimeur II, 1998), produit durant la période de l'occupation.

le groupe Griots se donna pour tâche d'infiltrer dans la conscience et l'esprit haïtien son ancrage dans la culture africaine[22].

Durant sa longue présidence, Duvalier embrassa totalement le vodou et en fit plein usage dans l'effort de consolider son pouvoir politique. Son appropriation du vodou a même porté certains observateurs et penseurs à voir en ce chef de l'État la personnification de Baron Samedi, l'épouvantable *loa* des morts[23].

À sa mort, Duvalier fut suivi au pouvoir par son fils Jean-Claude, alors âgé de dix-neuf ans. Jean-Claude gouverna le pays de 1971 à 1986 quand il fut forcé de partir en exil à destination de la France à la suite d'un soulèvement national contre son gouvernement. Bien que publiquement Jean-Claude ne semblât pas promouvoir le vodou avec le même enthousiasme que son père, la chute de son régime fut accompagnée d'une saccade brutale de la religion. Sa débâcle en 1986 déclencha une vague anti-duvaliériste connue sous le nom de *déracinement* ou *dechoukaj* qui avait pour objectif le déblayage du pays des éléments du régime duvaliériste. Sachant que le vodou et ses prêtres étaient considérés comme faisant partie intégrante du régime répressif, il n'était guère surprenant que le balayage politique les emportât aussi.

Ce qui est surprenant, par contre, c'est que la campagne de *dechoukaj* ne représentait pas le dernier chapitre de l'histoire du vodou haïtien. Juste un an après la chute du régime duvaliériste, les législateurs haïtiens produisirent une nouvelle constitution, celle de 1987, qui inséra dans ses dispositifs le principe de liberté de religion, accordant ainsi la protection constitutionnelle à la pratique du vodou. Jean-Bertrand Aristide, prêtre catholique et sympathisant du vodou qui fut élu président d'Haïti en 1990, s'est saisi de la provision de la constitution de 1987 pour promulguer une loi en 2003 déclarant le vodou religion licite et légale[24].

C. Le panthéon vodouesque : Spiritualisation de la réalité

Sans ambages, le vodou est une *foi* religieuse. À ce titre, il est doté d'un système de croyances au centre duquel figure largement sa conception de Dieu. Dans cette théologie, on décèle deux notions dominantes : le concept de *Gran-Mèt-la* et la notion de *loa*.

---

22. Edwin S. WALKER, *Astonishing Grace : A Mentor's Ministry in Haiti and Beyond*, Bloomington, WestBow Press, 2015, p. 105, 106.
23. MURRELL, *Afro-Caribbean Religions*, p. 67.
24. Voir le décret-loi 2003.

Le transcendant « Gran-Mèt-la »

Gran-Mèt-la, ou le Grand Maître, est le dieu transcendant et la divinité distante et éloignée. En lui réside le pouvoir suprême qui lui octroie le droit de délimiter les pouvoirs des divinités subalternes et de l'homme[25]. Il est créateur souverain, dieu du destin absolu, garant de justice et sommet de la bonté. Il est Bon Dieu (Créole, Bondye), et comme tel, il est *summum bonum*. D'où l'expression pléonastique populaire : Bon Dieu Bon (Créole, Bondye bon). Hurbon résume bien la conception vodouesque de ce dieu suprême :

> ... Les caractéristiques du Dieu dans le vaudou qui ont été les plus soulignées par les ethnologues sont celles d'un Dieu créateur, unique, transcendant, qui a tout créé mais qui est trop grand pour s'occuper de la terre, et qui a choisi les loas pour ses serviteurs auprès des humains[26].

Selon la logique vodouesque, comme *Gran Mèt-la* a déjà une disposition favorable envers le genre humain et que, dans sa retraite, il ne se mêle pas des affaires mondaines et terrestres, il n'est pas nécessaire qu'il soit l'objet d'adoration et de sacrifice. Ainsi, étant totalement auto-suffisant, il n'a besoin de rien ni de personne.

Selon Hurbon, cette absence de Dieu n'est guère quelque chose de regrettable ; en fait, elle est essentielle pour l'existence et le fonctionnement du système vodouesque. Il est péremptoire que Dieu soit « hors du système », qu'il n'y occupe aucune position, qu'il serve de « case vide »[27]. Pourquoi, se demande-t-on ? Hurbon explique que l'éloignement de Dieu rend possible un ordre social caractérisé par des différentiations, des agencements et des transactions interhumaines jugées essentielles à l'autoréalisation de l'homme[28]. La présence de Dieu gâcherait les choses tant pour l'homme que pour Dieu : pour l'homme parce qu'elle entraverait son autoréalisation, et pour Dieu parce qu'elle l'enfermerait dans un univers de « désordre et de confusion » qui porterait atteinte à sa personne. Ceci est impossible puisque « Dieu et l'homme ne sont pas emprisonnables dans la même totalité[29] ».

---

25. Fils-Aimé, *Vodou, je me souviens*, p. 103.
26. Hurbon, *Dieu dans le vaudou haïtien*, p. 177.
27. *Ibid.*, p. 179.
28. *Ibid.*, p. 187-188.
29. *Ibid.*, p. 185.

Les loas *immanents*

S'il est nécessaire que le *Gran-Mèt-la* s'absente du monde naturel, il est essentiel que les *loas* y habitent de fond en comble. Le vocable *loa* est le nom donné en Haïti aux divinités situées au deuxième échelon du panthéon vodouesque. Appelés aussi mystères, esprits, anges, invisibles et saints[30], les *loas* forment une compagnie innombrable qui compte des divinités d'origine africaine et haïtienne. De l'Afrique viennent, entre autres, les *loas* Radas, les *loas* Fons (Dahomey/Bénin/Ginnin), les *loas* Congos (Bantou). Sur le sol haïtien « sont nés » les *loas* Pétro, parmi lesquels figurent certains morts élevés au statut de *loas*[31].

En Haïti, la théologie des *loas* prit une dimension supplémentaire. La rencontre du vodou avec le christianisme catholique produisit le phénomène de symbiose religieuse qui consistait, entre autres, en l'identification des saints catholiques avec les divinités africaines. Dans cette juxtaposition religieuse, le *loa* Erzili, déesse de l'amour, est identifié à la Vierge Marie, le *loa* couleuvre, Damballah, est assimilé à saint Patrick, tandis que Legba, *loa* du destin et détenteur des clefs du monde souterrain, est identifié à saint Pierre[32].

Considérés comme inférieurs au *Gran-Mèt-la*, les *loas* se partagent le domaine naturel, occupant des résidences symboliques comme les arbres, les sources d'eau, les rivières, les carrefours, etc. Dans la croyance vodouesque, la nature est donc imprégnée d'êtres surnaturels[33]. Malgré leur statut ontologique inférieur par rapport au *Gran-Mèt-la*, dans la croyance vodouesque, les *loas* sont considérés comme plus utiles que lui, en raison du fait qu'ils sont plus accessibles aux dévots et exercent leur pouvoir sur la totalité de la réalité[34].

Selon la foi vodouesque, les *loas* ne sont pas tous égaux. Parmi eux se trouvent « les dieux suprêmes connus sous le nom de *"Gros Loas"*[35] ». Aux dires de Duvalier, « au sommet du panthéon vodouesque se place Legba, le loa le plus ancien et le plus vénéré[36] ». Les *loas* exhibent aussi des caractéristiques différentes, des dispositions et des particularités individuelles, des goûts différents et ont un caractère éthique ambigu. Certains *loas* sont considérés comme « bons » et

---

30. François DUVALIER, *Œuvres essentielles : Éléments d'une doctrine*, Port-au-Prince, Presses nationales d'Haïti, 1968, p. 279.
31. *Ibid.*, p. 280.
32. DESMANGLES, *The Faces of the Gods*, p. 10-11.
33. DUVALIER, *Œuvres essentielles*, p. 279.
34. HURBON, *Dieu dans le vaudou haïtien*, p. 144.
35. DUVALIER, *Œuvres essentielles*, p. 279.
36. *Ibid.*

d'autres comme « mauvais »[37]. Et dans certains cas, pensent-ils, un même loa peut être bon et parfois mauvais.

En général, les *loas* de provenance africaine sont considérés comme « bons », parce que de l'avis du vodouisant, ils ne font que du bien. Par contre, les *loas* Petros ou créoles d'origine haïtienne sont considérés comme mauvais ; ils sont censés être des agents du mal. En se fondant sur cette distinction, l'historien notoire et ancien Président d'Haïti, Leslie Manigat, parle de deux sortes de vodou : « Il faut distinguer un vaudou bienfaisant dédié au bien, le culte guinéen, et un vaudou malfaisant et maléfique engoncé dans la sorcellerie et la magie noire, de caractère satanique[38]. » Cependant, le vodouisant n'a pas pour autant le luxe de choisir quel genre de vodou pratiquer ; il doit pratiquer les deux[39].

Bien que les *loas* occupent l'échelon inférieur dans l'échelle divine vodouesque, ils constituent néanmoins le point central, le nœud gordien, l'épine dorsale de la religion. Certes, le *Gran-Mèt-la* est exalté et élevé, et le vodouisant lui accorde son respect, et lui reconnait sa place[40]. Toutefois, pour lui ce qui compte existentiellement c'est le commerce qu'il fait avec les *loas*. Tous les secteurs de la sphère humaine sont influencés et sont influençables par les esprits[41]. Les *loas* gouvernent le cosmos[42]. Comme l'a bien dit Fils-Aimé, « Toute l'existence du vaudouisant est tournée vers le monde des *loas*… De la naissance à la mort, du lever du soleil à son couchant, tout est influencé par le monde des *loas*[43] ». Dans l'absence de la théologie des *loas*, il n'y a pas de vodou. Voilà pourquoi nous avons intitulé ce chapitre *culte des loas* et non culte de *Gran-Mèt-la*.

D. Le clergé vodouesque : Agent médiateur entre l'humain et le monde des *loas*

Si la vie du vodouisant tourne autour du monde des *loas*, cela ne veut pas dire que l'accès à cet univers surnaturel soit automatique. Nullement ! Pour avoir accès à ce monde, il faut l'assistance de ceux qui s'y connaissent en la matière. En d'autres termes, il faut un agent intermédiaire, et ce rôle est dévolu au clergé vodouesque.

---

37. Fils-Aimé, *Vodou, je me souviens*, p. 112.
38. Leslie Manigat cité par Fils-Aimé, *Vodou, je me souviens*, p. 113.
39. Fils-Aimé, *Vodou, je me souviens*, p. 113.
40. Voir Hurbon, *Dieu dans le vaudou haïtien*, p. 124.
41. Fils-Aimé, *Vodou, je me souviens*, p. 100.
42. Leslie Desmangles cité par Murrell, *Afro-Caribbean Religions*, p. 60.
43. *Ibid.*, p. 101.

Le corps clérical vodouesque

Le clergé vodouesque comprend plusieurs personnages. Nous les mentionnons par ordre décroissant, mais nous nous attarderons sur le personnage principal du culte. Il y a d'abord le *houngan/bòkòr* ou prêtre du vodou. Si ce dernier est une femme, elle prend le nom de *mambo*. Ensuite, vient le *hounsi*, assistant du *houngan/bòkòr* ou de la *mambo*. Les honsis jouent le rôle de femmes des *loas*. Ce sont eux qui identifient les *loas* quand ceux-là font leur apparition dans la cérémonie vodouesque. Enfin, vient le *houganican*, un aspirant au rang de *houngan/mambo*, qui joue le rôle de chantre principal dans les cérémonies vodouesques.

Sans aucun doute, le *houngan* ou la *mambo* est le personnage principal du culte vodou. Personnage notoire de la communauté, ce protagoniste remplit des rôles divers dans la pratique vodouesque, mais trois fonctions s'avèrent primordiales.

D'abord, le *houngan* ou la *mambo* joue le rôle *d'interprète des loas*. Dans ce rôle, le prêtre vodouesque est vu comme celui qui « maîtrise les arcanes du monde des *loas*[44] ». Ainsi, le vodouisant s'en remet-il à lui pour décoder et interpréter les messages du monde surnaturel.

Ensuite, ce personnage occupe la fonction de *médecin/guérisseur*. L'haïtien l'appelle le *doktè fèy*. Pour apprécier ce rôle guérisseur du *houngan/bòkòr*, l'on doit comprendre que le vodouisant divise les maladies en deux catégories ayant des origines et des causes différentes. Il y a les maladies de dieu (*maladi Bondye*) et les maladies des hommes (*maladi lèzòm*). Tandis que la première catégorie renferme les maux d'origine naturelle, la deuxième consiste en des maux infligés au souffrant d'une manière surnaturelle par la méchanceté humaine. Ils atteignent le souffrant au moyen d'un wanga, appelé en créole *yon move lè*.

Des méthodes de guérison appropriées doivent être employées pour ces deux catégories de maux. Si l'on peut recourir à la médecine traditionnelle en quête de guérison pour les maladies de dieu, une telle démarche est inutile dans le cas des maladies des hommes. Ici, il faut faire appel au *houngan/bòkòr* qui est un expert (en créole, un *konesè*) dans le domaine de la médecine surnaturelle pour aider le souffrant. Le *houngan/bòkòr* est un docteur à deux mains (en créole, *doktè-de men*) qui, grâce à sa connaissance des plantes médicinales et de son « commerce avec les loas », sait ce qu'il faut faire pour déjouer les plans macabres de l'adversaire, contrecarrer le « move lè » (l'air malsain), et renvoyer le « wanga »

---

44. Fils-Aimé, *Vodou, je me souviens*, p. 105.

ou maladie surnaturelle, par une sorte de désenvoûtement. C'est pour cette raison qu'on l'appelle *doktè fèy*.

Selon le créoliste haïtien, Rony Joseph, ce concept de « renvoi » revêt un sens beaucoup plus large dans la culture populaire haïtienne. Dans la mentalité haïtienne on ne renvoie pas seulement une maladie surnaturelle, mais tout ce qui est nuisible. La notion s'applique également à l'acte de l'ensevelissement des morts et de la révocation d'un employé[45] ! Voilà un exemple de l'entrelacement de religion et culture.

Enfin, le *houngan/bòkòr* ou la *mambo* joue le rôle de *magicien/sorcier*. Une croyance dominante de l'univers vodouesque est qu'on peut être la cible d'une action maléfique de la part d'autrui d'un moment à l'autre. « Le mal existe », « Malè pa mal », « Depi nan ginnen nèg pa vle wè nèg », répète à tout bout de champ l'Haïtien. Ces expressions populaires nous révèlent la mentalité du peuple haïtien. C'est pourquoi on doit toujours adopter une posture de défense, car il n'est pas mauvais de se défendre comme le dit l'adage créole « degaje pa peche ». Pour cette mesure défensive, le recours au connaisseur, le *bòkòr* qui sert des « deux mains », s'avère nécessaire. On sollicite son aide « pour relâcher un *baka* (un mauvais sort) contre un adversaire ou un concurrent. Pour tout ce qui a trait à la malchance ou à la déveine, c'est à lui qu'on a recours, car lui seul connaît l'art du commerce avec les *loas djab*, c'est-à-dire les démons[46] ».

E. La cérémonie vodouesque ou l'invocation de la présence des *loas*

Dans le système vodouesque, si le *houngan/bòkòr* ou *mambo* est l'intermédiaire par excellence entre l'humain et le monde des *loas*, la cérémonie vodouesque est le lieu préféré de la rencontre du dévot et du divin. La cérémonie vodouesque comprend un ensemble d'actes, de rites et de symboles, et elle est organisée principalement à l'intention des *loas*. L'objectif principal de la cérémonie varie selon le besoin du dévot. Son but est soit de remercier les *loas*, ou d'obtenir leur faveur, ou bien de satisfaire un désir de causer du mal à autrui, ou encore de chercher leur protection contre le mal. C'est en vertu de cette concentration sur les *loas* que les cérémonies vodouesques prennent aussi le nom de *sèvis-loas*, ou cultes des *loas*.

---

45. Rony JOSEPH, *Pale Kare : Dizon Ayisyen pou Tout Okazyon*, Coconut Creek, FL, ECUCA Vision Inc., 2009, p. 283.
46. FILS-AIMÉ, *Vodou, je me souviens*, p. 111.

Comme l'a remarqué Fils-Aimé, « La vie du vodouisant se déroule à l'ombre des sèvis-loas[47] ». Les vodouisants se sentent obligés d'offrir un culte aux *loas* pour tous les événements de leur vie qu'ils jugent importants. Reconnaître le rôle et l'importance des *loas* dans leur vie quotidienne est un devoir. Le culte peut avoir lieu à domicile ou au *hounfort*, le temple vodouesque. Ainsi parle-t-on de « vodou domestique » et de « vodou public ».

Le *hounfort* ou sanctuaire vodouesque est un édifice simple qui comprend le péristyle et le badji. Le péristyle est un espace relativement large qui forme le gros de l'édifice. Le badji est la partie du temple où est situé l'autel dans les environs duquel se trouvent les articles cultuels et cérémoniels. Ces articles démontrent une fois de plus la symbiose ou le syncrétisme qui existe entre le vodou et le christianisme catholique. Desmangles décrit ainsi cette symbiose :

> Quand on regarde le *pe* [l'autel], toute distance entre le vodou et le catholicisme est abolie : crucifix, lithographes de saints, missels et autres objets rituels catholiques coexistent sur le même autel avec des hochets sacrés et des jarres décorées censées abriter des esprits ancestraux[48].

Dans ce lieu considéré sacré se déroule le rituel qui comprend quatre éléments :

a. Le *vèvè*, une sorte de dessin qui représente symboliquement sur l'aire du péristyle le *loa* dont on évoque l'apparition ;

b. Le tambourinage ou battement des tambours spécifiques au culte[49] ;

c. Des chansons entraînantes accompagnées de danses rythmiques ;

d. La crise de possession, moment culminant de la cérémonie marqué par la manifestation des *loas*. C'est la *theolopsie* ou « le tonbe loa ». C'est une expérience extatique quand le *loa* envahit et possède la personne du dévot et fait de lui sa monture, c'est-à-dire, son cheval (en créole, *schwal*). Sous le poids de la possession, le dévot exhibe les caractéristiques du *loa* qui le monte et n'est plus conscient de ses actions.

---

47. *Ibid.*, p. 104.
48. Desmangles, *The Faces of the Gods*, p. 8 [traduction libre].
49. Duvalier a donné des descriptions détaillées des différents types de tambours spécifiques au vodou. Chaque rite (rada, petro, etc.) a un tambour qui lui convient. Voir *Œuvres essentielles*, p. 282-283.

F. La vision vodouesque du monde

Nous avons suggéré plus haut que le vodou n'est pas qu'une simple religion et une culture. Il renferme certes des éléments religieux et culturels, mais il va bien au-delà de ces dimensions. Il est également une vision du monde, un *wellstaanchuung*, une manière de concevoir le réel et de naviguer la réalité. C'est dans ce sens que nous partageons la pensée de Hurbon qui affirme qu'« en passant du système vaudouesque au système catholique, nombre d'Haïtiens n'ont changé que formellement d'univers [...] *on peut ne pas être pratiquant du Vaudou et rester vaudouisant*[50] ». À notre avis, le jugement de Hurbon tient non seulement pour le catholicisme, mais aussi pour le protestantisme. Hormis Hurbon, d'autres chercheurs ont démontré que nombre de croyants protestants font aussi le « va et vient » entre le vodou et leur foi protestante[51].

Quelle est donc cette vision du monde ? Nous en retenons quatre éléments que nous jugeons essentiels à la philosophie vodou. Tout d'abord, nous notons *l'inséparabilité de la foi et de la vie*. Comme nous l'avons remarqué tout le long de notre analyse, le vodouisant n'établit aucune cloison entre sa vie quotidienne et sa foi. Il inclut son *loa* dans tout ce qu'il entreprend. Il se sert de sa croyance pour expliquer tout ce qui lui arrive. Rien ne lui arrive d'une manière accidentelle. Ensuite, il convient de mentionner *la copénétration du naturel et du surnaturel*. Le vodou n'établit pas de séparation entre le profane et le sacré, la nature et la surnature. Dans l'optique du vodouisant, les deux sphères s'interpénètrent. En effet, selon Romain, « pour l'homme qui baigne dans cet univers, il n'y a pas de "discontinuité entre le surnaturel et le naturel" entre l'esprit et la matière[52] ». C'est pourquoi le principe de causalité ne peut pas être de mise seulement dans le domaine naturel. Herbert Marks exprime bien la perspective vodouesque quand il affirme que pour le vodouisant, « le mal [...] est une menace constante dans un environnement hostile où les efforts humains sont soumis à une médiation imprévisible et où la succession de liens de cause à effet dépasse la compréhension immédiate[53] ». Autrement dit, quand on ne peut expliquer la cause de certains phénomènes naturels, une explication purement surnaturelle doit être donnée.

---

50. Hurbon, *Dieu dans le vaudou haïtien*, p. 178, italiques ajoutés.
51. Voir Nerestant, *Religions et politique en Haïti*, p. 92-95 ; Romain, *Le protestantisme dans la société haïtienne*, p. 317-318.
52. Romain, *Le protestantisme dans la société haïtienne*, p. 85.
53. Marks, « Voodoo in Haiti », p. 58 [traduction libre].

Selon Hurbon, « au-dessus de ce qui est apparemment naturel se loge ce qui transcende le monde empirique[54] ».

Il nous faut également faire état de *la vulnérabilité constante de la vie*. L'existence est vécue en permanence sous la menace du désordre : « L'Haïtien vit dans un monde basé sur l'affirmation de l'imminence du mal[55]. » L'expression populaire « le mal existe » se trouve régulièrement sur les lèvres de l'Haïtien sans égard pour son appartenance religieuse. L'imminence du mal signifie que rien n'est assuré et certain. La vie peut chavirer à n'importe quel moment. On vit toujours sous la menace d'un éventuel revers de fortune.

Enfin, il y a *la recherche constante de sûreté et de survie*. Ce point découle logiquement du souci concernant l'incertitude de la vie. Si la vie est si ouverte au danger, on ne doit alors rien laisser au hasard. On doit se protéger contre la fortune néfaste et le désastre qui se cache en embuscade cherchant le moment opportun pour faire basculer notre monde. Une telle perspective nécessite l'adoption d'une position à la fois défensive, offensive et proactive. Dans les relations interpersonnelles, cette position entraîne l'adoption d'une attitude de suspicion envers autrui. Puisque les intentions du prochain peuvent ne pas être bonnes, on doit être toujours sur ses gardes. Ce sentiment de vulnérabilité et cette recherche de protection explique dans une large mesure la motivation principale de la conversion en Haïti. Pour nombre d'Haïtiens, « conversion » signifie « entrer dans l'évangile » (en créole, *antre nan levanjil*). Conversion signifie se mettre sous le couvert de l'évangile pour se protéger des forces maléfiques, et non nécessairement, se tourner vers Jésus-Christ pour recevoir le pardon de ses péchés[56].

Conclusion

Les ethnies africaines qui débarquèrent sur les côtes de Saint-Domingue durant la période de la traite des Noirs n'ont pas mis longtemps à mettre en place un système religieux qu'elles jugeaient utiles à leur bien-être matériel et spirituel. Ce système élaboré, consistant en des croyances, des pratiques rituelles et une philosophie de la vie, ne sortait pas de nulle part ; il résultait d'un mélange de pratiques et de croyances africaines et d'éléments chrétiens. Compte tenu de la popularité du vodou en Haïti, cette mixture religieuse semble être satisfaisante

---

54. Hurbon, *Dieu dans le vaudou haïtien*, p. 165.
55. *Ibid.*, p. 162.
56. Voir Walker, *Astonishing Grace*, p. 106-108.

pour un grand nombre d'Haïtiens. Cependant, nonobstant sa portée existentielle, on doit se poser certaines questions : Est-elle correcte théologiquement ? Comment les croyances qu'elle prône peuvent-elles se comparer à l'enseignement biblique ? Ces questions et tant d'autres retiendront notre attention dans la deuxième partie de notre travail.

3

Le vodou et certaines autres sectes afro-caribéennes : la santeria, le Shango et les sectes de réveil

Introduction

Le bassin des Caraïbes est un véritable microcosme. Dans ce vaste océan parsemé de territoires minuscules portant le nom d'îles, on trouve presque tous les représentants de la population mondiale. D'aucuns s'accordent pour dire que près de 95 % des quarante millions d'habitants de la région seraient d'origine étrangère. Étant donné que le genre humain se débarrasse difficilement de ses croyances religieuses, cette réalité ne saurait manquer de donner lieu à une situation de pluralisme religieux et à un phénomène de mixture religieuse de toutes sortes. C'est précisément ce que nous constatons. En effet, en faisant des recherches sur les mouvements religieux dans les Caraïbes, Harold Turner a identifié quatre catégories de métissage résultant de l'association du christianisme avec les différentes ethnicités et cultures transportées dans la région au fil du temps[1]. Il mentionne, en guise d'exemple, les phénomènes religieux qui incorporent des éléments de la foi chrétienne et les traditions amérindiennes, tel le mouvement Hallelujah en vogue parmi les Indiens de la tribu Akawaio dans le nord de la Guyane anglaise. Il met aussi en relief l'amalgame des éléments de l'hindouisme et de certaines croyances chrétiennes comme la secte Maldevidan

---

1. Turner, « New Religious Movements ».

pratiquée en Martinique. Dans notre cas, en plus des rites de la foi catholique, comme le baptême, le mariage et l'eucharistie, les dévots offrent des sacrifices aux divinités indiennes qu'ils identifient aux personnalités chrétiennes. Par exemple, les adeptes du culte identifient Vishnu, leur dieu suprême, à Jésus-Christ, et la déesse Mari-eman à la vierge Marie[2]. Turner constate également une association curieuse de la foi baptiste et des éléments des traditions africaines résultant en la création d'une secte du nom de Baptistes Spirituels, connue sous plusieurs noms à travers la région. On l'appelle *Jumpers* dans les îles Bahamas, *Shouters* à Trinidad et *Shakers* à Saint-Vincent-et-les-Grenadines[3].

Hormis ces mélanges, on trouve en Guyane anglaise une autre secte qui est un véritable pot-pourri religieux. Il s'agit du mouvement Jordaniste ou l'Armée Robe Blanche établi vers la fin du XIXe siècle par l'anglican Joseph McLaren de Grenade sous l'influence du gourou indien Bhagwan Das. Durant le premier quart du XXe siècle, la secte reçut son appellation formelle d'un certain Nathanael Jordan connu pour ses visions et ses rêves. Mouvement à caractère millénaire, ce culte consiste en un amalgame de croyances qui reflètent l'influence des traditions africaines, indiennes, chrétiennes et judaïques[4] !

Cette étude ne prétend guère être un travail exhaustif ; ainsi, une considération de tous les phénomènes religieux qui se partagent le milieu caribéen est bien au-delà de sa portée. Nous nous bornerons donc aux phénomènes religieux afro-caribéens, et parmi eux nous choisissons ceux qui satisfont les critères suivants : 1) popularité apparente à travers la région ; 2) affinité avec le vodou ; et, 3) un lien étroit avec le christianisme catholique ou protestant. Ce dernier critère est particulièrement important en raison du fait que ce frottement porte nombre de chrétiens caribéens à ne voir aucune difficulté dans le chevauchement des deux systèmes de croyances.

Bien que le vodou soit prédominant en Haïti, des phénomènes religieux semblables à celui qui a envahi le sol de Saint-Domingue, si tôt pendant la période esclavagiste, sont présents dans plusieurs autres parties du continent américain. Le phénomène prend naturellement des formes variées et assume des noms divers. Au Brésil, par exemple, il est connu sous le nom de candomblé, à Porto Rico et à Cuba on l'appelle santeria, à Trinidad-et-Tobago, on le nomme Shango, en Jamaïque, on le rencontre sous deux formes : a) une forme majoritairement magique : obeah ; et, b) une forme à prévalence religieuse : les sectes de réveil

---

2. *Ibid.*, p. 49, 54-56.
3. *Ibid.*, p. 50-51.
4. BISNAUTH, *History of Religions*, p. 180-184.

comme le sionisme et Pocomonia ou Pukumina. Toutefois, comme notre analyse le démontrera, la réalité demeure identique pour le fond.

Dans cette partie de notre étude, nous considérons trois de ces phénomènes, en l'occurrence, la santeria, le Shango et les sectes de réveil, avant d'aborder le rastafarisme. À l'exception du rastafarisme, ces sectes ont toutes des affinités avec le vodou ; et nous indiquerons ces similarités tout au long de notre analyse. Quant à leur rapprochement avec le christianisme, le premier phénomène s'apparente clairement au catholicisme, tandis que les sectes de réveil présentent une ressemblance avec le protestantisme. Pour sa part, le Shango chevauche les deux traditions chrétiennes. Quant au rastafarisme, mis à part son usage de la Bible, il ne semble pas partager de similarités considérables avec l'une ou l'autre des traditions chrétiennes mentionnées plus haut. Selon Turner, ce phénomène religieux afro-caribéen serait plus proche du judaïsme que du christianisme[5]. Bien qu'il soit propre à la Jamaïque, le rastafarisme a toutefois une réputation mondiale, en partie grâce à son fameux adepte, la vedette de la musique reggae, Robert Nesta (Bob) Marley.

A. La santeria : culte des santos en quête de sûreté et de bon destin

1. Définition

Si le vodou est presque synonyme d'Haïti, la santeria est identifiée particulièrement à Cuba, grande île antillaise située au nord-ouest d'Haïti. À l'instar du vodou, les esclaves africains qui ont apporté cette religion dans les Caraïbes situent leur origine dans la partie occidentale du continent noir, en particulier, la région sud-ouest du Sahara où les peuples de culture Yoruba prédominent. C'est pourquoi Murphy voit dans la santeria une composante religieuse qui est la convergence de trois courants religieux : la tradition Yoruba, certaines autres traditions africaines avoisinantes et le catholicisme[6]. À bon escient, Miguel Barnett a combiné les traditions africaines en un tout et définit la santeria tout simplement comme « un système de croyances et de rituels centrés sur l'adoration des *orishas* [divinités] du panthéon nigérien Yoruba et de leurs homologues dans les saints catholiques[7] ». Cette définition est correcte mais peut prêter à confusion, car elle peut donner l'impression (comme l'appellation

---

5. Turner, « New Religious Movements », p. 49.
6. Cité dans Murrell, *Afro-Caribbean Religions*, p. 101.
7. Miguel Barnett, *Afro-Cuban Relations*, Kingston, Jamaïque, Ian Randle Publishers, 2001, p. 18 [traduction libre].

santeria même le suggère) qu'on a affaire à l'adoration des saints catholiques. Murrell a bien fait de mettre en garde contre cette erreur de fond, car bien que la symbiose saint-orisha représente le trait le plus commun de la santeria cubaine, remarque-t-il, au fond les afro-cubains ne font qu'utiliser l'iconographie des saints catholiques pour exprimer, en cachette, leur dévotion aux divinités africaines. De ce fait, tandis que la santeria emprunte au catholicisme certains rituels et pratiques religieux, elle n'en demeure pas moins, dans le fond, une croyance foncièrement yoruba[8].

2. Histoire

La santeria semble s'être établie d'emblée à Cuba durant la deuxième moitié du XVIIIe siècle avec l'affluence des esclaves emmenés dans l'île pour répondre au besoin aigu de main-d'œuvre qui se faisait alors sentir dans les plantations de canne à sucre. Une fois établie, la religion s'est répandue graduellement et a atteint son point culminant vers la moitié du XIXe siècle grâce à son lien avec une organisation socioculturelle du nom de *cabildo*. Tel qu'il fonctionnait à Cuba à cette époque, le *cabildo* était un « lieu » culturel où les gens qui partageaient une même culture et une même langue pouvaient se réunir pour adorer et interagir. Éparpillés à travers l'île, ces rassemblements pourvoyaient une plateforme favorable à la pratique, l'affermissement et l'expansion de la santeria[9].

Durant la deuxième tranche du siècle, à la suite d'une série d'évènements, l'institution *cabildo* perdit sa prédominance socioculturelle. Ce revers de fortune eut des répercussions néfastes sur les religions afro-cubaines, en particulier sur la santeria. À l'aube de XXe siècle, la répression de ces sectes atteignit un point culminant avec le massacre de 1912 qui coûta la vie à des milliers d'Afro-Cubains[10].

Au début de la révolution cubaine, Fidel Castro paraissait favorable aux pratiquants des religions afro-cubaines. Certains pensent que c'est à cause de cette position qu'il reçut l'appui politique de nombre d'Afro-Cubains[11]. Cependant, à la suite de son succès dans sa lutte contre Batista, son concurrent politique, Castro s'est inspiré de la doctrine erronée marxiste-léniniste qui prône que la religion est l'opium du people. Il changea alors son fusil d'épaule et reprit la répression contre les sectes africaines, y compris la santeria. Pour le moment,

---

8. Murrell, *Afro-Caribbean Religions*, p. 101.
9. *Ibid.*, p. 103.
10. *Ibid.*, p. 105.
11. *Ibid.*

la religion semble jouir du statut de religion officielle, même si cette liberté est limitée.

3. Croyances et pratiques

Dieu dans la santeria cubaine

Dans la santeria, on trouve une cosmologie semblable à celle en vogue dans les religions traditionnelles africaines et dans les sectes caribéennes, comme le vodou, qui s'inspirent des croyances africaines. Cette cosmologie reflète un panthéon hiérarchique consistant en deux échelons. La santeria croit d'abord en l'existence d'un dieu perçu comme « l'énergie créatrice de l'univers[12] ». Ce dieu semble consister en un triumvirat de divinités connues sous le nom d'Olofi, Olodumare et Olorun. Olofi signifie Souverain Gouverneur, Olodumare veut dire le Tout Puissant, et Olorun signifie Maître et Seigneur du ciel.[13] Pris ensemble, ces noms expriment donc l'idée de souveraineté, d'omnipotence, de créateur et de gouverneur. À l'instar du vodou *Gran-Mèt-La*, les membres de la trinité de la santeria sont distants et éloignés ; ils ne prennent pas une part active dans les affaires quotidiennes et ils ne reçoivent pas d'adoration de la part des adeptes de la religion.

Comme dans le système vodouesque, le deuxième échelon du panthéon de la santeria est occupé par des esprits subalternes connus sous le nom d'*orishas*. Contrairement aux *loas* du vodou qui sont innombrables, le nombre de ces divinités cubaines est très restreint, comptant moins d'une trentaine, tous originaires de l'Afrique[14].

Qui sont au fond ces divinités ? Selon la mythologie de la santeria, les *orishas* sont des êtres spirituels ayant une ontologie complexe. Tout d'abord, selon les croyances de la santeria, les *orishas* sont liés au genre humain. Dans la culture Yoruba, on les considérait comme des ancêtres déifiés. Ils provenaient des individus qui, durant leur vie terrestre, avaient fait preuve de forces extraordinaires, grâce à l'énergie puissante connue sous le nom d'*ache* dont ils étaient dotés. À un moment de leur existence, ces personnes subissaient une métamorphose durant laquelle elles assumaient le caractère d'*orishas*. Cette transformation se produit en des moments de sévères crises émotionnelles causées par des sentiments forts et intenses comme la colère. Durant cette

---

12. *Ibid.*, p. 107 [traduction libre].
13. Barnett, *Afro-Cuban Relations*, p. 18.
14. Ce nombre représente une réduction extrême du nombre des *orishas* africains qui s'élevait à plus de 400. Voir Barnett, *Afro-Cuban Relations*, p. 38.

expérience, sous le feu de la passion, l'aspect physique de ces êtres disparaît et ils ne laissent derrière eux que la substance immatérielle, l'*ache*, la pure énergie[15].

Mais cette énergie jugée essentielle à la constitution de l'*orisha* émane du dieu suprême. Ainsi, les *orishas* maintiennent aussi une relation ontologique avec la trinité de la santeria. Ontologiquement, ils sont les extensions du dieu suprême dans le monde temporel et existent sous son autorité. Fonctionnellement, ils servent d'intermédiaires auprès du dieu transcendant. En effet, c'est par leur truchement que l'*ache*, l'énergie cosmique qui provient du dieu suprême pénètre l'univers, relie et anime tout ce qui existe par les forces spirituelles[16]. Ce sont aussi les *orishas* qui dotent de pouvoir les dévots de la santeria en leur communiquant l'*ache* sans lequel rien n'est possible dans le monde temporel, mais avec l'aide duquel on peut accomplir les tâches les plus intimidantes et difficiles[17]. Compte tenu de l'importance que leur accorde la théologie de la santeria, on comprend aisément pourquoi, à l'instar des *loas* vodouesques, existentiellement, les *orishas* sont jugés plus pertinents que le dieu suprême. C'est avec eux que les adhérents doivent faire commerce dans la vie quotidienne. Le sociologue mexicain Carlos Echanove explique comme suit la raison du retrait du dieu de la santeria des affaires humaines :

> Olofi... créa le monde qui, au début, était habité seulement par les saints. Après cela, il partagea sa puissance (cette puissance est l'ache) avec eux de telle sorte qu'il n'aurait jamais à intervenir dans la destinée humaine. C'est pour cela que les saints existent[18].

Hormis leur relation avec le genre humain et le dieu suprême, les *orishas* ont aussi un lien étroit avec les saints de l'Église catholique. Arrivés à Cuba, le nombre minime d'*orishas* qui avaient survécu la traversée transatlantique se verraient assimilés à un nombre encore plus restreint de saints catholiques[19]. Par exemple, l'*orisha* Ogun est assimilé à saint Pierre, Chango est associé à sainte Barbe, Obatala correspond à la Vierge de la Merced, tandis que Babalu Aye est identifié à saint Lazare[20]. Selon Lachatañeré, de cette symbiose *orisha*-saint naquit

---

15. BARNETT, *Afro-Cuban Relations*, p. 23, 24.
16. MURRELL, *Afro-Caribbean Religions*, p. 118.
17. *Ibid.*, p. 107.
18. Cité dans BARNETT, *Afro-Cuban Relations*, p. 37 [traduction libre].
19. Selon Barnett, seulement 17 ou 18 saints catholiques sont reconnus dans le système santeria, et de ce nombre moins de la moitié sont invoqués par les adeptes du culte. Voir BARNETT, *Afro-Cuban Relations*, p. 38.
20. Rómulo LACHATAÑERÉ, *El Sistema Religioso de los Afrocubanos*, Habana, Editorial de Ciencias Sociales, 1992, p. 99 ; BARNETT, *Afro-Cuban Relations*, p. 44-52.

une entité qui n'est ni totalement *orisha*, ni totalement saint, mais une création divine nouvelle propre à Cuba, à savoir *el santo*. « De la rencontre des religions africaines avec le catholicisme surgit une déité tout à fait nouvelle, conséquence de l'indentification des divinités africaines avec les saints du panthéon catholique, à qui l'on donna le nom de *santo*[21]. »

Les *santos* ou *orishas* cubains constituent un panthéon hétérogène et divers. Comme c'était le cas déjà en Afrique, ils ne partagent pas le même statut à travers le territoire cubain ; leur position et importance dépendent en grande partie de l'histoire de l'endroit où ils sont honorés. De plus, tout comme les *loas* du vodou, ils exhibent des personnalités, des tempéraments, des dispositions et des goûts différents. Qui plus est, certains s'adonnent à des rivalités et se mêlent à des conflits interpersonnels[22]. D'aucuns font montre d'un caractère moral discutable. Par exemple, Eleggua et Ogun sont connus pour leur fourberie. D'autres comme Obatala et Chango affichent un caractère androgène ; tous deux font montre de traits masculins et féminins ! Et selon certaines légendes, Chango aurait une relation sexuelle avec sa propre mère[23].

Clergé, rites et observances

Si nous passons pour l'instant de la théologie de la santeria au culte de la santeria, nous nous trouvons en présence d'un système religieux bien élaboré qui présente des affinités avec le vodou et un rapprochement avec la tradition catholique. Comme dans le vodou, la santeria a un corps sacerdotal bien défini. Au sommet de ce clergé se trouve le *babalawo*, leader et dirigeant ultime du culte qui doit forcément être de sexe masculin[24]. Son homologue féminin est la *babalocha* ou *iyalocha* qui a la charge du déroulement de la liturgie de la santeria et qui parraine les nouveaux adhérents du culte lors de leurs cérémonies d'initiation. Selon Lachatañeré, nombre de ces patronnes sont de ferventes catholiques qui sont bien imbues des dogmes et des préceptes de cette tradition chrétienne[25]. En dessous de ces personnes, on trouve une autre catégorie d'officiels du nom de *santeros* et *santeras* qui exécutent le gros des activités et des fonctions de la secte.

Comme dans le vodou, ce corps sacerdotal remplit une multitude de fonctions. Il préside aux divers rituels par lesquels le nouveau dévot s'intègre officiellement dans la religion. Ces rituels incluent, entre autres, l'identification

---

21. Lachatañeré, *El Sistema Religioso de los Afrocubanos*, p. 97, italique ajouté [traduction libre].
22. Citons en guise d'exemple le duel entre Oggun et Chango.
23. Barnett, *Afro-Cuban Relations*, p. 49.
24. Lachatañeré, *El Sistema Religioso de los Afrocubanos*, p. 240.
25. *Ibid.*, p. 241.

du dieu qui réside dans la tête du dévot, la réception des colliers propres à la déité que le dévot décide de servir, la cérémonie d'initiation durant laquelle le nouveau croyant reçoit l'*ache* ou la puissance de la divinité qui lui est propre[26].

Les membres du clergé officient aussi aux divers festivals de la secte célébrés tout le long de l'année en l'honneur des *orishas* cubains et des saints catholiques qui leur correspondent[27]. Ces festivals sont célébrés soit pour conférer un grade à un membre du clergé, soit pour commémorer l'anniversaire des dieux, ou encore pour solliciter leur faveur. Ils ont souvent lieu durant la deuxième partie de la journée. Comme dans le vodou, ces cérémonies consistent en l'invocation d'une divinité (dans le cas de la santeria, cet honneur va toujours à Eleggua[28]), le tambourinage et la crise de possession. L'effet de cette extase santerienne sur le dévot est semblable à ce qu'on trouve dans la crise vodouesque.

Pourquoi les dévots pratiquent-ils la santeria ? En un mot, pour s'assurer la protection nécessaire contre l'énergie négative qui se dégage dans l'univers dans sa poursuite du destin envisagé par le dieu suprême. Cette protection vient quand on reçoit l'*ache* du dieu suprême qui réside dans l'*orisha* qu'on a choisi de servir à travers la divination qu'effectue le prêtre santerien. Cette protection est reçue symboliquement au cours de la cérémonie d'initiation quand on reçoit les colliers et les images taillées d'un ou de plusieurs *orishas* de la main du prêtre – colliers que le dévot doit porter en tout temps. C'est la raison pour laquelle la divination est considérée comme le point focal de la santeria[29].

B. Le Shango ou le culte des forces spirituelles

1. Arrière-plan historique, social et culturel

De la santeria nous passons à un autre phénomène religieux en vogue, cette fois-ci, dans quelques-unes des petites îles du sud de la région, en particulier Trinidad-et-Tobago. Nous parlons du Shango ou, comme ses adeptes aiment mieux l'appeler, Orisha[30].

---

26. *Ibid.*, p. 242-243.
27. Par exemple, le 18 septembre est la fête de la Vierge de la Charité du Cuivre et de Ochun. Le 24 septembre est célébré en l'honneur de la Vierge de la Merced et de l'*orisha* Obatala. Le 4 décembre célèbre l'anniversaire de sainte Barbe aussi bien que l'exaltation de Shango. Voir LACHATAÑERÉ, *El Sistema Religioso de los Afrocubanos*, p. 244.
28. *Ibid.* p. 251.
29. BARNETT, *Afro-Cuban Relations*, p. 30.
30. MURRELL, *Afro-Caribbean Religions*, p. 203.

Situé à l'extrémité méridionale du bassin caribéen, juste à l'est du Venezuela, l'état jumeau qui porte le nom Trinidad-et-Tobago est, sans ambages, l'une des plus petites entités politiques de la région. Toutefois, nonobstant sa petitesse, grâce à certains développements historiques de la période esclavagiste et coloniale, il parvint à héberger l'une des sociétés les plus diverses des Antilles ; et cette hétérogénéité est clairement reflétée dans la religion qui a surgi de ce minuscule territoire.

D'abord colonie espagnole pendant quelque deux siècles, Trinidad connut une affluence volumineuse de ressortissants français et d'esclaves noirs provenant des colonies françaises avoisinantes durant la deuxième partie du XVIIIe siècle. Puis, à l'aube du XIXe siècle, elle est tombée sous la tutelle de la Grande-Bretagne qui l'avait arraché des griffes de l'Espagne durant les dernières années du XVIIIe siècle. L'une des conséquences de ce changement de maître fut une autre affluence humaine ; mais cette fois-ci, il s'agissait d'un afflux de ressortissants anglais et des esclaves provenant des colonies anglaises. Enfin, l'abolition de l'esclavage qui a eu lieu durant la première moitié du XIXe siècle dans les colonies britanniques créa une carence de main-d'œuvre dans l'économie coloniale. Pour pallier ce manque, la Grande-Bretagne eût recours à l'importation de l'Inde de travailleurs sous contrat. Cette manœuvre résulta en un autre afflux humain vers Trinidad, cette fois-ci un fort contingent indien.

Le résultat de ce remue-ménage politique fut un véritable pot-pourri ethnique et culturel. Tout d'abord, les divers courants d'alimentations d'esclaves vers Trinidad produisirent dans la petite île une présence africaine beaucoup plus diversifiée et variée que celle que l'on rencontre à Cuba et en Haïti. Ensuite, l'influence espagnole, française et anglaise donna lieu à un plus grand équilibre entre le catholicisme et le protestantisme que celui que l'on observe dans les pays à prédominance catholique comme Cuba et Haïti. Enfin, l'arrivée de la population indienne ajouta à cette mixture déjà riche et complexe les traditions religieuses hindoue et musulmane. Cette diversité humaine et culturelle ne saurait manquer de se répercuter sur les croyances et les pratiques du Shango trinidadien. Cette diversité historique et culturelle fera du Shango trinidadien un phénomène afro-caribéen unique. Elle le rendra semblable au vodou et à la santeria et, en même temps, différent d'eux.

2. *Le caractère du Shango trinidadien*

Malgré la grande diversité ethnique et culturelle dont fait montre la présence africaine à Trinidad, c'est la tradition religieuse Yoruba qui finira par se refléter le plus fortement dans le Shango trinidadien. Ce lien avec la tradition Yoruba le rapproche de la santeria mais l'éloigne un peu du vodou qui, comme nous l'avons vu, trace sa lignée religieuse plus précisément au Dahomey.

Dans sa forme originale, le Shango est connu sous le nom de la religion d'Ifa et sa pratique incluait, entre autres, les croyances et observances comme l'adoration des *orishas*, le culte des ancêtres, la divination, le sacrifice des animaux, la réincarnation ou renaissance familiale[31]. Bien que la religion porte le nom de Shango, ce terme ne s'applique pas à toutes les divinités (ou les *orishas*), comme c'est le cas pour le vodou. Dans l'Ifa ancienne, les divinités sont connues sous le nom commun d'Orisha, Shango étant le nom de l'un de ces *orishas*. C'est pourquoi les adeptes du Shango ne s'appellent pas shangoïstes mais plutôt : « le peuple Yoruba, » le « peuple Orisha, » ou simplement « le peuple africain »[32]. Mais comme nous l'avons indiqué plus haut, les adeptes de la religion ont récemment adopté Orisha comme son nom propre[33].

Comparé au vodou et à la santeria, le Shango trinidadien est un phénomène religieux relativement récent. Quoiqu'il y eût déjà des esclaves africains dans l'île sous l'occupation espagnole, la religion ne fera son apparition à Trinidad que dans le début du XIXe siècle, suite à la conquête britannique. Pendant le siècle qui suivit son entrée, elle connaîtra des trébuchements jusqu'à la deuxième tranche du XXe siècle quand son statut légal sera reconnu à la suite d'une longue période de répression et de prohibition. À Trinidad, le Shango assumera un caractère hautement syncrétique. Alors que le vodou et la santeria présentent une synchronisation avec le catholicisme, le Shango exhibe une symbiose qui reflète le mélange des éléments africains, catholiques et protestants. Cependant, Murrell avance que la religion présente également des brins de l'hindouisme, de l'islam et même du mysticisme juif[34]. Plus que le vodou et la santeria, ce syncrétisme a fait du Shango une religion africaine qui a acquis un caractère nettement créole dans le bassin des Caraïbes.

3. Croyances

L'historien guyanais Dale Bisnauth voit dans le Shango trinidadien des reflets distincts du vodou haïtien. Selon lui, « les croyances et les pratiques du Shango telles qu'elles se développaient jusqu'en 1930 étaient remarquablement

---

31. Philip J. NEIMARK, *The Way of the Orisa*, San Francisco, Harper, 1993, p. 14-18.
32. BISNAUTH, *History of Religions*, p. 45.
33. MURRELL, *Afro-Caribbean Religions*, p. 203.
34. *Ibid.*, p. 210.

semblables, sinon identiques, à celles du vodou[35] ». À notre avis, ce jugement paraît un peu exagéré et partiellement correct. Le Shango partage assurément des croyances essentielles avec le vodou. Cependant, à cause du caractère éclectique qu'il reçoit du contexte trinidadien, il reflète des traits qui le rapprochent du protestantisme et l'écarte un peu du catholicisme.

Le panthéon shangoïste

Comme dans le vodou et la santeria, le Shango incorpore un panthéon composé de deux échelons : un dieu suprême transcendant et des divinités subalternes.

Dans les croyances yoruba, le dieu suprême est connu sous le nom de Olurun ou Olodumare. Comme dans le vodou et la santeria, le dieu suprême est créateur et gouverneur de l'univers et chef des divinités subalternes. Cependant, on ne le connaît sous aucune de ces désignations dans le Shango trinidadien. À leur place, on trouve plutôt des divinités du nom d'Éléphon et Ohalufon qui sont considérés respectivement comme Père Éternel et Jésus-Christ. Parmi ces deux, il apparaît que Éléphon est considéré comme le dieu suprême. Ici, on peut se demander si cette croyance shangoïste serait un indice du concept chrétien de la trinité.

Au-dessous du dieu suprême se trouvent les puissances subalternes connues aussi sous le nom de *forces spirituelles*. Ce sont des divinités inférieures à Éléphon qui sont considérées comme des puissances spirituelles. Comme dans le vodou, mais à l'inverse de la santeria, ces divinités sont innombrables, et elles comptent dans leur nombre des divinités d'origine locale et de provenance africaine. Parmi les divinités locales, certaines sont les saints de l'Église catholique auxquels le statut de puissance divine a été conféré. Saint Luc, sainte Rose et la Vierge Marie font partie de ce groupe.

Comme dans le vodou et la santeria, les divinités shangoïstes sont loin d'être homogènes. Ces puissances réclament des statuts différents, présentent des particularités singulières et ont des préférences et des goûts divers.

À l'instar du vodou et de la santeria, les puissances shangoïstes maintiennent une relation symbiotique étroite avec les saints de l'Église catholique. Par exemple, Shango, dieu des tempêtes et du tonnerre, trouve ses homologues en trois saints de l'iconographie catholique : Jean l'évangéliste, Jean-Baptiste et Jean de la Croix[36]. De leur côté, Shakpana s'identifie à saint François, Obatala

---

35. BISNAUTH, *History of Religions*, p. 172 [traduction libre].
36. *Ibid.*, p. 215.

correspond à saint Benoît, tandis qu'Ogun, dieu téméraire du fer et de la guerre, trouve son pareil en saint Michel.

Dans la cosmologie shangoïste, ces *puissances* jouent le rôle de médiateurs entre le dieu suprême et le monde temporel. Leur fonction est de servir de lien entre le dieu transcendant et les dévots. Voilà pourquoi, à l'instar du vodou et de la santeria, le croyant shangoïste ne peut pas se passer des *puissances spirituelles*. Il doit les prendre en compte et les inclure dans tout ce qu'il entreprend, car, dans la perspective shangoïste, « [t]ous les aspects de la vie sont sous le contrôle des puissances qui sont responsables de toutes les expériences humaines – bonnes ou mauvaises[37] ».

La cérémonie shangoïste

Les activités religieuses shangoïstes ont lieu dans une cour, ou temple, qui renferme, entre autres choses, une chapelle et un palais sous la direction d'un leader appelé *baba* ou berger. Similaire au péristyle vodouesque, la chapelle ou le palais renferme un autel où sont situés les éléments rituels. Ces éléments cultuels constituent un attirail élaboré et complexe qui démontre clairement le caractère syncrétique du Shango trinidadien. L'attirail consiste en une mixture d'objets considérés sacrés dans au moins trois traditions religieuses : catholique, africaine et protestante. L'apport protestant est reflété par la présence de nombres d'éléments cérémoniels appartenant aux Baptistes Spirituels dans le temple shangoïste.

Le déroulement du culte et l'attirail cérémoniel sont similaires à ceux du vodou. Le culte débute avec l'invocation des divinités subalternes. La puissance Eshu est invoquée en premier lieu, mais c'est pour être renvoyée et chassée compte tenu de son commerce avec Satan. Nous notons ici une différence palpable avec le vodou et la santeria. Dans le vodou comme dans la santeria, cet aspect de la cérémonie revêt un caractère positif. Dans l'un comme dans l'autre, Ogun est invoquée au début pour ouvrir la porte et frayer le chemin pour l'arrivée d'autres divinités. Suivant l'invocation d'Eshu, d'autres divinités sont interpellées pour solliciter leur approbation et leur faveur. Et dans la santeria, Ogun est invoquée à la fin de la cérémonie pour barrer la voie aux autres divinités.

Comme dans le vodou et la santeria, le rituel comprend : tambourinage, danse, chansons et crise de possession par une puissance donnée. Durant l'extase shangoïste, les dévots reçoivent des révélations et des oracles d'aide

---

37. *Ibid.*, p. 213.

et de protection de la part des puissances[38]. L'effet de la crise de possession sur le dévot est identique à ce qui se produit dans les autres phénomènes religieux étudiés jusqu'ici. Dans l'état d'extase, l'adepte manifeste les caractéristiques de la divinité qui a pris possession de sa personne et est transformé en une monture de l'*orisha* qui le possède.

Le culte se termine par le sacrifice d'animaux comme le pigeon, le poulet, la colombe, le cabri, suivi de l'alimentation des divinités et des participants y compris les enfants. Cette partie est accompagnée de récitation des prières et des psaumes tels le Notre Père, la confession des apôtres, le psaume 23, etc. Cela est une autre indication de l'influence chrétienne sur ce phénomène afro-caribéen.

C. Les sectes de réveil : Pocomania et Sion

Si la santeria et le vodou font montre d'une affinité avec le catholicisme, et si le Shango exhibe l'influence tant du catholicisme que du protestantisme, les sectes dites de réveil reflètent un frottement de certaines expressions du christianisme protestant avec les religions traditionnelles africaines. À l'instar du vodou et des autres phénomènes religieux étudiés jusqu'ici, les sectes de réveil en question peuvent, à juste titre, se vanter d'un lien avec la culture africaine. Toutefois, leur apparition sur la scène caribéenne est relativement récente. En effet, l'expression « sectes de réveil » ou le terme anglais *revivalism* inclut les mouvements religieux qui ont surgi dans la région caribéenne à la suite de l'explosion, aux États-Unis et dans certaines parties de la Grande-Bretagne durant la première moitié du xixe siècle, du mouvement religieux connu sous le nom de grand réveil (*Great Awakening*). Ces groupes incluent, entre autres, le Bedwardisme, le sionisme, le Pukumina ou Pocomania et les Baptistes Spirituels. De ces derniers, les trois premiers se trouvent en Jamaïque et le dernier à Trinidad-et-Tobago. Dans cette étude, nous nous concentrons sur le sionisme et le Pocomania ou Pukumina.

1. Antécédents historiques

La Jamaïque, où ces phénomènes religieux sont les plus populaires, est la troisième des grandes îles du bassin des Caraïbes. Elle vient après Hispaniola et Cuba, et forme avec ces deux îles un triangle situé au nord de la région. Cette île qui héberge plus de 2 millions d'âmes fut d'abord occupée par l'Espagne pendant plus d'un siècle avant de tomber sous la tutelle britannique durant la deuxième

---

38. Turner, « New Religious Movements », p. 52.

partie du XVIIᵉ siècle, selon les termes du Traité de Madrid conclu en 1760. De ces puissances esclavagistes, c'est la Grande-Bretagne qui emmena en Jamaïque, en vagues subséquentes, une grande masse d'esclaves provenant de plusieurs parties de l'Afrique occidentale et centrale[39].

Au début, le contact entre les nouveaux arrivés et le christianisme était minime, voire même inexistant[40]. En effet, contrairement à la politique de l'Église catholique qui exigeait que les esclaves deviennent chrétiens, la plantocratie anglaise et l'Église anglicane ne jugeaient pas avantageux d'exposer les esclaves à la foi chrétienne. Toutefois, cette situation qui dura plus d'un siècle fut amenée à changer avec l'arrivée dans l'île des missions non conformistes comme les moraviens, les méthodistes, les baptistes et les presbytériens. Dès le premier tiers du XVIIIᵉ siècle, ces groupes se sont attelés à la tâche de l'évangélisation des esclaves et y ont persévéré jusqu'à l'abolition de l'esclavage dans les années 1830[41].

L'une des retombées de la position anglaise fut l'abandon des esclaves à eux-mêmes concernant la satisfaction de leur besoin religieux. Ainsi, pendant tout un siècle, les esclaves ne pratiquaient que la religion qu'ils emmenaient avec eux de l'Afrique. En Jamaïque, cette « religion d'esclave[42] », comme Barrett se plaît à l'appeler, prit trois formes dominantes avant de se mêler avec le christianisme protestant pour produire, durant la deuxième moitié du XIXᵉ siècle le phénomène religieux connu sous le vocable *sectes de réveil*. Selon certains penseurs, ces expressions religieuses de prédominance africaine constituaient la base pour l'émergence des phénomènes religieux subséquents. Voilà pourquoi il est nécessaire de s'attarder sur elles avant de se plonger directement dans l'analyse des sectes de réveil.

En Jamaïque, les religions dont il est question prennent le nom de myalisme, d'obeah et de Kumina. Ces sectes qui devinrent visibles dans l'île dès la deuxième tranche du XVIIIᵉ siècle partagent entre elles plusieurs caractéristiques fondamentales. Bien que les chercheurs ne s'entendent pas sur l'endroit exact de leur origine, nombre de savants sont d'avis que ces sectes provenaient de la vaste région qui comprend l'Afrique occidentale et l'Afrique centrale, et ont plusieurs croyances en commun[43]. Par exemple, conformément à la cosmologie africaine, elles croient en l'existence d'un dieu créateur, et en une pléthore

---

39. MURRELL, *Afro-Caribbean Religions*, p. 19-25.
40. Leonard BARRETT, *The Rastafarians*, Boston, Beacon Press, 1997, p. 20.
41. *Ibid.* p. 21-22.
42. *Ibid*, p. 37-40 [traduction libre].
43. MURRELL, *Afro-Caribbean Religions*.

d'esprits qui peuplent l'univers et gouvernent la vie humaine. De plus, de concert avec la spiritualité des religions traditionnelles africaines, elles mettent l'accent sur la crise de possession, l'unité du monde visible et du monde invisible, la communication directe avec l'univers spirituel, la recherche de guérison des mains d'un expert en herbes médicinales, l'observance de certains rites de passage pour marquer les moments significatifs de la vie, tels que la naissance, la mort, etc.

Toutefois, nonobstant ces points communs, ces sectes présentent des différences notoires qui méritent d'être soulignées. Le myalisme, par exemple, se concentrait sur les rituels communautaires comme la crise de possession et la performance de la dance *Myal* en l'honneur des divinités subalternes et des ancêtres décédés. À l'époque esclavagiste, cette expression de religion africaine était pratiquée secrètement, souvent à l'abri d'un arbre à coton, sous la direction d'un prêtre portant le nom de *myal man*, dans le but principal d'inciter la crise de possession[44]. L'une des doctrines fondamentales de cette secte est la croyance que l'homme a deux esprits ou âmes. L'un, appelé *duppy*, est destiné à rejoindre l'univers des ancêtres à la mort de l'individu, après l'observance de certains rites funéraires appropriés[45]. L'autre, dénommé *ombrage* est la doublure du corps physique et est susceptible d'être attrapé et lésé par les manœuvres magiques du prêtre obeah[46]. Le myalisme était un culte à caractère communautaire dont l'objectif premier était la protection des dévots contre la brutalité du système esclavagiste, les actes maléfiques du prêtre obeah, et la provision de la guérison contre les maux physiques et mentaux grâce à des herbes médicinales[47].

De son côté, l'obeah est principalement un art magico-religieux mis en œuvre à des fins égocentriques et personnelles. C'est un phénomène quasi-religieux foncièrement individuel tourné autour de la pratique magique du prêtre obeah ou l'*obeah man* et de la demande du client. Comme Ivor Morrish l'exprime, par le biais de la magie, le prêtre obeah peut aider son client à :

> poursuivre des désirs personnels, traiter une mauvaise santé, s'assurer d'une bonne fortune, tourner les affections de l'objet de son amour ou sa convoitise vers soi, effectuer la rétribution et

---

44. Le mot *myal* signifie « être dans un état d'extase ».
45. Jean Besson, « Religion as Resistance in Jamaican Peasant Life : the Baptist Church, Revival Worldview and Rastafari Movement », dans Barry Chevannes, sous dir., *Rastafari and Other Caribbean Worldviews*, London, Palgrave Macmillan, 1998, p. 57.
46. *Ibid.*, p. 56.
47. Barrett, *The Rastafarians*, p. 18 ; Murrell, *Afro-Caribbean Religions*, p. 255-256.

la vengeance contre ses ennemis – en bref, manipuler les forces spirituelles de l'univers pour obtenir ce qu'on veut[48].

Obeah est proscrit en Jamaïque et à travers les Caraïbes.

Pour sa part, le Kumina est principalement un culte familial et ancestral. Son but premier est de promouvoir la communication entre les adeptes et le domaine spirituel, en particulier les esprits ancestraux, pour pouvoir mieux confronter les difficultés de la vie. C'est pourquoi, dans le rituel du Kumina, les dévots évoquent les esprits des défunts, et préfèrent être possédés par eux.

2. *L'émergence du réveil jamaïcain et le syncrétisme protestant-réveil*

Étant donné cet arrière-plan historique, il n'est pas étonnant que les sectes qui émergeaient en Jamaïque à la suite de la dominance de ces croyances africaines exhibent des caractéristiques uniques et propres. Comme Jean Besson l'a bien noté, en Jamaïque les esclaves s'inspiraient des croyances africaines fondamentales comme la sorcellerie, la connaissance des herbes médicinales, le culte ancestral, le panthéon des divinités et des esprits pour créer une nouvelle vision du monde au cœur de laquelle se trouvent les sectes magico-religieuses comme l'obeahisme et le myalisme[49].

Les savants s'accordent sur le fait que le mélange des croyances et des pratiques religieuses africaines et les principes et les approches du christianisme protestant commencèrent dès l'arrivée des missions non conformistes en Jamaïque au XVIIIe siècle. Le caractère libre, spontané, et non structuré de la liturgie de ces missions protestantes allait de pair avec l'enthousiasme et l'exubérance des religions africaines.

Le mélange s'intensifia avec l'entrée de la foi baptiste sur la scène religieuse jamaïcaine et avec l'arrivée des États-Unis, en 1783, de deux anciens esclaves du nom de George Lisle et de Moses Baker. Déjà leaders reconnus et éprouvés dans leur église d'origine, Lisle et Baker ne perdirent aucun temps pour embrasser la tâche de proclamer les doctrines de la foi baptiste aux esclaves dès leur atterrissage sur le sol jamaïcain. Pour leur part, les esclaves répondaient promptement et avec enthousiasme à la prédication des nouveaux prédicateurs. Cependant, leur réponse contenait une entorse qui causait du chagrin aux prédicateurs. En recevant le message, les esclaves préféraient mettre l'accent sur l'aspect de la

---

48. Ivor MORRISH, *Obeah, Christ and Rastaman : Jamaica and its Religion*, Cambridge, UK, James Clarke, 1982, p. 44 [traduction libre].
49. BESSON, « Religion as Resistance », p. 56.

prédication qui résonnait avec leur croyances et leurs pratiques traditionnelles ! Par exemple, au lieu de se borner à la Bible comme source exclusive de révélation, les esclaves préféraient les révélations à caractère surnaturel reçues par l'intermédiaire des rêves, des apparitions angéliques, de la crise de possession, etc. À leur entendement, ces moyens donnaient une assurance plus sûre de leur salut que la simple foi en des déclarations bibliques[50]. Ils accueillaient certes à bras ouvert le baptême comme les baptistes le pratiquaient. Cependant, ils voyaient en ce rite quelque chose de magique qui, pour eux, devait être accompagné d'une danse semblable à la danse myale[51]. Un tel état de choses donna lieu à l'émergence et la coexistence de deux formes de foi baptiste dans l'île : une version orthodoxe acceptée *formellement* par les esclaves et une version indigène et populaire contrôlée par les éléments myalistes[52]. Il convient de souligner, cependant, que cette divergence ne résulta pas en une séparation de deux tendances. Loin de là. Elle a plutôt créé une réalité connue sous le nom de double affiliation religieuse ! À partir de cette période, le chevauchement par nombre de chrétiens jamaïcains des deux traditions religieuses sera chose courante.

Pendant la deuxième tranche du XIXe siècle, un mouvement de renaissance spirituelle connu sous le nom de *Great Revival* ou de *Great Awakening* balaya les États-Unis et la Grande-Bretagne. Peu de temps après, le mouvement fit son apparition en Jamaïque, attirant des foules massives d'Afro-Jamaïcains dans les églises protestantes. Aux dires des observateurs, les cultes de réveil étaient des séances intensément émotionnelles qui provoquaient des vociférations, des cris aigus, des soupirs et des gémissements profonds chez les participants[53]. Peu après, l'exubérance et l'expressivité de ces cultes qui, auparavant, étaient vus d'un bon œil par les dirigeants des églises orthodoxes, atteignit un niveau qui rendait ces cultes pénibles. Dans le caractère émotionnel de ces cultes, les dirigeants des églises ne voyaient plus que l'importation de croyances et pratiques africaines qui corrompaient le mouvement de réveil. L'intolérance envers cette corruption provoqua l'exode du contingent d'orientation africaine des églises orthodoxes et la création d'une version du mouvement-réveil propre à la Jamaïque. Cette version prit deux formes : le Pukumina ou Pocomania, qui signifie la petite folie, et le Sion.

---

50. Bisnauth, *History of Religions*, p. 176-177.
51. *Ibid.*, p. 175.
52. Besson, « Religion as Resistance », p. 58.
53. Ennis Edmonds et Michelle Gonzalez, *Caribbean Religious History : An Introduction*, New York, London, New York University Press, 2010, p. 131-132.

Ces sectes étant issues de la convergence des croyances africaines, du christianisme protestant et du mouvement de réveil, il est donc normal qu'elles partagent nombre de traits communs. Cependant, certains chercheurs remarquent que chacune d'elles paraît exhiber certains caractères particuliers. Le Pocomania, remarquent-ils, semble refléter une orientation et une tendance nettement africaine qui incorpore des pratiques telles que l'invocation des esprits maléfiques, l'usage de la sorcellerie, les danses rituelles, etc. Le Sion, par contre, semble refléter plus clairement l'influence protestante, accordant une place prédominante à la lecture de la Bible et la prédication dans leurs cultes[54].

Cette approximation semble rendre négligeable et insignifiante toute différence entre la secte de Sion et la foi baptiste. Dans certaines parties de la Jamaïque, église et secte maintiennent une relation de complémentarité au lieu de compétition. En se basant sur les trouvailles de ses recherches sur le terrain, Jean Besson conclut :

> Au lieu de pourvoir des croyances compétitives, dans une large mesure, église et secte en Martha Brae se partagent les mêmes adhérents, et jouent des rôles complémentaires. L'église baptiste pourvoit une foi formelle et des valeurs morales pour la vie chrétienne quotidienne tandis que la cosmologie de la secte de réveil Sion commande l'intégralité du monde des habitants du village, y compris les relations entre les vivants et les morts… En outre, les deux remplissent des fonctions complémentaires dans les rituels funéraires [observés dans le village] et dans l'aide mutuelle accordée à ses habitants[55].

Récemment, cette relation de complémentarité entre l'église baptiste et la secte Sion a été dépassée par la relation de fusion entre ladite secte et d'autres fois protestantes non baptistes. Des recherches conduites dans d'autres parties de l'île révèlent des exemples d'affiliation formelle entre plusieurs congrégations sionistes et des missions chrétiennes comme l'Église Méthodiste Épiscopale Africaine et l'Église Chrétienne Méthodiste Épiscopale[56].

---

54. *Ibid.*, p. 132.
55. Besson, « Religion as Resistance », p. 60 [traduction libre]. Martha Brae est une communauté rurale située dans le Nord de la Jamaïque.
56. Edmonds et Gonzalez, *Caribbean Religious History*, p. 134.

3. Les croyances et les rites des sectes de réveil

Le lecteur se rendra compte que tout au long de l'analyse historique, nous avons de temps à autre jeté un coup d'œil oblique sur certaines croyances et pratiques des sectes de réveil. Cela veut dire que le terrain à labourer dans cette partie de notre exposition n'est pas totalement vierge. Cela dit, pour éviter des répétitions ennuyeuses, nous nous bornerons à ce qui est nécessaire pour saisir l'essentiel des croyances et pratiques fondamentales communes aux deux sectes en question.

Panthéon et cosmologie

À l'instar des religions traditionnelles africaines et de leurs expressions créoles dans le bassin des Caraïbes comme dans le vodou et la santeria, les sectes de réveil ont un panthéon hiérarchisé et une cosmologie qui accorde une place primordiale aux activités des esprits tant dans le monde visible que dans le monde invisible. Mais, contrairement à ces religions, ces sectes reflètent une compréhension différente de la nature et du statut des membres de leur panthéon.

Dans le panthéon des sectes de réveil, on trouve trois échelons distincts. Le premier diffère de la conception d'origine africaine en ce qu'il consiste en une déité ou un triumvirat trinitaire, semblable à ce que l'on trouve dans la théologie chrétienne. Parlant de cette déité, les adeptes du culte font mention du Dieu le Père, de Jésus et de l'Esprit. Cependant, le rôle de ces personnages divins diffère considérablement. Conformément à la croyance africaine, Dieu le Père est suprême et transcendant. Il est créateur et dominateur de l'univers, et a son trône dans les hauts lieux. Comme dans le vodou et la santeria, le dieu suprême ne daigne jamais s'impliquer dans les choses terrestres y compris les activités religieuses des dévots[57]. Par contre, Jésus et l'Esprit sont connus pour leur immanence et leur implication dans la vie quotidienne des dévots. Cependant, même entre eux deux, il y a une différence de fonction. Bien que la théologie des sectes de réveil reconnaisse Jésus comme le plus grand des esprits, elle nie qu'il a la capacité de posséder les dévots. Ce rôle est dévolu à l'Esprit – colombe et messager[58].

---

57. CHEVANNES, *Rastafari and Other Caribbean Worldviews*, p. 23 ; Edward SEAGA, « Revival Cults in Jamaica : Notes toward a Sociology of Religion », *Jamaica Journal* 3, no. 2, juin 1969, p. 10.
58. SEAGA, « Revival Cults in Jamaica », p. 10.

Au deuxième barreau du panthéon sont placés les esprits inférieurs, appelés aussi les *esprits danseurs* ou en anglais *trumping spirits*. *Trumping* est un trait proéminent et particulier des sectes de réveil. C'est une danse intense et laborieuse, exécutée par le dévot dans le sens contraire des aiguilles d'une montre, qui accompagne la crise de possession par les esprits.

Les esprits danseurs exhibent une variété considérable. Ils comptent parmi eux un personnage divin comme la troisième personne de la trinité, les archanges, les personnages bibliques et certains membres influents des sectes, aujourd'hui décédés.

Edward Seaga, sociologue et ancien premier ministre de la Jamaïque classifie les esprits danseurs en trois catégories. Il mentionne d'abord les esprits célestes parmi lesquels figurent le Saint-Esprit, les archanges, les anges et les saints. Ensuite viennent les esprits terrestres (en anglais, *earthbound spirits*), ainsi appelés parce qu'ils sont confinés et bornés à la terre. Dans cette catégorie sont placés les prophètes, les apôtres, les anges rebelles et Satan. En troisième lieu viennent les esprits souterrains (en anglais, *ground spirits*) qui renferment tous les morts sauf ceux qui sont mentionnés dans la Bible[59].

Notons qu'à l'inverse du vodou et de la santeria, en général, ces esprits ne sont pas connus comme des divinités et des dieux. La seule exception est le Saint-Esprit qui partage le statut divin en raison de son appartenance à la trinité. Il est important aussi de souligner qu'aucun des esprits danseurs n'est de provenance africaine.

Le dernier échelon du panthéon est occupé par les défunts, les esprits des morts appelés *duppies* en anglais. Dans la croyance des sectes de réveil, ces êtres parcourent et rôdent autour de l'univers, çà et là, durant la nuit, semant la peur et la terreur chez les vivants. Voilà pourquoi dans les rites funéraires on doit faire en sorte que tout soit bien réglé pour les empêcher de faire marche arrière et de franchir la frontière séparant leur monde et celui des vivants[60].

Le rituel

Les congrégations des sectes de réveil sont connues sous le nom de « bandes ». Les *bandes* tiennent leurs cultes sous la direction d'un leader portant le nom de *berger* dans la secte Pocomania, et de *capitaine* ou « mère » dans la secte Sion.

Les réunions ont lieu dans un local précis qui assume des noms différents selon la secte qui s'y réunit. Dans le Pocomania, le lieu de culte est appelé *Seal*

---

59. *Ibid.* Voir aussi Chevannes, *Rastafari and Other Caribbean Worldviews*, p. 23.
60. Chevannes, *Rastafari and Other Caribbean Worldviews*, p. 23.

Ground, tandis que dans le Sion, il prend le nom de *Mission Ground*[61]. D'une manière générale, le temple est situé dans la résidence du leader de la secte et est appelé le *balm yard*, ou la *cour de baume*. Cette cour est reconnaissable par la présence d'un drapeau qui flotte au sommet d'un poteau de bois de bambou. Au bas du poteau sont placés les herbes et les fleurs indiquant l'esprit qui gouverne le lieu sacré en question. Les dévots de ces sectes croient que c'est le poteau qui attire la puissance maîtresse du lieu[62].

À l'intérieur du local se trouve un lieu sacré dénommé *seal* ou *sceau*, où est situé le poteau central. L'autel et les objets cultuels sont placés à côté du poteau. Près d'eux se dessine, sur le sol, un symbole cultuel de trois cercles concentriques qui sont censés représenter la trinité. À l'intérieur des cercles se trouve une pierre triangulaire qui est censée être le point d'entrée des esprits.

À l'instar du vodou, le service est dynamique et animé. Il consiste en des chansons, de la danse, des battements de mains, du tambourinage, du parler en langues, et culmine en la crise de possession. Le phénomène de la crise est similaire à celui du vodou et du Shango. Toutefois, dans les sectes de réveil, l'objectif de cette expérience semble être différent. Ici, l'emphase est mise sur le rôle didactique de la transe. L'un des buts principaux de la crise est d'enseigner aux dévots des vérités se rapportant aux réalités mythiques en vue de promouvoir leur croissance spirituelle. Cet enseignement est reçu de deux manières, selon la secte en question. Dans la secte Sion, il vient par la réception d'un message de la part des esprits et l'interprétation que lui donne le leader de la bande. Dans le Pocomania, il vient par le biais d'un voyage opéré par le dévot dans le monde des esprits sous la direction de son esprit directeur[63].

Conclusion

L'analyse descriptive que nous venons de faire du Shango, de la santeria et des sectes de réveil révèle que l'héritage religieux que les Africains emmenèrent avec eux dans les Caraïbes prit des formes différentes suite à leur contact avec le nouveau milieu ambiant. La couleur de ces différentes expressions religieuses reflète l'influence des traits du contexte spécifique et la tradition chrétienne qui y domine. C'est pourquoi, bien que ces phénomènes partagent des traits significatifs avec le vodou, ils présentent des caractéristiques singulières. Toutefois, comme le vodou, ils sont dotés des croyances religieuses que leurs

---

61. SEAGA, « Revival Cults in Jamaica », p. 6.
62. CHEVANNES, *Rastafari and Other Caribbean Worldviews*, p. 4.
63. SEAGA, « Revival Cults in Jamaica », p. 8.

adhérents jugent extrêmement importantes et utiles à leur vie quotidienne. Mais si l'on met de côté la portée existentielle de ces religions, que peut-on dire de leur force véridique ? En d'autres termes, quel jugement porter sur leur fondement théologique ? Puisqu'elles ont toutes une proximité à la foi chrétienne, que révèle cette proximité ? Ces questions seront l'objet de notre analyse évaluative dans la deuxième partie de ce livre.

4

Le rastafarisme ou le messianisme africain

Introduction

La dernière secte choisie pour notre étude est le rastafarisme. Phénomène récent unique à la Jamaïque, le rastafarisme est une nouveauté religieuse qui ne fit son apparition sur le paysage caribéen que dans la première partie du XXe siècle.

À plusieurs égards, ce phénomène est notamment différent des religions afro-caribéennes qui l'avaient précédé. Comme nous aurons l'occasion de le noter tout le long de notre exposé, plusieurs caractéristiques des religions afro-caribéennes étudiées jusque-là sont absentes dans le rastafarisme. Toutefois, nonobstant son caractère particulier, cette secte n'est pas totalement coupée de la tradition religieuse afro-caribéenne. En effet, certains penseurs, parmi lesquels la professeure américaine et experte en sciences religieuses Mozella Mitchell, croient que le rastafarisme a « bénéficié de toutes les traditions qui l'ont précédé[1] ». Allant plus loin, Mitchell a même argué que le rastafarisme est une religion qui « rassemble les meilleurs éléments des religions africaines, du christianisme, du judaïsme et des autres religions pour former un système capable de résister aux plus mauvais traits de ces religions et des sociétés qu'elles aident à fonder[2] ». Il est possible de reconnaître un lien historique entre le rastafarisme et les autres traditions religieuses caribéennes sans pour autant abonder dans le sens quelque peu exagéré de Mitchell. Le mouvement rastafari inclut des traits négatifs que l'on ne trouve pas dans plusieurs des religions de la

---

1. Mozella MITCHELL, *Crucial Issues in Caribbean Religions*, New York, Peter Lang, 2009, p. 95 [traduction libre].
2. *Ibid.*, p. 98 [traduction libre].

région. Un exemple est l'asservissement de la femme, qui figure largement dans le rastafarisme initial et n'existe pas dans une secte comme le vodou. Mais cela n'est qu'une digression. Retournons au point essentiel du chapitre.

A. Origine

D'où vient l'appellation *rastafarisme* ? Pour apprécier la portée de ce vocable, on doit s'imaginer être à la date du 2 novembre 1930, dans le royaume d'Éthiopie, dans la ville d'Addis Abeba, pour rejoindre le nombre imposant de dignitaires qui venaient de toutes parts pour assister au couronnement du nouvel empereur du pays. À sa naissance, le 23 juillet 1892, le nom de ce nouveau chef d'état africain était Négus Tafari Mekonnen, fils de Ras Mekonnen. À ce nom de naissance fut ajouté, dans la suite, son nom chrétien de baptême, Haïlé Sélassié. Tous ces noms ont des connotations importantes : Ras signifie prince, Tafari signifie créateur, et Haïlé Sélassié veut dire « Puissance de la Trinité[3] ». Aux yeux de nombre de personnes, ces titres communiquent déjà quelque chose d'unique sur la personne du nouvel empereur. Mais le nouveau chef allait amplifier davantage son statut et profil en assumant le titre de « Haïlé Sélassié I ». Et il ne s'arrêta pas là ; suite à cet évènement historique, l'empereur éthiopien s'attribua les titres honorifiques suivants : Roi des rois, Seigneur des seigneurs, Élu de Dieu, Lion conquérant de la tribu de Juda[4].

La résonance biblique, théologique et religieuse de ces titres est claire. Par le titre Haïlé Sélassié I, le nouvel empereur semble exprimer des prétentions divines en se rangeant d'emblée du côté de la Trinité chrétienne. Quant aux autres titres, ils représentent tous des expressions bibliques qui évoquent clairement des prétentions messianiques. Le prophète Zacharie n'a-t-il pas prédit la parution sur la scène politique d'un Roi-Messie (Za 9.9) ? L'évangéliste Matthieu n'a-t-il pas attesté que ce Roi-Messie était, en fait, né (Mt 2.2) ? Et, l'apôtre Jean n'a-t-il pas appelé le Messie-Roi « Roi des rois et Seigneur des seigneurs » (Ap 19.16) ? Qui plus est, la Bible contient nombre de références qui relient ce Messie-Roi à la tribu de Juda (Gn 49.10 ; Es 9.6 ; Mi 5.2 ; Ap 5.1ss). De plus, la légende du *Kebra Negast* retrace les origines de la royauté éthiopienne à Ménélik, le soi-disant fils

---

3. William David SPENCER, *Dread Jesus*, London, SPCK, 1999, p. xv ; Clinton CHISHOLM, « The Rasta-Selassie-Ethiopian Connections », dans Nathaniel Samuel MURRELL, William David SPENCER, Adrian Anthony McFARLANE, sous dir., *Chanting down Babylon*, Philadelphia, Temple University Press, 1998, p. 166, 167 ; BISNAUTH, *History of Religions*, p. 188.
4. CHISHOLM, « The Rasta-Selassie-Ethiopian Connections », p. 167.

de la reine de Saba et du roi d'Israël, Salomon (1 R 11)[5]. Selon cette légende, Ras Tafari serait de la lignée du roi David ! Serait-il donc le petit-fils auquel le trône davidique fut promis (2 S 7.14) ?

En Jamaïque, cette question recevra vite une réponse positive. En effet, dès que la nouvelle du couronnement de Ras Tafari arriva dans l'île, des gens descendirent dans la rue proclamant, à tort et à travers, que Haïlé Sélassié était le messie qui venait libérer le monde noir de sa situation d'oppression. Pourquoi l'évènement a-t-il eu cet effet en Jamaïque, se demande-t-on ?

À ce stade, un peu d'histoire peut aider notre compréhension. La Jamaïque était pour quelque deux siècles une colonie de la Grande-Bretagne. Bien que cette dernière ait aboli l'esclavage dans ce territoire en 1834, soit près d'un siècle avant le couronnement de Haïlé, la Jamaïque restait encore sous la tutelle britannique. Et l'émancipation des esclaves ne résultait pas en une amélioration de la condition de vie de la population noire. La vie des gens du bas-peuple continuait d'être misérable. Leur existence était caractérisée par la privation des nécessités de la vie, la pauvreté abjecte et un désespoir paralysant. Selon Barrett, en Jamaïque, les conditions sociales des quartiers pauvres et démunis étaient les pires dans les Caraïbes, à l'exception d'Haïti[6].

L'une des causes de la déplorable situation de la race noire était l'exploitation des masses par les riches (une caractéristique qui était au centre du système esclavagiste et colonial), et l'inégalité flagrante qui existait entre les nantis et les pauvres. Aujourd'hui encore, en Jamaïque, même après l'acquisition de l'Indépendance, la disparité économique entre les riches et les pauvres est l'une des plus grandes du monde[7].

Cette situation difficile n'était pas limitée à la Jamaïque. Cette condition malheureuse dans laquelle vivait la population noire de la Jamaïque était la même pour la diaspora africaine éparpillée à travers les Amériques. Rappelons qu'à cette époque, aux États-Unis, on est au cœur de la période de la ségrégation raciale et de l'injustice socioéconomique dont souffraient les Noirs américains. Certes, suite à la guerre de Sécession, l'esclavage est enfin aboli. Cependant, des injustices de toutes sortes abondaient. Rappelons aussi que dans les Caraïbes, Haïti, qui était une source d'inspiration pour avoir acquis son indépendance de la France un siècle plus tôt, vivait une période d'humiliation sous l'occupation américaine (1915-1934).

---

5. EDMONDS et GONZALEZ, *Caribbean Religious History*, p. 183.
6. BARRETT, *The Rastafarians*, p. 9.
7. *Ibid.*, p. 11.

Au cœur de cette situation, un Jamaïcain du nom de Marcus Mosiah Garvey fit son apparition sur la scène sociopolitique, durant les premières décennies du XXe siècle. Conscient de l'état des Noirs de sa terre natale et de la diaspora africaine en général, Garvey se proposa de trouver une solution à leur situation. Pour ce faire, il fonda en 1914 une association sociopolitique qu'il nomma l'Universal Negro Improvement Association (UNIA) : Association universelle pour l'amélioration de la condition des Noirs. L'initiative répondait à un besoin aigu ; c'est pourquoi l'association prit un essor vertigineux en un temps record. Quelque dix ans après son lancement, elle prit une ampleur internationale, établissant des branches aux États-Unis (particulièrement dans le quartier de Harlem à New York), en Amérique centrale, et à travers les Caraïbes. Jouissant d'un sociétariat de deux millions de membres. Garvey adopta pour devise le slogan « L'Afrique aux Africains... un seul Dieu, un seul Dessein, un seul Destin ». Il se donna pour tâche l'accomplissement des objectifs suivants :1) lutter contre l'oppression économique et raciale ; 2) libérer l'Afrique du colonialisme ; 3) réunir la diaspora africaine à sa racine ; et, 4) établir un grand empire politique dans le continent[8].

Quel serait le signe de l'accomplissement de ces choses ? Revenons au couronnement de Sélassié. Aux dires de nombre de Jamaïcains, de son vivant, avant de se rendre aux États-Unis pour répandre l'œuvre de son association, Garvey aurait prononcé une prophétie conseillant aux Jamaïcains de regarder vers l'Afrique pour le couronnement d'un roi noir. Un tel évènement serait le signe de l'imminence de leur libération[9]. Ainsi, pour les premiers leaders rastafariens, l'événement du 2 novembre 1930 n'était pas le fruit du hasard ; c'était l'accomplissement de l'oracle prophétique de Garvey. Dans leur esprit, Ras Tafari était le messie promis, le dieu noir qui venait libérer le peuple noir de sa condition déplorable. Voilà comment cette nouvelle religion afro-caribéenne – le rastafarisme – a vu le jour.

B. Émergence et expansion

Compte tenu de ce qui précède, il est clair que la soif d'un changement sociopolitique était le facteur déterminant de l'émergence du rastafarisme sur

---

8. MURRELL, *Afro-Caribbean Religions*, p. 289.
9. CHISHOLM, « The Rasta-Selassie-Ethiopian Connections », p. 166 ; BISNAUTH, *History of Religions*, p. 185. Selon la tradition, les paroles exactes de la prophétie seraient comme suit : « Regardez à l'Afrique ; quand vous verrez un roi monter sur le trône, vous saurez que votre rédemption est proche ». Cependant, les sources autoritaires que nous avons consultées n'ont pas reproduit la prédiction en ces termes. Elles nous offrent seulement des paraphrases.

la scène religieuse jamaïcaine. Cependant, hormis ce facteur principalement interne, certaines conditions externes préparaient le terrain pour l'arrivée de ce mouvement socio-politico-religieux. Parmi ces conditions, on peut mentionner, avant tout, la tendance et l'humeur internationale de l'époque.

En effet, la première partie du XXe siècle était marquée par une montée forte et prononcée de la fierté noire et de l'orgueil de l'Afrique de la part de la diaspora intellectuelle noire. Dans certains pays occidentaux comme l'Angleterre, les États-Unis et la France, cette attitude prit la forme du panafricanisme, une doctrine qui tendait à forger l'unité et la solidarité parmi les africains de la diaspora. Au sein des intellectuels noirs, l'accent était mis sur l'idéologie du *Black Consciousness* ou la prise de conscience de la dignité noire, et de la valeur de l'héritage africain. Le Dr Jean Price-Mars, éminent anthropologue haïtien, nous donne un exemple poignant de cet appel à la valorisation du patrimoine africain dans son œuvre classique intitulée *Ainsi parla l'oncle*[10]. Dans cette même ligne d'idée, nous devons mentionner l'idéologie de la *négritude* prônée par un groupe de grands penseurs parmi lesquels François Duvalier et Lorimer Denis d'Haïti, Aimé Césaire et Franz Fanon de la Martinique, Leopold Seda Senghor du Sénégal, etc. À travers leurs écrits, ces penseurs lançaient un appel pour *l'embrassement* fier et sans embarras des caractères, des manières de penser et de sentir propres à la race noire. Notons qu'en Haïti, cette résistance idéologique jouera un rôle significatif dans le retrait des Américains du pays en 1934.

Il ne faut donc pas s'étonner que ces courants afrocentriques aient servi d'encouragement et d'inspiration aux premiers leaders du mouvement rastafari. En effet, les pionniers de la secte comme Leonard Howell, Joseph Hibbert et Archibald Dunkley, qui lancèrent le mouvement en 1934, seulement quatre ans après le couronnement de Haïlé Sélassié, étaient des disciples de Garvey et avaient tous un profil international.

Selon l'anthropologue jamaïcain, Barry Chevannes, depuis son lancement en 1934 à nos jours, le mouvement passa par trois phases dans son développement[11]. D'après Chevannes, la première phase qui va de 1934 à la fin des années 1940, était une phase *théologique*. Pendant cette période, l'accent était mis sur la proclamation de la déité de Haïlé Sélassié, le dieu noir.

La deuxième phase va de 1950 à la fin des années 1970 et peut être qualifiée de phase *culturelle*. Pendant cette période, la religion adoptait certains symboles qui lui donnaient une identité unique et une image distincte dans la société

---

10. Jean Price-Mars, *Ainsi parla l'oncle*, Port-au-Prince, Les Presses de l'Imprimeur II, 1998.
11. Chevannes, *Rastafari and Other Caribbean Worldviews*, p. 9-16.

jamaïcaine. Les plus populaires de ces symboles sont les suivants : 1) la coiffure *dreadlocks* ; 2) la consommation de l'herbe *ganja* ; 3) le langage rastafarien caractérisé, en grande partie, par l'emploi particulier du pronom personnel anglais « I » que l'on peut mieux traduire en français par « ego » ou « moi »[12], et le terme *Jah* attaché à Haïlé Sélassié I ; et, 4) le reggae comme forme de musique propre à la nouvelle religion.

L'identification du reggae au rastafarisme contribuait énormément au prestige et à l'expansion de la nouvelle secte. De fameuses vedettes reggae comme Peter Tosh, Denis Brown et, particulièrement, Robert Nesta (Bob) Marley, se faisaient rastas. Grace à l'influence de ces artistes, la religion s'est rapidement répandue à travers les Caraïbes et dans tous les continents du monde ![13]

Pendant cette même période, le profil de la secte commença à s'améliorer. Le mouvement qui était l'objet de persécution durant la première phase de son développement, commença à être reconnu comme religion licite par la société jamaïcaine. Ce progrès fut rendu possible grâce à la visite qu'opéra l'empereur-dieu à la Jamaïque en avril 1966[14]. Il n'y a aucun doute que la présence de Haïlé Sélassié sur le sol jamaïcain fut un moment significatif pour les adhérents de la secte. Elle visait à accroître leur enthousiasme, augmenter leur foi et élever leur profil aux yeux de la société. Toutefois, la visite servit aussi à ralentir la marche vers un objectif cher aux dévots rastas : le *rapatriement de la diaspora à l'Afrique*. En effet, durant sa visite, bien que Haïlé ne rejetât pas complètement la notion du retour de la diaspora en Afrique, il exhorta les dévots à prendre soin de la situation en Jamaïque d'abord avant de faire ce pas décisif. Dès lors, le mot d'ordre devint : « d'abord libération ensuite rapatriement[15] ».

La troisième phase peut être appelée la phase *transformationnelle*. Elle s'étend de 1980 à nos jours et est marquée par des changements notables. Parmi ces changements, il convient de souligner l'assouplissement de la subordination de la femme et la sécularisation de la religion. Ce dernier développement est évident dans l'adoption par les non-rastas des symboles distinctifs de la religion. Cela comprend le port de la coiffure *dreadlocks* et des couleurs rastas : rouge, or et vert.

---

12. Nous offrirons une explication sommaire de ce concept plus loin dans notre exposition de la notion rastafarienne de l'humanité.
13. CHEVANNES, *Rastafari and Other Caribbean Worldviews*, p. 14-15.
14. Notons que cette visite inclut un passage en Haïti, une voisine de la Jamaïque, qui était, en ce moment, sous la présidence de François Duvalier.
15. EDMONDS et GONZALEZ, *Caribbean Religious History*, p. 195 [traduction libre].

C. L'Afrique dans la pensée rastafarienne

Bien que le rastafarisme soit une secte afro-caribéenne, il est très différent des autres phénomènes religieux étudiés jusqu'ici. Comme l'a fait remarquer Dale Bisnauth, « contrairement aux adeptes du vodou, du Shango et des sectes de réveil, les rastafariens ne croient pas en l'existence des esprits ancestraux et ne font pas commerce avec les morts[16] ». Le phénomène rastafarien consiste plutôt en un amalgame de notions biblico-chrétiennes et une idéologie politico-théologique axée sur un nationalisme outrancier africain. L'échafaudage idéologique du rastafarisme s'appuie sur cinq colonnes.

Tout d'abord, d'après le rastafarisme, l'Afrique est le *continent de l'avenir* qui connaîtra un retour de fortune qui améliorera sa condition actuelle. Certes, actuellement le continent fait face à des défis conséquents, mais, affirment les rastafariens, bientôt il les relèvera tous et sortira vainqueur de la lutte qu'il mène actuellement. Le mouvement promet donc une sorte de triomphalisme africain.

En deuxième lieu, dans la perspective rastafarienne, l'Afrique est *l'Israël moderne*. Un bon nombre d'auteurs rastafariens affirment carrément que la race africaine est la véritable tribu d'Israël qui a été asservie. À cet Israël s'appliquent les promesses et les prophéties de l'Ancien Testament[17]. Cela implique une transposition d'Israël en Afrique. Les rastafariens se considèrent d'ailleurs comme la réincarnation des enfants d'Israël dispersés.

De plus, l'Afrique selon les rastafariens, est la « Terre Promise » à laquelle les « dispersés » doivent être rapatriés. L'objectif de ce rapatriement est de jouir de la libération de leur captivité actuelle en « Babylone », et de partager la gloire et le bonheur du continent restauré. C'est la raison pour laquelle, dès son commencement, le rapatriement de la diaspora en Afrique constitua un élément fondamental du mouvement rastafari.

Ensuite, dans la perspective rastafarienne, l'Afrique est *l'opposée de « Babylone »* et Babylone représente le reste du monde. C'est la société dominante, le système répressif dans lequel gémissent les « dispersés ». L'église fait partie intégrante de ce système répressif et corrompu. Les dispersés s'opposent ardemment à Babylone, et espèrent être bientôt libérés de sa tutelle oppressive.

Enfin, pour les rastafariens, l'Afrique est *symbolisée dans l'Éthiopie* de Haïlé Sélassié I. Avant même l'émergence du rastafarisme, plusieurs auteurs noirs

---

16. BISNAUTH, *History of Religions*, p. 191 [traduction libre].
17. Delano PALMER, *Messianic 'I' and Rastafari in New Testament Dialogue : Bio-Narratives, the Apocalypse, and Paul's Letter to the Romans*, Lanham, MD, University Press of America, 2010, p. 21.

inclurent dans leur discours l'éloge de l'Éthiopie. Mais, chez Marcus Garvey, la doctrine prit une dimension sans précédent. Garvey rappelle, à plusieurs reprises, qu'ensemble avec l'Égypte, l'Éthiopie formait une civilisation glorieuse et jouissait d'un passé de gloire. Ce passé de gloire qui a été interrompu par l'invasion des forces extérieures, va être rétabli. Le prophète Ésaïe l'a prophétisé quand il a dit « que l'Éthiopie étendra sa main vers Dieu » (Es 68.11). L'Éthiopie est donc le lieu eschatologique de la rédemption africaine.

D. Les croyances et les rituels rastafariens

En parlant de la structure du mouvement rastafari, l'historien jamaïcain Ennis Edmonds déclare que « rastafari n'a jamais été un mouvement homogène[18] ». Cela inclut l'absence d'un système minutieux de croyances qui assure son orthodoxie. Toutefois, Edmonds maintient que les tendances que nous avons indiquées plus haut donnent une véritable cohésion à la théologie du mouvement. Quatre concepts s'avèrent essentiels dans une présentation de la théologie rastafarienne : leur doctrine de Dieu, leur doctrine de l'humanité, leur vision eschatologique et leur conception de la création. À cela nous ajoutons, en conclusion, une exposition brève du culte rastafarien.

Concept de Dieu

La doctrine de base du rastafarisme est la croyance en la déité de Haïlé Sélassié I. Pour les rastafariens, Haïlé Sélassié est dieu ; il est le messie si longtemps attendu ; il est le Christ *vividus*. Ils appliquent carrément le texte de Matthieu 1.23 annonçant la naissance du Messie à Sélassié : « Son nom sera EMMANUEL I, Rastafari avec nous[19]. » Il n'est pas nécessaire d'attendre une autre figure divine et messianique. Son apparition sur la scène met fin à notre attente. Les prophéties et promesses de l'Ancien Testament se référaient à lui. En lui, Christ revient. Son nom, ses titres, sa soi-disant appartenance à la lignée de David par Salomon confirment son statut divin et messianique. En sa qualité de messie, il est le dieu sauveur qui libèrera et rassemblera la dispersion africaine dans l'Israël moderne, à savoir l'Éthiopie. Les leaders du mouvement arrivèrent à cette conclusion indépendamment, peu après l'élévation de Sélassié au pouvoir.

---

18. Ennis EDMONDS, « Structure and Ethos of Rastafari », dans Nathaniel Samuel MURRELL, William David SPENCER et Adrian Anthony MCFARLANE, sous dir., *Chanting down Babylon*, Philadelphia, Temple University Press, 1998, p. 349 [traduction libre].
19. BECFORD cité dans PALMER, *Messianic 'I' and Rastafari*, p. 31 [traduction libre].

Et, sans tarder, ils commencèrent à proclamer la doctrine à travers la Jamaïque. Peu après, imbus du bienfondé de cette doctrine, les théologiens rastafariens alliaient au titre Haïlé Sélassié I le mot divin *Jah*. *Jah* est une version raccourcie du titre biblique Yahvé. Pour eux, Sélassié est Jah Ras Tafari. Le rastafarisme prône donc la divinisation de l'homme.

Concept de l'humanité

Les rastafariens ont une vue exaltée de l'homme, particulièrement de l'homme noir. Cette anthropologie trouve ses sources dans la relation étroite que la doctrine rastafarienne établit entre l'humanité et Dieu, d'une part, et dans leur philosophie unique de la langue, d'autre part.

Comme nous venons de le voir, l'affirmation de la divinité de Haïlé Sélassié est un point cardinal de l'échafaudage théologique du mouvement. Or, Haïlé Sélassié est noir. Il s'ensuit donc que Dieu est noir. Si Dieu est noir, il n'est pas erroné de conclure que la couleur noire est un attribut divin. De cette conclusion découle l'affirmation que l'humain noir est divin, parce qu'il participe à la divinité elle-même. Et, parce qu'il est divin, l'homme est immortel.

Une autre conclusion ressort de cette analyse. Selon les rastafariens, nous rencontrons Dieu en Haïlé Sélassié I. Mais Sélassié est un homme existant en chair et en os. Cela veut dire que Dieu lui-même est matériel et n'est pas spirituel. Dans le rastafarisme, nous avons donc non seulement la divinisation de l'homme mais aussi l'hominisation de Dieu.

À part l'entendement de Dieu, les rastafariens soutiennent leur vue optimiste de l'homme à travers leur notion du langage. Comme nous l'avons vu plus haut, peu après son lancement, le mouvement introduit sur la scène culturelle jamaïcaine un système de parler qui lui est propre. C'est une philosophie complexe du langage qu'il n'est pas possible d'exposer dans sa totalité dans ce travail. Ici, nous proposons de mettre en relief l'aspect de la théorie qui met en lumière leur unique anthropologie.

L'aspect en question concerne l'usage que font les rastafariens du pronom personnel singulier anglais « I », rendu en français par « je », « ego » ou « moi ». Dans la bouche des rastafariens ce pronom reçoit un triple usage. D'abord, ils l'ajoutent comme préfixe à des noms, des adjectifs et des verbes de la langue anglaise ou du créole jamaïcain (le patois) pour former toute une série de néologismes. Prenons comme exemple le mot créateur (en anglais *creator*). Les rastafariens y enlèvent la lettre c et la remplacent par le pronom personnel « I » pour former le nouveau vocable « Irator » en anglais, ou « egorateur » en français.

Ensuite, les rastas emploient souvent le pronom personnel singulier à la place de la forme plurielle *nous* et du complément direct *me*, et *nous*. Ainsi, par exemple, dans leur système, la première personne du pluriel du pronom personnel « nous » devient « I and I », ou tout court, « I n I (anglais). En français, l'équivalent serait « ego et ego » ou « moi et moi ».

Le troisième usage concerne un jeu de mot. Les rastas attirent l'attention sur le fait que le titre Rastafari se termine par la lettre **I**. L'orthographe correcte est donc RastafarI. Outre sa fonction grammaticale dans la langue anglaise, la lettre I est le chiffre **un** dans le système numérique romain. Ajouté comme suffixe à un nom propre, ce chiffre attribue la stature de proéminence à la personne en question. Ainsi, Louis I est Louis le Premier. Rastafari est donc RastafarI le Premier. Mais si l'on connaît bien le Nouveau Testament, l'on doit bien entendre l'écho biblique et messianique. Dans le livre de l'Apocalypse, Christ le Messie est appelé « alpha » et « commencement » (Ap 1.8 ; 22.13).

Bien que ce troisième usage contribue à la vision rastafarienne optimiste de l'homme[20], son objectif premier est de pourvoir un autre ancrage biblique pour les prétentions messianiques de Haïlé Sélassié I. Quant au premier et second usage, l'intention est nettement anthropologique. Le but est de créer une perception particulière de l'ego rastafarien et de son entendement de sa personne vis-à-vis du milieu ambiant. Par l'emploi de ce pronom, le rastafarien entend communiquer l'idée de sa proéminence, sa dignité, son rôle d'agent, de sujet et de contrôleur. A. W. McFarlane l'explique comme suit :

> Le pouvoir du « I » / « ego » / « moi » réside dans sa capacité à commander l'ego/le moi ; sa capacité à réfléchir est sa force, et son objectif est de créer une nouvelle identité et un nouveau sens pour l'orateur [...] Les rastas ne reçoivent d'ordre d'aucune personne en dehors d'eux-mêmes. Tout ordre vient de l'intérieur, à moins qu'il ne provienne d'un rasta pour un non-rasta[21].

---

20. L'argument va comme suit. Haïlé Sélassié est le grand I. Il est I par excellence. En raison de leur lien avec lui, les rastas sont des petits i. Tout rasta est donc un I, c'est-à-dire messianique. Voilà pourquoi le rastafarien n'a aucune hésitation à s'appeler Jésus ! (Voir PALMER, *Messianic 'I' and Rastafari*, p. 26-31).
21. A. W. MCFARLANE, « The Epistemological Significance of "I-an-I" as a Response to Quashie and Anancyism in Jamaican Culture », dans Nathaniel Samuel MURRELL, William David SPENCER et Adrian Anthony MCFARLANE, sous dir., *Chanting down Babylon*, Philadelphia, Temple University Press, 1998, p. 108 [traduction libre].

La doctrine de la création

Qu'en est-il de la conception rastafarienne de la création ? Les rastafariens affirment avec les chrétiens orthodoxes que la création est le don de Dieu. Elle est établie pour le bien-être de l'humanité. Ils affirment en plus de cela que la nature est sacrée et inviolable. La nature est le don que Dieu crée pour le bien-être de l'homme. Elle doit donc être respectée.

Le principe de la sacralisation et de l'inviolabilité de la nature s'applique particulièrement à l'herbe, en particulier la marijuana, appelée *ganja* en Jamaïque. La marijuana, arguent les rastafariens, fut la première herbe à pousser sur le sépulcre de Salomon. Hormis son caractère sacré, cette particularité lui dote un attribut sapientiel. La marijuana infuse au fumeur de la sagesse et de la connaissance.

La chevelure aussi est sacrée et est une source de sagesse. C'est la raison pour laquelle on ne doit pas la couper ni même la soigner. Cette croyance est au cœur du phénomène des « dreadlocks », les longues tresses de cheveux que portent les adeptes rastafariens. Ils citent comme appui biblique le vœu du naziréat mentionné en Nombres 6.1-7.

L'eschatologie rastafarienne

Sans ambages, le système rastafarien incorpore une orientation distinctement eschatologique. S'il voit le présent d'un œil lugubre, il embrasse une vision optimiste du futur. Même si la situation présente, sous la dominance de « Babylone », est horrible pour la race noire, elle ne constitue guère le dernier chapitre de son histoire. Une ère meilleure se dessine dans l'horizon qui va bientôt faire irruption dans la réalité présente répressive pour l'éliminer entièrement et la remplacer une fois pour toutes. La scène de ce retour de bonne fortune ne sera pas un « au-delà » extra-historique, mais « l'ici-bas » temporel et, plus précisément, le continent africain. Les bénéficiaires de cette ère nouvelle seront les humains noirs, et non l'humanité en général ; et son réalisateur est le dieu et messie noir : Jah Haïlé Sélassié.

Le rituel rastafarien

La cérémonie rastafarienne porte le nom de *Grounation* ou *grounding of spirit*[22]. Cela signifie séance de raisonnement ou brassage d'idées. Le raisonnement

---

22. See Edmonds, « Structure and Ethos of Rastafari », p. 353-358.

est conduit sous l'influence de l'effet de la marijuana que les rastas fument quand ils se réunissent pour conduire leur culte. L'emphase du culte est donc foncièrement cognitive et intellectuelle. Le trait expérientiel qui prédomine si puissamment dans les autres religions afro-caribéennes est visiblement absent. Par exemple, on ne rencontre pas dans le rituel rastafarien le phénomène de crise de possession, bien que le tambourinage fasse partie de leur culte. À la différence des autres religions, ils rejettent la magie et la sorcellerie, mais recourent à la pratique de la guérison divine et à l'usage de la médecine à base d'herbe, faisant fi de la médecine occidentale.

Conclusion

Parmi les cinq religions afro-caribéennes que nous venons d'analyser, le rastafarisme présente des caractéristiques uniques et particulières. Par exemple, beaucoup plus fortement que les autres sectes, il met l'accent sur une idéologie théologico-politique fondée sur l'espérance en un avenir meilleur pour le monde noir. Toutefois, à l'inverse de ces sectes, il exclut la participation du monde spirituel dans le projet d'amélioration du sort humain. Il confie plutôt la réalisation de l'espérance eschatologique à une figure messianique humaine doublée de statut divin. Et, ce statut divin n'est pas l'apanage exclusif de ce sauveur messianique ; il est un trait que partage le genre humain en général, en particulier l'homme noir. Voilà une anthropologie hautement positive qui, une fois de plus, distingue le rastafarisme des autres croyances afro-caribéennes.

À plusieurs égards, ces traits distinctifs rastafariens font écho à la foi chrétienne. La Bible aussi met l'accent sur une espérance eschatologique qu'accomplira un personnage messianique. Il s'agit d'une espérance glorieuse qui transformera de fond en comble la situation difficile humaine. Dans la perspective de la foi chrétienne, la raison primordiale de cette transformation radicale est la haute valeur que Dieu place sur l'être humain. Sur ce point, la foi chrétienne et le rastafarisme s'accordent. Mais, cet écho est-il assez clair et assez fort au point de rendre imperceptible toute distinction entre la voix rastafarienne et la voix chrétienne ? Cette question retiendra notre attention dans la deuxième partie de cet ouvrage.

Deuxième partie

Analyse critique et évaluative

5

Les critères de discernement du rapport théologie-culture

Introduction

Que dire des phénomènes religieux que nous venons de décrire ? Quel jugement porter sur les croyances qu'ils professent ? Qu'en est-il du bien-fondé de leurs affirmations théologiques et de leurs pratiques rituelles ? Ces questions et tant d'autres que nous pourrions soulever nous obligent à changer notre fusil d'épaule à ce stade de notre travail. En effet, ces interrogations nous obligent à passer d'une étude purement descriptive à une analyse critique et évaluative. Ici, nous nous efforcerons de dégager ce qu'il y a d'appréciable dans ces systèmes aussi bien que les erreurs qu'ils contiennent. Cette tâche débouchera sur un aspect constructif qui se penchera sur la doctrine de Dieu. Le but de cet aspect du travail sera l'évaluation et la correction des conceptions de Dieu que nous trouvons dans les religions afro-caribéennes que nous avons examinées jusqu'ici. Cela sera suivi d'une formulation constructive.

A. Perspectives diverses

Une analyse critique d'un phénomène religieux peut être conduite sous des angles divers et dans des perspectives différentes. Par exemple, la démarche peut emprunter une voie purement anthropologique et culturelle. Ici, le souci est simplement d'expliquer la fonction, le rôle et la logique du phénomène en question dans un contexte donné. La démarche peut aussi opter pour une trajectoire sociologique et historique. Dans cette perspective, le chercheur se borne à dégager l'importance et la prévalence du phénomène religieux pour une communauté donnée. L'entreprise peut aussi emprunter un chemin existentiel et pragmatique. Une telle démarche cherche à mettre en relief l'utilité et la valeur pratique du phénomène pour ses adeptes et ses adhérents. Ici, le point essentiel consiste à mettre en relief l'efficacité du phénomène pour la vie quotidienne.

Nous pensons que toutes ces approches ont du mérite. Point n'est besoin d'insister qu'il est utile de saisir la logique d'un phénomène religieux et de comprendre le rôle qu'il joue dans un milieu donné. Ceci importe tant dans la vie de la société globale que dans la vie des individus qui la composent. Une telle compréhension est bénéfique à plusieurs niveaux. Elle nous aide à éviter d'adopter une position superficielle et méprisante vis-à-vis des mœurs et des coutumes des autres peuples. De plus, outre l'enrichissement de notre propre entendement, l'adoption d'une attitude d'humilité et de patience intellectuelle nous protège contre l'accusation de l'ethnocentrisme culturel. Dans le dialogue avec l'interlocuteur qui adhère à une foi différente de la nôtre, une telle disposition est plus en mesure de nous garantir une écoute que celle qui l'aliène en le jugeant indigne d'un entretien franc mais respectueux.

Cela dit, nous devons avouer honnêtement que, quant à nous, notre préférence est celle d'une perspective théologique. Certes, comme le lecteur s'est sans doute déjà rendu compte, notre travail contient un aspect descriptif substantiel. Toute la première partie de l'ouvrage est consacrée à une description des principaux phénomènes religieux en vogue dans la région caribéenne. Cependant, nous devons admettre que le but de ce travail n'est pas seulement de nous aider à avoir une compréhension plus approfondie de ces systèmes, mais également de nous préparer pour une analyse de leur portée théologique. Autrement dit, en jetant cette base phénoménologique, nous nous intéressons avant tout à la manière dont les croyances promues dans ces systèmes religieux tiennent, face aux vérités divines révélées dans les Saintes Écritures. Notre tâche est donc, sans ambages, une entreprise théologique et prescriptive.

Le lecteur peut à juste titre se demander : pourquoi ce choix ? Ce choix s'impose pour deux raisons fondamentales. La première est de caractère épistémologique. Quoique nous admettions volontiers qu'il y ait des vérités dans tous les systèmes et conceptualisations humains, nous trouvons difficile d'affirmer que tous les systèmes et conceptualisations humains jouissent d'un même statut épistémologique. Quant à leur portée véridique, les systèmes religieux et philosophiques, en tant que créations humaines, ne sauraient être égaux. Ils représentent des approximations de la vérité ; et ces approximations n'aboutissent pas au même point. Il y en a qui sont simplement plus près du vrai et du réel que d'autres. Si tel est le cas, il nous semble raisonnable de conclure que les systèmes qui sont plus proches de la vérité doivent primer sur ceux qui en sont plus éloignés.

La deuxième raison est de nature théologique. Elle découle de notre compréhension de la nature des Saintes Écritures. Nous nous rangeons du côté de ceux qui croient que les Saintes Écritures constituent la révélation de Dieu, et qu'en tant que telle, ce qu'elles affirment revêt un caractère incontestablement véridique, et de ce fait, normatif. Certes, nous comprenons que les Écritures nous viennent par l'intermédiaire des instruments humains. Les auteurs bibliques étaient des humains comme nous, et non des anges et des archanges. Qui plus est, nous prenons au sérieux le fait que dans la composition des Écritures, ces auteurs préservaient leur personnalité particulière et reflétaient leurs propres milieux culturels.

Cela dit, nonobstant cet apport humain, tous ceux qui prennent au sérieux ce que l'Écriture Sainte affirme concernant sa propre nature, ne peuvent s'empêcher d'accepter comme vérité incontestable que derrière les multiples auteurs humains qui participaient à sa composition et rédaction se tenait son *Auteur* principal, et celui-ci est le Saint-Esprit lui-même. Déjà dans l'Ancien Testament, les auteurs humains semblaient être conscients qu'ils parlaient de la part d'une autorité qui les dépassait. Ils prenaient soin de communiquer cette origine extra-humaine de leurs écrits par l'usage des expressions comme « ainsi parle l'Éternel », « la parole de l'Éternel me fut adressée », etc. Manifestement, si nous prenons au sérieux leurs propres affirmations, nous devons conclure que selon eux le rôle qu'ils jouaient dans la rédaction et la transmission des Écritures était celui de *porte-parole*.

Mais, porte-parole de qui ? Le Nouveau Testament apporte une réponse on ne peut plus claire : *de Dieu lui-même* ! Considérons un instant ces réclamations scripturaires. Selon l'apôtre Pierre, la *décision et la poussée* d'écrire venaient du Saint-Esprit et non des auteurs eux-mêmes. Pierre nous apprend que les écrivains de l'Ancien Testament étaient portés par l'Esprit (2 P 1). De son côté, l'apôtre Paul nous informe que le *produit final* des labeurs des écrivains bibliques revêt un caractère divin. « Toute Écriture », déclare-t-il d'une manière catégorique, « est inspirée de Dieu, et utile pour enseigner, pour convaincre, pour corriger, pour instruire dans la justice, afin que l'homme de Dieu soit accompli et propre à toute bonne œuvre » (2 Tm 3.16). Le lecteur prendra note de l'accent mis dans ce texte sur l'utilité des Saintes Écritures. Mais outre cela, l'apôtre des gentils souligne bien leur caractère divin. Il le fait par l'emploi de l'expression grecque *theopneustos* qui signifie littéralement souffle de Dieu. L'Écriture est le souffle divin ; voilà pourquoi elle est considérée sainte ! Comme souffle divin, les Saintes

Écritures viennent directement de Dieu. D'autre part, les Écritures n'affirment-t-elles pas que Dieu est vérité absolue, et qu'en Lui, il n'y a aucune fausseté et aucune noirceur (Jn 14.6 ; Rm 3.4 ; 1 Jn 1.5) ? Si tel est leur caractère, il va de soi que les Écritures doivent occuper une place prédominante dans la tâche théologique. Leurs affirmations et enseignements doivent primer toute autre affirmation et tout autre enseignement, de quelque lieu qu'ils proviennent. C'est ce qui pousse certains théologiens à affirmer que dans la tâche théologique, les Écritures jouent le rôle de *norma normans* – de norme suprême[1].

B. Certains modèles du rapport théologie-culture

S'engager dans une réflexion de ce genre oblige le théologien à établir un paradigme qui régit la relation entre théologie et culture. Cette tâche se révèle d'autant plus nécessaire et urgente quand on se rend compte que notre réflexion s'insère dans le cadre d'un arrière-plan consciemment culturel. Notre champ de travail est le domaine religieux ; or, la religion, comme on le sait bien, est une composante intégrale de la culture. Cela nous porte à nous entendre sur l'usage crédible que le théologien peut faire de la culture dans l'exécution de la tâche théologique. En d'autres termes, elle nous force à répondre à la problématique du rapport théologie-culture. Dans ce qui suit, nous passerons en revue, dans un premier temps, certains paradigmes notoires de mise dans cette problématique avant de révéler le modèle que nous jugeons pertinent.

L'approche « non culturelle »

Nous commençons avec l'approche dite « non culturelle ». C'est ici le soi-disant « non-usage » de la culture par la théologie. Dans cette perspective, la théologie est censée être dotée de la capacité de passer outre la culture et de planer au-dessus d'elle. Selon ce modèle, la théologie est comprise comme quelque chose d'universel qui ne se mêle pas des particularités contextuelles. Elle est conçue comme un produit supra-culturel qui est formulé dans un milieu donné pour être, par la suite, transplanté et parachuté de lieu en lieu sans la médiation du milieu ambiant. Pour employer l'heureuse expression du théologien haïtien Jules Casseus, nous sommes en présence de l'approche « angélique[2] ». Il

---

1. Voir à titre d'exemple Michael F. Bird, *Evangelical Theology*, Grand Rapids, Zondervan, 2013, p. 62-64.
2. Jules Casseus, *Éléments de théologie haïtienne*, Port-au-Prince, Presse Évangélique Haïtienne, 2007, p. 153.

s'agit d'une théologie céleste qui existe en marge de la culture, et qui n'en reçoit aucune tâche et souillure.

Mais de quelle culture s'agit-il ? Notez bien que nous avons qualifié le vocable « non-usage » par l'expression « soi-disant ». Nous le faisons pour indiquer qu'en réalité une théologie aculturelle est une invention de l'imagination ; elle n'existe pas ! Cette déclaration va de soi parce que toute théologie porte nécessairement la marque d'une culture donnée. Dans la perspective que nous sommes en train d'examiner, nous devons garder à l'esprit que la culture qui est marginalisée est la culture réceptrice et non la culture d'où provient la théologie. Le contexte où la théologie est conçue et formulée et d'où elle provient *l'imprègne nécessairement* entièrement.

L'approche foncièrement culturelle

Cette approche est à l'opposé de la conceptualisation mentionnée précédemment. À l'inverse de l'entendement soi-disant non culturel, celle-ci est hardiment *pro-culturelle*. Elle prône l'usage foncier de la culture par la théologie, si théologie il y a. L'argument sur lequel s'appuie cette approche est le souci pour la soi-disant authenticité de la théologie. Pour être authentique, raisonne-t-on, la théologie doit prendre un caractère purement culturel. Elle doit céder à la culture en accordant la primauté au milieu ambiant.

Nous verrons plus loin que la théologie ne peut se passer de la culture. Nous osons dire que même Dieu n'a pas choisi cette méthode pour la communication de sa parole. Il nous suffit de penser à l'Incarnation pour nous rendre compte que Dieu ne méprise pas la culture dans la transmission de la Parole. L'évangéliste Jean déclare que « la parole a été faite chair, et elle a habité parmi nous » (Jn 1.14). La Parole n'a pas seulement acquis la nature humaine, elle se mêlait aussi à la culture humaine. Elle a érigé sa tente parmi nous et a décidé de « *tabernacler* » parmi nous. Toutefois, ce modèle est fautif, car, dans cette perspective, la théologie n'est en réalité qu'une exposition pure et simple de la culture locale. Une telle théologie ne se distingue guère des disciplines de sciences sociales. Réduite à une analyse de la réalité contextuelle, cette théologie est vidée de tout élément transcendant. Elle marginalise le *theos* et se confond avec l'anthropologie et la sociologie.

L'approche syncrétique

Le syncrétisme est un autre modèle de la relation théologie-culture qui est populaire chez certains penseurs. Dans cette perspective, la théologie ne se laisse pas totalement remplacer par la culture et ne se confond pas avec elle. Elle s'efforce plutôt d'accommoder la culture d'une manière maximale. Ici, bien que la théologie reconnaisse que sa propre intégrité nécessite qu'elle accorde de la place à l'élément transcendant – au *theos* – dans sa démarche, elle se sent toutefois forcée d'adopter une attitude *respectueuse* envers la culture. Ici, c'est la culture qui commande. Cela résulte en une symbiose de foi et de culture où l'élément culturel l'emporte.

L'approche est louable dans son insistance que pour être qualifié de théologie, tout discours humain doit faire de la place au *theos*. C'est élogieux puisqu'il ne peut y avoir de théologie sans Dieu. Après tout, le mot « théologie » est composé des mots grecs *theos* et *logos*. Littéralement, le vocable signifie « discours concernant Dieu » ou « science ou savoir de Dieu ». Comme le théologien hollandais, Benno van den Toren, l'a bien défini, « la théologie est la science de Dieu et de ses relations avec la création[3] ». Dieu est donc le thème unificateur du discours théologique. Mais, si tel est le cas, il est erroné d'accorder la déférence à l'élément culturel dans la tâche théologique. L'inverse doit être le cas. Si Dieu est vérité absolue, et s'il eut le soin de communiquer sa vérité à l'humanité par le truchement de sa Parole, il va de soi que pour être authentique et intègre, le discours théologique doit lui accorder la place primordiale. Certes, la culture joue un rôle important ; mais son rôle est celui d'une position subalterne à Dieu et à sa Parole. Dans le jargon technique, nous disons que le rôle de la culture dans l'entreprise théologique est celui de *norma normata* – une norme dérivée qui tire son autorité de la norme supérieure et primordiale.

L'approche de l'indigénisation

Cette approche occupe une voie médiane entre le modèle foncièrement culturel et l'approche syncrétique. Elle prône l'adoption d'une démarche théologique qui chevauche la culture et la foi chrétienne. Mais le chevauchement consiste en l'attribution aux deux domaines des fonctions distinctes et déterminées : à la culture elle attribue la *forme*, à la foi, le *fond*. Ici, la culture pourvoit à la théologie l'habit dont elle doit se vêtir pour prendre une apparence locale authentique. Mais la théologie demeure le corps ou la matière enveloppée de l'habit culturel. En d'autres termes, la culture sert d'emballage au contenu de la foi chrétienne. L'objectif est de donner à la foi une couleur et une saveur locale,

---

3. Benno van den Toren, *La doctrine chrétienne dans un monde multiculturel : Introduction à la tache théologique*, Carlisle, Cumbria, Langham Global Library, 2014, p. 20.

mais *sans en compromettre le contenu*. Ici, la culture est servante de la théologie. Elle est facilitatrice du processus qui vise une formulation et articulation de la foi qui rendent cette dernière reconnaissable par le milieu ambiant.

L'indigénisation est un modèle qu'on ne doit pas mettre à l'écart d'une manière sommaire et irréfléchie. À notre avis, cette approche renferme plusieurs éléments dignes d'appréciation. Pour le théologien évangélique, le souci de formuler une théologie qui est résolue à préserver et à maintenir l'intégrité de la foi tout en évitant de la rendre méconnaissable et étrangère à la culture réceptrice est fortement louable. Les Écritures elles-mêmes contiennent nombre d'exemples qui recommandent cette approche. À titre d'exemple, il suffit d'attirer l'attention sur l'usage du grec commun et certaines notions philosophiques grecques et latines dans la transmission de la révélation divine. En effet, la Bible est imprégnée d'une pléthore d'expressions, d'idiomes, de pratiques et de mœurs propres aux diverses cultures de l'antiquité au sein desquelles elle était produite. Comme tout étudiant sérieux de la Bible le sait, ce caractère culturel des Saintes Écritures est l'un des défis formidables de l'interprète et l'herméneute biblique.

Toutefois, nous nous demandons si l'approche indigène, dans son souci valable de garder l'intégrité de la foi, ne souffre pas d'une timidité et d'une superficialité qui diminuent la rigueur, la pertinence et la force transformatrice de la théologie qui en résulte. Hormis la forme et l'emballage, la culture peut-elle apporter aussi de la matière à l'exécution de la tâche théologique ? S'il existe dans une culture des traits qui ne contredisent pas la teneur et la portée de la révélation divine, serait-il préjudiciable à l'intégrité de la foi d'en faire usage dans la formulation d'une théologie pour cette communauté ? Si dans l'analyse des phénomènes d'une culture l'on découvre des lueurs, aussi faibles qu'elles puissent être, est-il hors de question de les mettre à l'œuvre pour corroborer et renforcer une argumentation théologique, avec la ferme assurance que de telles lumières ne sauraient provenir que d'une seule source : de Dieu lui-même ?

C. Appropriation critique de la culture par la théologie
Note explicative

À notre avis, il est raisonnable de répondre négativement aux questions soulevées précédemment. Il est vrai qu'inclure des données culturelles véridiques et pertinentes dans l'élaboration théologique ne saurait porter préjudice à l'intégrité de la foi puisque, pour autant qu'elles soient vraies, ces données ont leur source en Dieu. Comme l'a affirmé le philosophe évangélique américain,

Stephen Holmes, « toute vérité appartient à Dieu[4] ». Or, l'Écriture nous enseigne que Dieu ne peut pas se contredire. En sa qualité de Vérité absolue, il ne peut y avoir en Lui de confusion et d'incohérence épistémologique. Ce qu'il affirme comme vrai dans un domaine doit nécessairement l'être dans l'autre.

Il est essentiel que les limites de notre argument en faveur de l'usage de la culture dans la tâche théologique soient bien comprises. Notre position est ancrée dans un entendement qui conçoit la culture comme une création humaine ayant un caractère moral ambigu. En effet, si, à la suite de la création, Dieu put passer un jugement positif absolu sur le caractère moral du monde d'alors d'après le verset « Dieu vit tout ce qu'il avait fait et voici, cela était très bon » (Gn 1.31), après la chute de l'humanité dans le jardin cela n'était plus possible. Cet évènement a compromis le statut moral de l'humanité en la rendant désormais détentrice de la connaissance du bien et du mal. L'implication inévitable de ce triste évènement est qu'à la suite de sa chasse d'Éden, tout ce que produit l'homme portera la marque d'une ambiguïté morale. Ce malheureux état de choses doit durer jusqu'à la restauration de la condition édénique avec l'établissement d'un « nouveau ciel et une nouvelle terre » (Ap 21.1).

La culture est une invention humaine ; elle est la création d'une humanité déchue. En tant que telle, elle n'est ni entièrement bonne ni entièrement mauvaise. Quel que soit le niveau scientifique et technologique qu'elle arrive à atteindre, aucune culture ne bénéficie de l'innocence morale. Toute culture humaine consiste en un amalgame de traits positifs, négatifs et neutres.

Si tel est le cas, la théologie doit employer du discernement dans son usage de la culture. Il lui incombe d'adopter une attitude critique vis-à-vis de la culture, quelle qu'elle soit. Sa position par rapport à la culture ne peut être ni un rejet total, ni une acceptation aveugle, mais plutôt une *appropriation critique*. La théologie doit alors avoir l'humilité d'embrasser les traits positifs et pertinents de la culture pour corroborer et illustrer ses affirmations, le courage de critiquer les traits négatifs de la culture en vue de les corriger, et la sagesse de racheter les traits neutres afin de les mettre au service de l'évangile. Si la position que nous avons adoptée vis-à-vis de la nature de l'Écriture tient, il s'ensuit que dans ce triage critique, l'outil prédominant ne saurait être autre que la parole de Dieu – la norme suprême de la tâche théologique.

---

4. Arthur HOLMES, sous dir., *The Making of a Christian Mind : A Christian World View and the Academic Enterprise*, Downers Grove, InterVarsity Press, 1985, p. 14.

Je partage ici la réflexion d'un de mes travaux antérieurs :

> Et si la théologie maintenait un dialogue critique et continu entre elle et la culture dans le but de recevoir d'elle des documents jugés pertinents et acceptables à la réflexion théologique et de la corriger là où elle est en désaccord avec les vérités divines révélées dans les Saintes Écritures ? Dans cette perspective, la théologie n'est pas simplement invitée à revêtir un habit indigène. Le défi lui est lancé d'intégrer dans sa conceptualisation les éléments culturels qui sont considérés comme valables pour la réflexion théologique. L'approche exige que le choix de l'habit indigène et l'appropriation des données culturelles soient tous deux guidés par la Parole révélée de Dieu[5].

Nous ne sommes pas les seuls à emprunter cette voie. Récemment, un certain nombre de théologiens africains ont suggéré quelque chose de similaire dans leur effort de formuler une théologie qui reflète la pertinence de la foi chrétienne pour le contexte africain et la fidélité à la révélation divine. Dans sa thèse doctorale, le missiologue ghanéen Kwame Bediako a fait un plaidoyer solide et persuasif pour la récupération de certains éléments culturels appropriés dans l'exécution de la tâche théologique. Dans ce travail, Bediako cherche à clarifier comment l'Évangile éternel de Jésus-Christ peut se rapporter aux questions qui émergent dans le contexte de l'existence culturelle du croyant sans faire dommage à l'intégrité de l'Évangile[6]. Plus récemment, deux compatriotes africains ont soutenu la proposition de Bediako et l'ont mise en œuvre dans leurs travaux. Le premier est le théologien James Henry Kombo du Kenya. Dans sa thèse doctorale, Kombo a démontré « que dans la théologie africaine, la doctrine de Dieu doit conserver son caractère biblique ; cependant, en même temps, elle doit être expliquée aux Africains au moyen d'outils intellectuels qui font partie de l'héritage culturel Africain[7] ». Il conclut son travail avec cette déclaration catégorique : « Un concept africain-chrétien de Dieu qui est présenté aux auditoires africains par le biais de la métaphysique africaine peut paraître étrange et confus[8]. » Pour sa part,

---

5. Dieumeme Noëlliste, « Transcendent but Not Remote: The Caribbean », dans Aida and William Spencer, sous dir., *The Global God: Multicultural Evangelical Views of God*, Grand Rapids, Baker, 1998, p. 107 [traduction libre].
6. Kwame Bediako, *Theology and Identity : The Impact of Culture upon Christian Thought in the Second Century and Modern Africa*, Oxford, Regnum Books, 1992, p. xi.
7. James Kombo, *The Doctrine of God in African Christian Thought*, Leiden, Boston, Brill, 2007, p. 260 [traduction libre].
8. *Ibid.*, p. 261 [traduction libre].

Abel Ndjérareou du Tchad (notre second théologien), dans une réflexion sur Dieu et l'humanité, avance « qu'une étude de Dieu et de l'humanité dans une perspective africaine ne peut être réalisée sans se référer aux études sur les éléments de base du système religieux africain connu sous le nom de religions traditionnelles africaines[9] ».

Base théologique

Le modèle de la relation théologie-culture que nous venons d'énoncer jouit d'un bien-fondé théologique solide. Son échafaudage théologique consiste en trois colonnes doctrinales que nous passons en revue brièvement. En premier lieu, nous mentionnons la doctrine de la chute. On se rappelle que plus haut nous avons fait appel à la condition déchue de l'humanité pour mettre en garde contre un embrassement aveugle de la culture. Ici, il est bon de mettre en relief une nuance importante de cette doctrine. Pour tragique qu'elle fût, la chute résultait en une *dépravation complète* de toutes les dimensions de la personne humaine et non en une pourriture complète de ces dimensions. Par sa désobéissance, l'homme se rend *holistiquement* dépravé, mais cela ne veut pas dire que sa perversité est telle qu'il est incapable de faire quoi que ce soit de bon.

Mais, qu'est-ce qui explique cette réserve de capacité de bien faire de la part d'une humanité déchue ? La doctrine de l'*imago dei*, le deuxième pilier de notre infrastructure théologique, nous donne la réponse. En créant l'humanité, Dieu l'a généreusement dotée de son image. Dans sa grâce, Dieu a honoré l'humanité en la rendant porteuse de son image et de sa ressemblance. Ainsi, Il a fait de l'être humain une créature de gloire (Ps 8.1ss). Maintenant, il est vrai que la signification précise de cette heureuse expression échappe aux théologiens et exégètes. Toutefois, tous s'accordent pour dire que l'image représente quelque chose de merveilleux en l'homme, et que même dans sa condition de chute, cette chose merveilleuse ne lui avait pas été ôtée ! Certes, à la suite de la chute, l'image subit un endommagement sévère. La désobéissance de l'homme a pour conséquence tragique la déformation et détérioration de cette précieuse possession. Cependant, quoique pervertie et altérée, l'image continue de faire partie de la constitution de l'être humain. C'est cet élément intrinsèque qui le porte à accomplir de temps à autre des actes louables.

---

9. Abel NDJERAREOU, « God and Humanity in African Religious Beliefs and Christianity », dans Dieumeme NOËLLISTE et Sung Wook CHUNG, sous dir., *Diverse and Creative Voices : Theological Essays from the Majority World*, Eugene, Pickwick Publications, 2015, p. 3 [traduction libre].

À qui ou à quoi attribuer cette préservation de l'image en l'homme ? Pourquoi la chute n'a-t-elle pas résulté en l'éclatement et l'anéantissement complet de cet œuf fragile ? La doctrine de la *grâce commune* de Dieu, la troisième colonne de base de notre édifice, est la seule explication qui puisse être donnée à ces questions. L'image de Dieu est ce qui différencie l'homme du royaume animal. En décidant de la maintenir, même dans sa condition déformée, Dieu a gracieusement préservé *l'humanité* du genre humain. C'est cette grâce commune, cette faveur immértiée accordée sans exception à tous les membres de la race humaine, qui explique les accomplissements culturels même de ceux-là qui rejettent l'existence de ce Dieu de grâce.

Conclusion et prospective

Tout le long de l'analyse descriptive que nous avons effectuée dans les chapitres précédents, nous nous sommes régulièrement interrogés sur le genre de jugement qu'il est convenable de porter sur les croyances des religions afro-caribéennes, objet de cette étude. Chaque fois que la question fut posée, nous avons demandé au lecteur de patienter et d'attendre l'exécution de l'aspect évaluatif du travail. Le moment est maintenant venu de nous atteler à cette tâche, et, pour ce faire, le travail accompli dans ce chapitre est d'importance capitale. En particulier, le concept d'appropriation critique de la culture est d'utilité essentielle et cruciale, car tout en acceptant la fiabilité du principe de l'origine divine de toute vérité, nous ferons de notre mieux pour déceler et affirmer ce qu'il y a de véridique dans les croyances afro-caribéennes. En même temps, œuvrant sous la conviction qu'aux Saintes Écritures doit être accordé le rôle de norme gouvernante dans la recherche de la vérité théologique, nous insisterons que toute assertion religieuse doit être soumise au creuset du jugement scripturaire.

Pour l'exécution de la tâche qui s'étend devant nous, nous avons choisi six thèmes doctrinaux que nous jugeons essentiels à une compréhension basique de la foi chrétienne. Il s'agit, en l'occurrence, de Jésus-Christ, de la rédemption ou du salut, de l'humanité, du péché ou de la condition humaine, du Saint-Esprit et de la doctrine de Dieu. En guise de préparation pour le dialogue que nous nous proposons de modérer entre la foi chrétienne et les religions afro-caribéennes, nous commencerons chaque chapitre avec une exposition biblique et théologique du thème en question. Ce travail d'exposition sera suivi d'un énoncé sommaire de l'entendement afro-caribéen de ladite doctrine. Cette double tâche accomplie, nous nous plongerons tout droit dans l'analyse critique et évaluative qui constitue l'essentiel de notre travail. La charge et l'objectif de cet exercice seront de dégager, autant que faire se peut, le genre de rapport qu'il est convenable d'affirmer entre les deux systèmes de foi. Notre analyse démontrera qu'il ne s'agit ni de séparation totale, ni de convergence complète, mais plutôt d'une dialectique caractérisée par un jeu de similitudes et de différences. Le travail se terminera par une déclaration sommaire qui dégagera les implications de cet entendement pour la prise de position et le comportement du croyant chrétien vis-à-vis des phénomènes religieux afro-caribéens.

6

Jésus-Christ

Introduction

Plus de deux mille ans se sont écoulés depuis la naissance de l'un des plus grands personnages historiques qui, de manière significative, a marqué l'histoire de l'humanité : Jésus de Nazareth. Certains pensent qu'il n'était qu'un homme de bien qui a mené une vie remarquable par son amour et sa compassion pour les autres. D'autres croient qu'il était un prophète. La foi chrétienne nous présente Jésus comme le Messie prophétisé dans la Bible hébraïque, l'homme-Dieu qui a offert une fois pour toutes le sacrifice parfait pour le péché, et le ressuscité, maintenant assis à la droite de Dieu, mais qui bientôt reviendra dans sa gloire majestueuse pour régner dans la justice et l'équité sur le trône de David, son Père. Ainsi, dans ce chapitre, nous vous brosserons le portrait biblique de *Yeshua*, le fondateur et le personnage central du christianisme. Cette exposition théologique sera suivie d'une analyse évaluative pour voir si le portrait biblique du Christ de la foi chrétienne et ceux, s'il en existe, des religions afro-caribéennes, s'accordent ou non.

A. Jésus-Christ à travers l'histoire

Dans l'Ancien Testament, le terme Christ (*Christos* dans la Septante et *Mashiach* en hébreu) désigne une personne ointe ou consacrée. Les rois, les prêtres, et, en de rares occasions, les prophètes d'Israël, étaient oints. De l'huile était souvent appliquée cérémoniellement pour indiquer leur consécration, une mise à part pour le service de Dieu. Cependant, plusieurs passages prophétiques, par l'utilisation de l'article défini indiquent la venue d'un Messie spécifique, revêtu de la triple dignité de prophète, de prêtre et de roi, qui restaurera la gloire d'Israël (Dt 18.15, 18 ; Es 11.1-5 ; Ps 110.1-4 ; Gn 49.10 ; 2 S 7.10-16 ; Jr 23.5-6 ; Es 9.6). Pendant la période intertestamentaire, l'attente de ce Messie davidique s'intensifiait dans les cœurs de nombreux juifs nationalistes qui soupiraient après celui qui les délivrerait du joug romain[1]. Durant cette même période, le Nouveau Testament, plus précisément les évangiles selon Matthieu et Luc, situe la naissance de Jésus, sous le règne d'Hérode qui, troublé par l'enquête des mages d'Orient sur le roi des juifs qui venait de naître, rassembla tous les principaux sacrificateurs et les scribes pour savoir où naîtrait le « Christ » (Mt 2.1-4). Voyant la menace que représentait ce « Christ » pour l'empire romain, le roi Hérode fit tuer tous les enfants mâles de deux ans de Bethléhem pour préserver sa royauté. Évidemment, la pensée d'Hérode d'un messianisme nationaliste et politique semblait majoritaire aux approches de l'ère chrétienne[2]. Cependant, malgré cette attente, quand Jésus se présenta à la synagogue de Nazareth, sa déclaration sur l'accomplissement de la prophétie d'Ésaïe 61 dans sa personne et dans son œuvre suscita la stupéfaction et la colère des Juifs, compte tenu de son métier et de sa famille. En outre, sa crucifixion, accomplissant la prophétie du Serviteur souffrant des récits d'Ésaïe 52.13-53.12, fut un scandale pour les Juifs qui s'attendaient à un Messie libérateur et une folie pour les Grecs qui cherchaient la sagesse. Néanmoins, tandis que les Juifs considéraient la croix de Christ comme une défaite totale et que les Grecs la voyaient comme une folie et une faiblesse, l'apôtre Paul témoigne que sans le message de la croix de Christ, la foi chrétienne devient incontestablement vide de contenu. Les Écritures de la Nouvelle Alliance convergent pour désigner Jésus comme un point fixe qui occupe une position centrale dans la foi chrétienne, à cause de sa personne et de son œuvre.

Les recherches sur l'historicité de Jésus ont commencé à la fin du XVIIIe siècle avec l'œuvre de Hermann Samuel Reimarus, intitulée *Fragments* (1778), dans laquelle il établit une distinction entre le « Jésus de l'histoire » et le « Christ de la foi ». Selon son approche rationnelle, les apôtres ont façonné l'image du « Christ de la foi » pour répondre à l'échec du « Jésus de l'histoire » dans ses tentatives révolutionnaires pour établir son royaume messianique. Ainsi, la narration des évangiles et les récits apostoliques ne seraient que le fruit de leur imagination[3]. Cette première quête prend fin avec l'ouvrage d'Albert Schweitzer qui met en relief la perspective apocalyptique du Messie que Reimarus et ses adhérents avaient marginalisée. Dans les années 1950, Ernst Käsemann détectait un phénomène

---

1. Allister E. MCGRATH, *Christian Theology : An Introduction*, 6e édition, Newark, Wiley, 2017, p. 210.
2. Henri BLOCHER, *La doctrine du Christ*, Vaux-sur-Seine, France, Edifac, 2002, p. 40.
3. MCGRATH, *Christian Theology*, p. 236-237.

similaire entre la discontinuité dans la théorie et la pratique quand il s'agit du Jésus historique et du Christ de la foi chrétienne, et l'hérésie du docétisme qui niait son humanité. Ainsi, il proposa des critères historico-critiques pour savoir ce qui est historique dans la tradition évangélique parce que, d'après lui, ces données historiques existent et sont indéniables. Cependant, la question qui se pose est de savoir quelle est la véritable définition du mot « historique » ? Pour ceux qui pensent que le terme « historique » désigne le *non surnaturel*, excluant toute transcendance, réfutant le miraculeux, aucune continuité entre le Christ de l'histoire et le Christ de la foi chrétienne ne peut exister.

À l'aube du XXIe siècle, plusieurs axes de recherche s'imposent sur le Jésus historique, utilisant la critique littéraire et les trajectoires du judaïsme et du christianisme du premier siècle. Le *Jesus Seminar*, l'un de ces axes, est un cercle d'exégètes qui se sont donné pour objectif d'identifier dans les quatre évangiles les paroles qui peuvent être attribuées à Jésus sans aucune réserve. Fondé par Robert W. Funk, ce groupe de chercheurs a rapporté que moins de 18 % des paroles de Jésus ont été validées ; ainsi, dans une version *ad hoc* des évangiles, ces paroles (ces *ipsissima verba*) sont imprimées en rouge pour indiquer leur authenticité. Bien entendu, le critère d'attestation multiple (incluant la littérature apocryphe), cette sélection de sources qu'ils ont privilégiée, n'est pas propre à la recherche biblique[4]. Par conséquent, nous avons un Jésus qui est « un sage itinérant, discoureur friand d'aphorismes sapientiaux et de devinettes, dont la morale universelle se distille au travers d'une rhétorique où dominent exagération, humour et paradoxe[5] ».

Les reproches faits à la thèse historique des chercheurs du *Jesus Seminar* sont nettement moindres en ce qui concerne l'œuvre d'Ed Parish Sanders, un autre axe de la troisième quête, qui invite les biblistes à revisiter le judaïsme du second temple comme toile de fond du ministère de Jésus et des écrits apostoliques[6]. Cette judaïté de l'homme de Nazareth est un *novum* de cette quête. Selon Sanders, la clef de la mission de Jésus réside dans la préparation et le rassemblement d'Israël pour la venue puissante de Dieu[7]. Il croit que le Jésus de l'histoire n'est ni fondateur d'Église, ni réformateur du judaïsme, mais plutôt un prophète qui gênait les autorités religieuses par sa popularité et non pas par ses positions

---

4. Daniel MARGUERAT, « La "troisième quête" du Jésus de l'histoire », *RSR* 87, 1999, p. 400.
5. *Ibid.*
6. Ed Parish SANDERS, *Jesus and Judaism*, Philadelphia, Fortress, 1985. Du même auteur : *The Historical Figure of Jesus*, London, Penguin, 1993, p. 9.
7. SANDERS, *Jesus and Judaism*.

théologiques[8]. Les chercheurs des autres axes tels que Horsley et Theissen contestent le portrait présenté par Sanders en soulignant les conflits opposant Jésus aux pharisiens, surtout au sujet de la loi[9]. D'après eux, le climat politique après la mort d'Hérode le Grand met en relief les différentes insurrections par des rois-messies autoproclamés. Tout laisse à penser que l'apparition de Jésus, le Christ, dans « un pays en état de résistance religieuse face à l'occupation étrangère des Romains » apporte des messages uniques par rapport aux choix sociopolitiques qu'il a, ou n'a pas, pris[10]. L'enjeu social, économique et politique de la personne et de la vie de l'homme de Nazareth est donc considéré ; Jésus, selon ces chercheurs, eut pour mission la création d'une société « radicalement égalitaire, abolissant toute hiérarchie et tout patriarcat dans la communauté locale[11] ». Il est à noter que toutes ces enquêtes historiographiques ne sont pas des activités théologiques, mais historiques, et tracer les contours de l'histoire de Jésus en excluant sa divinité et toute transcendance s'avère une quête insoluble. En effet, le Jésus de la foi chrétienne n'est pas un homme ordinaire qui s'infiltre dans l'histoire, mais il est le Dieu suprême, détenant tout pouvoir dans les cieux et sur la terre. Comme disait Martin Luther, « il vaut beaucoup mieux pour toi que le Christ vienne par l'Évangile. S'il entrait maintenant par la porte, il se trouverait chez toi, et tu ne le reconnaîtrais pas ![12] » À la recherche d'un Jésus qui n'est pas seulement un vrai homme, mais aussi le Dieu Très-Haut manifesté en chair, le témoignage des évangiles et de toute la Bible doit être sollicité.

B. Exposition biblique et théologique

Pour la foi chrétienne, Jésus-Christ est la figure déterminante. La doctrine qui traite de cette pierre angulaire s'appelle christologie. Le terme christologie vient du grec *Christos* qui signifie oint et *Logos* qui veut dire, mot, parole, ou discours. La christologie est donc la doctrine de la personne et de l'œuvre du Christ. Quant à sa personne, les passages du Nouveau Testament qui soulignent la divinité et l'humanité du Christ sont nombreux et divers. Les noms, titres et désignations utilisés dénotent que Jésus est Dieu et Homme. Il est appelé Dieu (*theos*), distinct de Dieu le Père, alors que Dieu et lui partagent la même essence divine, ce qui justifie la doctrine orthodoxe de la trinité : Un seul Dieu qui existe en

---

8. *Ibid.*
9. *Ibid.*, p. 10.
10. Marguerat, « La "troisième quête" », p. 410.
11. *Ibid.*, 407.
12. WA 10, III, 92, 11, cité par Marguerat, « La "troisième quête" », p. 421.

trois personnes éternellement distinctes, qui ne sont ni divisées, ni confondues, ni mélangées. La foi chrétienne exclut et rejette donc toute tendance polythéiste (Jn 1.1-3, 18 ; 10.30 ; Ac 20.28 ; Rm 9.5). Ainsi, le Christ de la foi chrétienne est d'une même essence que Dieu son Père. Dans l'Évangile de Jean, Jésus demande à Dieu : « Père, glorifie-moi auprès de toi-même de la gloire que j'avais auprès de toi avant que le monde fût » (Jn 17.5). Ce verset dénote un Christ qui existait avant sa naissance et bien avant la création. Le titre de Fils de Dieu lui est aussi attribué, suggérant son égalité et sa relation étroite avec le Père, ainsi que sa supériorité sur tous les anges (Jn 5.18). Il est aussi couramment connu sous le titre de Seigneur (*kurios*), désignant quelqu'un qui détient de l'autorité ou du pouvoir. Cependant, dans l'Ancien Testament, l'*Adon* en hébreu ou avec suffixe l'*Adonai* est utilisé à la place du tétragramme sacré YHWH, surtout dans les cultes par respect pour le nom divin. Le titre de Seigneur attribué au Christ transmet donc l'idée d'un nom qui est au-dessus de tout autre nom qui ait été donné dans les cieux, sur la terre, et sous la terre, possédant le pouvoir de dominer sur toute la création visible et invisible (Ph 2.10 ; Col 1.15-18). De plus, quand Dieu se révèle à Moïse dans le buisson ardent, il s'identifie Lui-même comme celui qui s'appelle « JE SUIS » (Ex 3.14), rendu *EGO EIMI* par la Septante. Jésus répète cette même expression dans l'Apocalypse (Ap 1.8 ; 21.6 ; 22.13) et l'Évangile de Jean (Jn 6.35 ; 8.12 ; 10.9 ; 10.11 ; 11.25 ; 14.6 ; 15.1). En outre, plusieurs images employées pour YHWH dans la Bible hébraïque telles que le « Rocher », le « Berger », l'Époux » de la nation d'Israël sont appliquées à Jésus dans le Nouveau Testament (cf. 1 Co 10.4 ; Jn 10.11 ; 10.2 ; 10.16 ; Lc 5.34 ; Mt 9.15 ; Mc 2.19). Enfin, l'apôtre Paul déclare dans son épître aux croyants de Colosse que toute la plénitude de la divinité réside en Christ (Col 2.9). Par conséquent, les œuvres de Jésus pendant son ministère authentifient ces attributions divines car les Évangiles nous rapportent qu'il est éternel, présent partout, connaissant tout, et détenant tout pouvoir : le pouvoir de pardonner les péchés, le pouvoir de ressusciter les morts, et même le pouvoir de juger[13].

La Bible démontre aussi l'humanité de Jésus-Christ par des proclamations venant des foules qui le suivaient, de ceux qui s'opposaient à lui, de Jean-Baptiste, et de Jésus lui-même (Jn 10.33 ; 11.47 ; 1.30 ; 8.40). De plus, nous trouvons des attributions de sa nature humaine dans le Nouveau Testament. Par exemple, parlant de Jésus, Romains 8.3 nous dit que Dieu l'a envoyé « dans une chair semblable à celle du péché ». L'auteur de l'Épître aux Hébreux indique « les jours

---

13. Charles C. RYRIE, *Basic Theology : A Popular Systematic Guide to Understanding Biblical Truth*, Chicago, Moody Press, 1999, p. 285.

de sa chair » (Hé 5.7) pour référer au temps qu'il a vécu avant sa résurrection. Ensuite, sa lignée humaine, sa croissance en sagesse, en stature et en grâce, et son apprentissage de l'obéissance confirment son humanité. La fatigue, la faim, la soif, le sommeil et l'angoisse sont des émotions que le Christ a éprouvées, car il était un homme comme nous. L'Épître aux Hébreux explique que sa capacité à compatir à nos faiblesses vient du fait qu'il fut « tenté comme nous en toutes choses, sans commettre de péché » (Hé 4.15). Ce concept d'une humanité sans péché est parfois contesté, mais l'impeccabilité de Jésus-Christ est indispensable pour l'accomplissement de son œuvre rédemptrice à la croix. Henri Blocher affirme : « S'il avait été coupable de la moindre faute, il aurait mérité la mort pour lui-même, il n'aurait alors pas pu donner sa vie en substitution pour la nôtre[14]. » Le Christ de la foi chrétienne est à la fois Dieu et homme. Cette union des deux natures, évidemment conforme à l'Écriture, fait de Jésus un personnage à nul autre pareil.

Quant à son œuvre, les trois fonctions du Christ peuvent être soulignées. En premier lieu, nous pouvons noter son office de prophète, marqué par l'onction de l'Esprit (Es 61.1 ; Lc 4.18-19). Fondamentalement, le prophète dans la Bible est le porte-parole de Dieu. Certains prophètes opèrent des miracles ou signes fiables qui affirment qu'ils sont des envoyés de Dieu. En plusieurs occasions, Jésus est appelé prophète dans les évangiles (Mt 21.11) ; il y a des Juifs qui pensaient qu'il était Jean-Baptiste ; D'autres, Élie ; et d'autres, Jérémie, ou l'un des prophètes car Israël s'attendait à la venue d'un prophète comme Moïse, selon ce que Dieu avait promis dans l'Ancien Testament (Mt 16.4 ; Dt 18.15). Émerveillés devant les prodiges que Jésus opérait, les gens de Galilée croyaient donc que la promesse s'était accomplie en lui. En effet, à l'instar des prophètes, « Jésus rappelle l'exigence de la loi, l'interprète, et en montre l'application ; il annonce l'intervention de Dieu en jugement et en grâce[15] ». De plus, sa vie, sa mort, et sa résurrection représentent des actes prophétiques qui rendent témoignage à la vérité (Jn 12.27 ; 18.37). Cependant, il faut noter que Jésus, le Fils de Dieu, est bien plus grand que tous les prophètes, car « celui qui a construit une maison a plus d'honneur que la maison même » (Hé 3.3).

La deuxième fonction du Christ est celle de grand-prêtre. Mot d'origine cananéenne, le *kôhén* en hébreu vient d'un verbe qui signifie « se tenir debout (pour assurer un service)[16] ». Dans l'Ancien Testament, après l'époque des

---

14. BLOCHER, *La doctrine du Christ*, p. 153.
15. *Ibid.*, p. 238.
16. *Ibid.*, p. 244.

patriarches, seuls les descendants d'Aaron pouvaient remplir l'office sacerdotal, en enseignant la Loi, en assurant les cultes, et en énonçant la volonté de YHWH en utilisant l'urim et le thummin[17]. Ces prêtres représentaient les hommes auprès de Dieu. Le grand prêtre cependant remplissait un rôle distinctif : celui d'entrer dans le lieu très saint pour offrir des sacrifices pour le peuple et pour lui-même au jour de l'expiation. L'office sacerdotal de Jésus-Christ est clairement attesté dans l'Épître aux Hébreux ; cependant, son sacerdoce est unique et principal. En premier lieu, venant d'une tribu non sacerdotale (de Juda), Jésus-Christ fut proclamé par Dieu « sacrificateur pour toujours, selon l'ordre de Melchisédek » (Hé 5.6), et non selon la lignée d'Aaron. Le Christ « est entré une fois pour toutes dans le lieu très saint, non avec le sang des boucs et des veaux », qui ne pouvait pas ôter les péchés, « mais avec son propre sang » pour nous procurer une rédemption éternelle (Hé 9.12). Sans ce sacrifice parfait et excellent, l'amende encourue pour les péchés de l'humanité reste impayée. Sans ce sacrifice, le pardon divin est inaccessible à l'homme et sa condamnation éternelle scellée. Toute la foi chrétienne repose sur l'efficacité de ce sacrifice. La véritable identité du chrétien est liée à sa relation éternelle avec Celui qui par sa mort a vaincu le péché, la mort, et le diable.

La troisième fonction du Christ est celle de roi. Dans l'Ancien Testament, la plupart des références au terme « oint » (ce que la LXX traduit par *Christos*) désigne un monarque d'Israël. Et quand nous considérons l'usage spécifique du terme, le référent est le Roi-Messie, appartenant à la dynastie davidique, qui occupera le siège royal pour diriger le royaume éternel de Dieu. Tandis que l'onction sacerdotale met en relief la consécration-ordination, l'onction royale met l'accent sur le pouvoir, l'honneur et l'autorité. Les prophéties vétérotestamentaires concernant ce rôle (2 S 7 ; 1 Ch 17 ; Ps 89) trouveront leur accomplissement dans le futur[18]. Cependant, même avant sa naissance, l'ange Gabriel annonça à Marie que Dieu « donnera [à Jésus] le trône de David, son père [...] et son règne n'aura point de fin » (Lc 1.32-33). À sa naissance (Mt 2.2), à son entrée triomphale à Jérusalem (Za 9.9s), et même à sa mort (Jn 19.19), la royauté lui est attribuée, accomplissant de façon délibérée et directe plusieurs prophéties de l'Ancien Testament (Mt 21.1-9). Tout comme l'annonçaient les Psaumes 2 et 110, sa résurrection et son ascension proclament sa fonction de Roi car il est assis à la droite de Dieu, au-dessus de tout pouvoir, de toute autorité, de toutes les forces visibles et invisibles dans les cieux, sur la terre, et sous la terre

---

17. *Ibid.*
18. Walter C. KAISER, *The Messiah in the Old Testament*, Studies in Old Testament Biblical Theology, Grand Rapids, Zondervan, 1995, p. 144.

(Ac 13.33 ; Mt 28.18, Dn 7.14). C'est pourquoi, dans l'Apocalypse, il est appelé le « Rois des rois et Seigneur des seigneurs » (Ap 17.14 ; 19.16). Sa royauté sera remarquable, absolue, caractérisée par la justice et la paix, et elle sera éternelle (Dn 9.25 ; Hé 7.2).

Ainsi, en Jésus-Christ nous voyons une juxtaposition latérale de ces trois fonctions ou, selon certains théologiens, une compénétration ou « périchorèse », articulant la diversité et l'unité qui existent entre elles. Nous pouvons donc énoncer que la personne de Jésus et son œuvre font de lui le fondateur et la figure unique, magistrale et irremplaçable de la foi chrétienne. C'est pourquoi, Henri Blocher certifie : « Aucune autre religion n'a osé tant attribuer à son fondateur, et de loin ! Les prétentions de Mahomet, l'apôtre d'Allah, ou de Bouddha, l'Illuminé, ne se comparent pas à celles de Jésus selon le christianisme[19]. »

Messie promis dans l'Ancien Testament et tant attendu, Jésus-Christ est la pierre angulaire de la foi chrétienne. Existant avec le Père bien avant la création, la Parole [Jésus] s'est faite chair pour nous révéler l'essence même de Dieu, vivre une vie conforme à sa volonté, donner sa vie en rançon pour la rémission des péchés et détruire les œuvres du diable[20]. Le Nouveau Testament affirme qu'il n'a été donné aux hommes aucun autre nom par lequel nous devions être sauvés que celui de Jésus-Christ. Christ est l'auteur, le bâtisseur et la tête de l'Église, le chef de la foi du croyant, le premier-né d'entre les morts pour garantir la résurrection de tous ceux qui sont en lui. Ce même Christ se trouve aussi au centre de l'eschatologie chrétienne comme juste juge qui jugera les vivants et les morts à la fin de l'histoire de l'humanité. Comme l'a si bien dit Henri Blocher, « la perfection indépassable de la médiation de Jésus-Christ [...] sert de pivot à toute l'histoire du salut[21] ». Jésus-Christ est le point de rencontre de la déité et de l'humanité ; sans lui la foi chrétienne est vidée de tout contenu substantiel et l'existence chrétienne, dépouillée de tout sens, est donc vaine et sans fondement.

C. Analyse évaluative

Un trait positif

En réfléchissant sur les croyances et les pratiques des religions afro-caribéennes que nous avons analysées, nous notons vite un trait qui apparaît

---

19. BLOCHER, *La doctrine du Christ*, p. 7.
20. RYRIE, *Basic Theology*, p. 281.
21. BLOCHER, *La doctrine du Christ*, p. 183.

presque[22] dans chacune d'elles et que nous ne pouvons passer sous silence. Il s'agit de leur accent sur la nécessité de médiation entre le monde temporel et l'univers spirituel. À l'encontre de la mentalité rationaliste moderne qui tend à marginaliser le monde spirituel à cause de son impénétrabilité par la méthode scientifique, les religions afro-caribéennes croient fermement en l'existence d'un tel univers, et en la nécessité de maintenir un contact constant entre ce monde invisible et le domaine empirique par le biais d'un pont légitime. Dans nombre de ces religions, ce pont-connecteur revêt un double caractère : un caractère divin et un caractère humain. En premier lieu nous avons vu que les entités subalternes comme les *loas*, les *orishas*, les puissances spirituelles, et les esprits danseurs servent d'agents médiateurs entre le dieu transcendant, qui est inaccessible aux dévots, et le monde éphémère. En deuxième lieu, nous avons aussi constaté que l'accès à ces divinités inférieures requiert la médiation d'agents humains. Dans le vodou, ce rôle est rempli par le *houngan*/la *mambo*, dans la santeria, le *babalawo*/*babalocha*, dans les sectes de réveil, par le berger ou la « mère ». À l'exception du rastafarisme, il est impossible de parler de religions afro-caribéennes sans ce concept de médiation.

Cependant, la notion de médiation est aussi essentielle à la foi chrétienne. Avant même l'émergence de ces phénomènes afro-caribéens, la foi chrétienne posa comme principe fondamental l'existence d'un monde matériel et d'un monde spirituel qui ont besoin d'interagir par le truchement d'une médiation légitime. Dans la logique de la foi chrétienne, cette tâche médiatrice est forcément christologique. Dans la perspective biblique, l'établissement d'un pont entre le ciel et la terre, entre l'humain et le divin, est la fonction exclusive de Jésus-Christ. Dans son incarnation, Jésus-Christ, le Verbe, unit dans sa Personne la divinité et l'humanité, et de ce fait, nous permet d'avoir une idée claire de l'identité de Dieu. Jean nous informe que par cet acte sans précédent dans l'histoire du salut, Jésus-Christ nous explique qui Dieu est (Jn 1.1, 18). Par son œuvre rédemptrice, Il nous donne un accès sans précédent à la présence même de Dieu (Hé 10.19ss). À la suite de sa résurrection et de son ascension, il est exalté à la droite du Père où il occupe une position d'autorité et d'où il exerce sa fonction d'Avocat en notre faveur. Henri Blocher exprime avec précision cette fonction médiatrice du Seigneur dans l'affirmation suivante :

> À tous égards, la précellence et l'habitation de la Plénitude [...] : toutes les lignes maîtresses se recoupent en Lui. C'est en Lui que

---

22. Nous disons « presque » parce que nous ne sommes pas sûrs que ce jugement tient pour le rastafarisme.

s'entrecroisent les axes du ciel et de la terre, de la seigneurie et du service, de l'ultime et de l'intime, de la Vérité et de la Vie, de la création et de la rédemption…Il est Alpha dès l'origine ; il est Omega au siècle des siècles. Lui, Jésus le Christ, le Seigneur[23].

Si notre analyse a du poids, il paraît qu'à leur insu, les religions afro-caribéennes importent dans leurs systèmes une fonction profondément christologique. Dans leur entendement du rapport Dieu-homme, elles touchent du doigt le principe fondamental qui seul rend ce rapport faisable : la médiation. Or, ce principe ne peut être autre qu'une notion christologique puisque, dans la perspective chrétienne, le seul agent qualifié pour remplir ce rôle est Jésus-Christ : l'Homme-Dieu.

Différences majeures

Les religions afro-caribéennes ont raison d'insister sur la nécessité de médiation dans le rapport Dieu-homme, mais elles échouent misérablement dans l'attribution de cette fonction à des agents qui ne sont pas à même de la remplir. Elles ont bien identifié le besoin, mais elles s'égarent dans le recrutement de l'agent compétent pour y satisfaire. Comme nous l'avons dit, la tâche médiatrice ne peut être remplie que par une seule personne : Jésus-Christ (1 Tm. 2.5). Cette attribution erronée résulte d'un triple faux pas christologique que commettent les religions afro-caribéennes.

Notons en premier lieu *l'absence quasi-totale* de Jésus-Christ dans leurs systèmes de croyances. L'attribution du rôle de médiateur à des agents autres que Jésus-Christ est malheureuse, mais elle est inévitable. Pourquoi ? Parce que, bien que les phénomènes religieux afro-caribéens reconnaissent la nécessité d'une fonction christologique, certains d'entre eux n'accordent aucune place appréciable et significative à Jésus-Christ lui-même dans leurs systèmes de croyances. Dans le vodou et la santeria, par exemple, Jésus-Christ est totalement absent. Comme nous l'avons vu, ces religions comprennent un panthéon qui consiste en deux échelons : un dieu transcendant et des divinités subalternes. Jésus-Christ ne figure dans aucun de ces échelons. L'échelon supérieur de leur panthéon est occupé par un seul être : le dieu suprême. Certes, dans la santeria, cette déité semble être représentée par un triumvirat d'êtres portant les noms de *Olofi*, *Olodumare* et *Olorun*. Mais il paraît que ces appellations ne sont que des attributs qui décrivent le même être, et non une personne divine différente comme c'est le cas dans la

---

23. BLOCHER, *La doctrine du Christ*, p. 7.

conception trinitaire de Dieu. Sur ce point, ces religions ont la même faiblesse que les religions foncièrement monothéistes telles que le judaïsme et l'islam. Qu'en est-il de leur barreau inférieur ? Fait-il de la place à Christ ? Malheureusement, il semble que là aussi, l'investigation ne révèle aucune figure qui ressemble à Jésus de Nazareth. Dans le vodou, à notre connaissance, il n'y aucun *loa* qui porte le nom de Jésus. Dans le cas de la santeria, notre jugement concernant l'absence de Christ dans le système peut être un peu plus catégorique. L'échelon inférieur du panthéon de la santeria ne contient qu'une trentaine de divinités et elles sont toutes d'origine africaine. Aucune de ces divinités ne correspond à Jésus-Christ.

Nous devons admettre que la faiblesse mentionnée précédemment n'est pas partagée par toutes les religions afro-caribéennes. Dans certaines d'entre elles, nous observons plutôt *une portraiture ambiguë et erronée*. Si Jésus-Christ est totalement absent dans la théologie vodouesque et santerienne, il ne l'est pas dans le Shango et les sectes de réveil. Ces systèmes l'incluent formellement dans leur panthéon. Dans le panthéon du Shango trinidadien, le dieu suprême yoruba *Olorun* ou *Olodumare* est remplacé par un duo divin consistant de deux personnalités, appelées *Olufon* et *Obalufon*, représentant respectivement le Père Éternel et Jésus-Christ. De même, dans les sectes de réveil (le sionisme et le Pocomania) l'échelon supérieur du panthéon est décrit comme consistant du Dieu le Père, du Dieu le Fils et du Dieu le Saint-Esprit. On ne peut occulter le fait que dans ces systèmes, Jésus est mentionné dans le même souffle que le dieu suprême et placé dans la même compagnie que lui.

Cependant, un regard plus approfondi sur la théologie de ces systèmes révèle une ambiguïté christologique. Il semble qu'on doive se garder de confondre l'attribution d'une place à Jésus dans la compagnie du dieu suprême avec la croyance en égalité ontologique avec celui-ci. Ces religions semblent subtilement établir une différence ontologique entre le dieu suprême et Jésus. Bien que le Shango mentionne *Obalufon* (Jésus) dans le même souffle que *Olufon* (dieu suprême), il semble insister sur un décalage d'ordre ontologique entre eux. Ontologiquement, *Obalufon* (Jésus) semble occuper une position intermédiaire entre *Olufon* (le dieu suprême) et les forces spirituelles. Nous notons une ambiguïté similaire dans les sectes de réveil. Bien que Jésus soit présenté comme faisant partie du triumvirat trinitaire, il est néanmoins placé au même rang que les esprits danseurs, et bien au-dessous du dieu transcendant.

Cette ambiguïté n'est pas l'apanage exclusif des religions afro-caribéennes. Dans l'histoire de la pensée chrétienne, pareils portraits confus et ambigus de Jésus réapparaissent de temps en temps. Notons en guise d'exemple l'arianisme du IVe siècle, l'adoptianisme du XXe siècle et l'éthique christologique du XIXe siècle.

Quelle que soit leur provenance, ces portraits sont loin d'être conformes à la conception biblique et orthodoxe de Jésus-Christ, selon laquelle il partage la même substance que le Père et le Saint-Esprit, et qu'en vertu de ce partage, il est ontologiquement au même échelon que les deux autres personnes de la Trinité.

Si le vodou et la santeria peuvent être accusés d'omission christologique, et le Shango et les sectes de réveil, de portraiture erronée de la personne de Jésus-Christ, le rastafarisme est coupable d'une erreur christologique beaucoup plus grave. Ici, nous trouvons *un substitut hérétique*. Dans ce système afro-caribéen, Christ n'est pas seulement mis à l'écart, ou difficilement peint, il est catégoriquement *remplacé* par une autre figure qui ne partage aucune ressemblance avec lui. Comme nous l'avons indiqué dans le chapitre 4, le rastafarisme élève Haïlé Sélassié *à la place de Jésus*. Dans la théologie rastafarienne, le rôle de messie est carrément attribué à Haïlé Sélassié. Selon les rastafariens, l'ancien empereur éthiopien est le messie qui revient et le pourvoyeur de salut ultime. Un tel substitut se heurte à l'affirmation des Saintes Écritures. Il représente un démenti hardi et effronté de l'Écriture qui affirme d'une manière claire et péremptoire que Jésus-Christ est le Messie si longtemps attendu, la révélation finale de Dieu, et le Sauveur irremplaçable du monde (Jn 1.1-18 ; Hé 1.1-3 ; Ac 4.12 ; Jn 6.14).

Il ne s'agit pas d'une petite faute que l'on peut prendre à la légère. La reconnaissance du rôle messianique de Jésus est l'une des confessions non négociables que doit faire tout groupement religieux qui entend s'arroger le droit de s'approprier l'épithète chrétien. Le terme « chrétien » vient du grec *christianoi* qui veut dire ceux qui s'attachent à l'Oint et le suivent (Ac 11.26). En vertu de leur lien avec l'Oint par excellence, ils sont des petits oints. Rappelons que c'était le refus catégorique des Juifs de reconnaître en Jésus le Messie attendu qui le porta à leur tourner le dos, et à les considérer comme étant hors de son royaume. Durant son ministère terrestre, Jésus lui-même mit ses disciples en garde contre les « faux Christs et [les] faux prophètes » (Mt 24.23-27).

Conclusion

La similitude au niveau de la notion de médiation entre l'être/Être adoré et l'adorateur est à noter dans le christianisme et dans les religions afro-caribéennes, à l'exception du rastafarisme. Cependant, l'absence totale ou quasi-totale de la personne du Christ dans cette fonction de médiation dans le vodou et la santeria est extrêmement alarmante. Le portrait erroné de Jésus-Christ que brossent les théologies du Shango et des sectes de réveil est aussi très inquiétant. Encore plus grave est le remplacement de Jésus-Christ par Haïlé Sélassié comme messie dans le rastafarisme. Puisque, selon la foi chrétienne, il n'y a de salut en aucun autre nom que Jésus-Christ seul, ces points de divergence extrême érigent un mur de séparation qui ne peut être renversé ni dans le monde présent ni dans le monde à venir.

7

L'humanité et le péché

Introduction

L'anthropologie et l'hamartiologie figurent parmi les doctrines fondamentales de la foi chrétienne. Issue de deux mots grecs : *anthropos* (homme/genre humain) et *logos* (mot, parole, ou discours), l'anthropologie est le discours sur l'homme ou l'humanité. L'hamartiologie, du grec *hamartia* qui signifie péché, est la doctrine du péché et du mal. Dans ce chapitre, nous ferons un survol sur certaines conceptions philosophiques de l'homme. Ensuite, nous présenterons un exposé biblique et théologique des doctrines de l'homme et du péché. Enfin, nous analyserons les similitudes et différences qui existent entre ces dogmes qui font partie du noyau de la foi chrétienne et les systèmes religieux afro-caribéens.

A. L'humanité dans la conception philosophique

Ce que nous avons dit plus haut est l'entendement purement étymologique. Comment caractériser et définir le genre humain ? D'où vient-il ? Où va-t-il ? Ce sont des questions d'ordre anthropologique et philosophique qui ont beaucoup agité les philosophes grecs. Par exemple, Platon, au Ve siècle avant l'ère chrétienne, formule l'idée des Formes éternelles qui sont des substances immatérielles dont les ombres paraissent dans les objets et phénomènes[1]. Dans *Phédon*, il conçoit la notion d'une âme immortelle qui se sépare du corps après la mort[2]. La réflexion

---

1. Adhémar D'ALÈS, « Les ailes de l'âme », *Ephemerides Theologicae Lovanienses* 10, no. 1, 1933, p. 63-72. ATLA Religion Database with ATLASerials, EBSCOhost (consulté le 26 novembre 2017).
2. Bernard MEUNIER, « Le christianisme a-t-il une âme ? », *Théophilyon* 11, no. 2, 2006, p. 251-270. ATLA Religion Database with ATLASerials, EBSCOhost (consulté le 26 novembre 2017).

anthropologique de Platon définit l'homme comme « plante céleste », sous-entendant qu'il a ses racines au ciel[3]. Aristote, dans son traité *De l'âme*, spécule que l'espèce humaine appartient à la catégorie « grégaire », que « l'être humain est par nature un animal politique », et qu'aucune humanité n'est possible sans la cité qui est la meilleure communauté. Le sens de l'expression « par nature » dans la pensée d'Aristote révèle une composante téléologique non créationniste de la nature humaine[4]. Selon Aristote, la fin commune et ultime de l'homme est le bonheur. Au cours de l'histoire, des philosophes et scientistes ont adopté ou rejeté les présupposés anthropologiques ci-dessus, et d'autres ont formulé leurs propres notions de l'origine, de la définition, de la caractérisation et de la finalité de l'être humain. Toutefois, nous allons nous tourner vers la Bible et la tradition chrétienne pour articuler le dogme de l'anthropologie et de l'hamartiologie qui caractérise la foi chrétienne.

B. Exposition biblique et théologique

L'anthropologie chrétienne commence avec la libre initiative du Dieu trinitaire de créer, établissant une distinction entre le créateur et sa création. Le premier verset du premier chapitre de la Genèse (La Genèse du mot Hébreu *toledot* en Genèse 2.4a qui veut dire « origine », « engendrement ») de la Torah (les cinq premiers livres de l'Ancien Testament), présente un Dieu (*Elohim* en hébreu) qui au commencement par sa parole créa les cieux et la terre. Plus précisément, les deux premiers chapitres de la Genèse traitent de l'origine de la lumière, de l'étendue et de la terre, des arbres, des grands luminaires, des animaux et enfin de l'homme. En hébreu, ce dernier est désigné par le mot *Adam*, nom masculin qui évoque « un être en partenariat avec la terre », un « brun-rouge de la terre fertile en Orient », ou un « terrien » puisque son féminin est *adamah* qui veut dire la terre[5]. Certains commentateurs pensent qu'il y a un premier récit (Gn 1.6-2.4a), où l'Adam est employé au singulier, désignant l'homme en référence à une espèce d'êtres vivants ou à tous les hommes créés à l'image de Dieu, à la

---

3. Bernard Hubert, « Du commencement de la vie humaine », *Bulletin de Littérature Ecclésiastique* 110, no. 2, 2009, p. 207-218. ATLA Religion Database with ATLASerials, EBSCOhost (consulté le 26 novembre 2017).
4. Jean-Philippe Ranger, « La question de l'animal politique : Une mise en dialogue entre Aristote et Épicure », *Revue canadienne de science politique*, vol 42, no. 1, mars 2009, p. 247-249.
5. Jean-Michel Maldamé, « Adam était-il un homo sapiens ? », *Bulletin de Littérature Ecclésiastique* 112, no. 3, juillet 2011, p. 231-254. ATLA Religion Database with ATLASerials, EBSCOhost (consulté le 10 février 2018).

race humaine, à l'humanité toute entière et un deuxième récit (Gn 2.4b-3.24), où le terme est utilisé au sens sexué pour désigner un patriarche qui engage tout son lignage (l'humanité) par son action, « le mari (en hébreu, *'ish*) de sa femme (*'ishshah*) et le père de sa descendance[6] ». Le lecteur peut discerner de ces deux récits que le nom d'Adam indique qu'il provient de la terre, soulignant la réalité matérielle ou corporelle de tout être humain, et que ce même nom fait aussi référence à « un acteur individualisé dans le récit inaugural de l'histoire[7] », émettant l'idée de représentation à travers sa relation avec Dieu, avec l'autre, avec la création et avec soi-même. Quoiqu'il en soit, l'auteur des cinq premiers livres de l'Ancien Testament, communément appelé le Pentateuque, mentionne que « Dieu dit : Faisons l'homme à notre image, selon notre ressemblance [...] Dieu créa l'[Adam] à son image ; il le créa à l'image de Dieu ; il créa l'homme et la femme » (Gn 1.26-27). Il ne faut surtout pas sous-estimer l'importance de cette articulation ontologique, car on la retrouvera par la suite dans des contextes très particuliers, assez souvent pour dénoter que l'homme détient une dignité propre ou inhérente à cause de ce lien unique qui existe entre lui et son créateur. Même après la crise cosmique du déluge, Dieu fait référence à la notion de l'*imago dei* pour indiquer comment le meurtre renie ou déshonore cette valeur unique et intrinsèque de toute vie humaine (Gn 9.6)[8]. Dans le livre des Proverbes, l'un des auteurs affirme qu'« opprimer le pauvre, c'est outrager celui qui l'a fait » (Pr 14.31). Pour étayer cette même thèse, Jacques, l'un des principaux dirigeants de l'église primitive de Jérusalem, interdit la dichotomie qui existe quand on fait usage de sa langue pour bénir Dieu et maudire l'être humain qui porte son image (Jc 3.9-10). Cette notion de la qualité innée de la dignité de chaque être humain qui fait de lui une créature distinguée et honorée est bien ancrée dans la foi chrétienne. Psaume 8 nous dit que Dieu a couronné l'homme de gloire et d'honneur et qu'il lui a donné la domination sur les œuvres de ses mains (Ps 8.4-5). De toute la création, les textes bibliques précédemment cités nous présentent l'homme comme la seule créature à être créée à l'image de Dieu, une espèce qui est sa gloire, le couronnement de sa création.

Quelle est la signification de ces deux substantifs, « image » et « ressemblance » ? Existe-t-il un lien entre eux et le pluriel « Faisons l'Adam » ? L'auto-interpellation de Dieu ou cette délibération au pluriel que nous observons dans ce texte, les termes hébreux *tselem* traduit par image (*eikon* en grec), et

---

6. *Ibid.*, p. 238.
7. *Ibid.*
8. Charles SHERLOCK, *The Doctrine of Humanity : Contours of Christian Theology*, Downers Grove, InterVarsity Press, 1996, p. 36.

demut traduit par ressemblance (*homoiosis* en grec) suscitent toutes sortes d'interprétations parmi les théologiens. Néanmoins, dans les Saintes Écritures, l'occurrence d'un verbe au pluriel appliquée à Dieu (*Elohim*, pluriel) est très rare. Certains commentateurs et théologiens d'hier comme d'aujourd'hui attestent que ce pluriel est un pluriel de majesté, de respect, ou d'intensité[9]. D'autres attribuent cette différenciation de soi au « caractère essentiellement relationnel et dialogal de la trinité », d'un seul Dieu en trois « personnes » : Père, Fils et Saint-Esprit[10]. Par conséquent, plusieurs utilisent cette diversité parfaitement unifiée en Dieu pour définir et illustrer la notion de l'homme créé à l'image de Dieu et selon sa ressemblance. Les pères de l'église ont eu des interprétations différentes des notions d'image et de ressemblance. Par exemple, dans la littérature patristique, nous pouvons remarquer que plusieurs d'entre eux, comme Origène, ont fait une distinction entre l'image de Dieu que l'homme retient après la chute et la ressemblance à Dieu que l'Esprit produit ou restaure par le renouvellement dans le chrétien[11]. D'autres interprètent l'*imago dei* comme la faculté que l'homme possède de raisonner. Par exemple, saint Augustin, l'évêque d'Hippone, pense que l'homme se distingue de l'animal par sa capacité de raisonnement, et des anges par sa mortalité[12]. Dans son anthropologie, le fameux théologien explique qu'il est possible pour l'homme de renouveler par la connaissance de Dieu son intelligence qui est négativement affectée[13]. Au IVe siècle, Lactance, de son côté, explique les thèmes de l'*imago dei* et de la ressemblance à Dieu comme une identité commune de l'homme, une dignité intrinsèque de sa personne[14].

Même parmi les théologiens contemporains, la compréhension de ces deux termes continue de varier quoique l'idée d'une distinction entre ces vocables soit devenue minoritaire. Parmi les interprétations diverses de l'*imago dei*, une perspective dite corporelle explique que l'homme dans toute son intégralité, y compris son corps, porte l'image de Dieu. L'autre perspective, non corporelle, suggère que l'image de Dieu implique que les différentes facettes de la personnalité de l'homme ressemblent à Dieu[15]. Quelques-uns de ceux qui adoptent cette

---

9. *Ibid.*, p. 34.
10. Voir Emmanuel Durand, « "Trinité immanente" et "Trinité économique" selon Karl Barth. Les déclinaisons de la Distinction et son Dépassement (Aufhebung) », *Revue des Sciences Philosophiques et Théologiques* 90, no. 3, 2006, p. 453-478.
11. McGrath, *Christian Theology*, p. 328.
12. Augustin, « La Cité de Dieu » (*De Civitate Dei*, trad.), VIII, 15, dans Saint Augustin, *Œuvres II*, sous dir. Lucien Jerphagnon, Paris, Gallimard (Bibliothèque de la Pléiade), 2000.
13. *Ibid.*
14. *Ibid.*
15. Ryrie, *Basic Theology*, p. 218.

perspective pensent que l'être humain est ainsi doté d'intelligence, d'émotions et d'un libre arbitre qui constituent son âme spirituelle et immortelle tandis que d'autres considèrent qu'il y a une ressemblance morale, une domination, l'exercice de la volonté, la capacité de parler, de raisonner et de s'organiser qui reflètent les facultés divines. L'alliance de ces deux perspectives est aussi considérée par plusieurs qui pensent qu'être créé à l'image de Dieu dénote l'idée d'être un être vivant, possédant la capacité d'avoir une relation avec Dieu, avec les autres, avec la création et avec soi-même[16]. La doctrine de la création de l'homme à l'image de Dieu nous conduit aussi à examiner son impact sur la doctrine de la rédemption. Car c'est dans le but de restaurer ou de recréer la relation que l'homme avait avec Dieu en Éden que le Christ, le nouvel Adam, « l'image du Dieu invisible » (Col 1.15) s'est incarné « dans une chair semblable à celle du péché » (Rm 8.3) pour subir la mort à la croix afin que « quiconque croit en lui ne périsse point mais qu'il ait la vie éternelle » (Jn 3.16). Cette vie éternelle qui est la participation de la nature divine permet à l'homme par la régénération d'être et de devenir semblable à l'image du Fils, et par la rédemption de son corps atteindre une gloire qui surpassera même sa condition originelle (2 P 1.4)[17].

Depuis toujours, la doctrine du péché, l'hamartiologie, appartient à la nomenclature de la foi chrétienne. Tout d'abord, dans le récit de la Genèse, l'homme et la femme, créés à l'image de Dieu, dans le jardin d'Éden ont choisi de désobéir au commandement de ce Dieu qui les a créés : « L'Éternel Dieu donna cet ordre à l'homme : Tu pourras manger de tous les arbres du jardin ; mais tu ne mangeras pas de l'arbre de la connaissance du bien et du mal, car le jour où tu en mangeras, tu mourras » (Gn 2.16-17). Dans le troisième chapitre de la Genèse, l'auteur nous raconte le déroulement de plusieurs entretiens qui changeront pour toujours le cours de l'histoire de l'humanité. Dans le premier entretien, le serpent, « le plus rusé de tous les animaux des champs » (Gn 3.1), par une question, introduit à la femme l'idée qu'il leur manque quelque chose, que Dieu est contre eux et que ce même Dieu qui les a créés leur empêche d'atteindre ce qu'il y a de meilleur (Gn 3.1-5). Ainsi, il séduisit Ève qui « vit que l'arbre était bon à manger et agréable à la vue, et qu'il était précieux pour ouvrir l'intelligence » (Gn 3.6). Après avoir écouté la voix du serpent et mangé le fruit de l'arbre, nous voyons le second entretien, quoique le texte ne le mentionne pas, mais dans le verset 17, Dieu dit à l'homme, « puisque tu as écouté la voix de ta femme ». Apparemment, il y eut une conversation entre la femme et l'homme avant qu'elle

---

16. *Ibid.*, p. 219.
17. Joshua R. FARRIS, « An Immaterial Substance View: Imago Dei in Creation and Redemption », *Heythrop Journal* 58, no. 1, janvier 2017, p. 108-123.

ne donne le fruit à son mari, qui était auprès d'elle et qui en mangea sans aucune objection rapportée (Gn 3.1-6 ; 2 Co 11.3). Les conséquences qui s'ensuivent sont diverses et funestes. Tout d'abord, leurs yeux s'ouvrent et ils découvrent leur nudité. Pour se revêtir, ils se fabriquent des pagnes avec des feuilles de figuiers. Ensuite, nous remarquons un troisième entretien qui commence avec Dieu qui cherche et appelle l'homme « Où es-tu ? » La question même est une évidence de rupture, de séparation, de désharmonie dans la relation dont l'homme jouissait avec Dieu préalablement, d'un changement de statut spirituel. La réponse de l'homme à son créateur révèle aussi sa culpabilité, la honte, des sentiments qu'ils n'avaient jamais connus auparavant, des émotions qui les poussent à fuir la présence de Dieu. « J'ai entendu ta voix dans le jardin, et j'ai eu peur, parce que je suis nu, et je me suis caché » (Gn 3.9-10). Sur ce, Dieu interroge l'homme sur sa situation, puis la femme, et chacun se fait passer pour victime en culpabilisant l'autre. Sur le plan social, par le péché, ce sont la désharmonie, le trouble et le blâme qui établissent donc leur empire. Quand Dieu commence à aborder la sanction de leurs actions, nous voyons que le serpent est le premier à en subir les conséquences ; sa malédiction est qu'il est voué à marcher sur son ventre et à manger de la poussière tous les jours de sa vie. Yahvé déclare également qu'il mettra « inimitié entre [le serpent] et la femme » (Gn 3.15), et entre sa semence et la semence de la femme. « [Elle] t'écrasera la tête, et tu lui blesseras le talon » (Gn 3.15). Les évidences en-textuelles[18], intratextuelles, et intertextuelles justifient l'idée du premier évangile, le *Protévangile*, annonçant la venue du Messie qui restaurera la gloire d'Éden[19]. Ensuite, la femme reçoit la peine de ses actions, un verdict de souffrance et de déséquilibre des pouvoirs dans sa relation maritale. Le verdict que Dieu prononce sur l'homme premièrement affecte le sol ou la terre, car d'elle vient la nourriture de l'homme et désormais puisque le sol est maudit, l'assujettir sera un dur labeur durant toute sa vie. Deuxièmement, il

---

18. Jack COLLINS, « A Syntactical Note (Genesis 3:15): Is the Woman's Seed Singular or Plural? », *Tyndale Bulletin* 48, 1997, p. 145. Par « évidences en-textuelles », nous voulons dire des évidences qui se situent dans le texte même. Par exemple, comme évidences en-textuelles, Collins révèle dans son analyse syntactique de Genèse 3.15 que cette « semence » est un individu, adoptant une interprétation messianique du texte ; c'est-à-dire, que dès la Genèse, nous retrouvons l'idée du Messie qui par sa mort remportera la victoire sur le diable et éliminera les effets de la chute adamique. Par « évidences intratextuelles », nous faisons référence aux autres textes du Pentateuque qui émettent la même idée. Par exemple, puisque Moïse en est l'auteur et que les cinq livres sont considérés comme un seul livre par plusieurs théologiens de l'Ancien Testament, d'autres textes bibliques qui corroborent l'idée du Messie sont : Gn 26.4 ; 28.14 ; 38.1-30 ; Nb 24.7. Les évidences intertextuelles découlent d'autres passages des autres livres de l'Ancien Testament tels que 2 S 7.12-16.

19. Michael RYDELNIK, *The Messianic Hope : Is the Hebrew Bible Really Messianic?*, Nashville, B&H Publishing Group, 2010, p. 129-141.

affecte sa vie car par sa désobéissance, la mort corporelle s'introduit parce que l'Adam connaîtra la peine et la misère du travail jusqu'à ce qu'il retourne à la terre (*adamah*), d'où il est tiré.

Quelles sont les conséquences du péché d'Adam pour l'humanité ? L'apôtre Paul nous enseigne dans son Épître aux Romains que « par un seul homme le péché est entré dans le monde, et par le péché la mort, et qu'ainsi la mort s'est étendue sur tous les hommes, parce que tous ont péché... » (Rm 5.12). Depuis le premier jusqu'au troisième chapitre de ce même livre, l'ancien opposant farouche de la foi chrétienne, annonce avec précision et clarté ce que les auteurs de l'Ancien Testament ont annoncé : « Selon qu'il est écrit : il n'y a point de juste, pas même un seul ; nul n'est intelligent, nul ne cherche Dieu ; Tous sont égarés, tous sont pervertis ; Il n'en est aucun qui fasse le bien, pas même un seul » (Rm 3.10-12). La thèse est développée et défendue : « Tous ont péché et sont privés de la gloire de Dieu » (Rm 3.23). S'adressant aux croyants de la ville d'Éphèse, Paul réitère l'idée de la condition spirituelle de l'homme avant le salut, une corruption radicale et une défaillance spirituelle totale :

> Vous étiez morts par vos offenses et par vos péchés, dans lesquels vous marchiez autrefois, selon le train de ce monde, selon le prince de la puissance de l'air, de l'esprit qui agit maintenant dans les fils de la rébellion. Nous tous aussi, nous étions de leur nombre, [...] et nous étions par nature des enfants de colère, comme les autres... (Ep 2.1-4)

Saint Augustin, en ses différents écrits, utilisera sa compréhension de ces textes bibliques pour articuler une anthropologie réfutant le pélagianisme du Ve siècle qui niait l'existence du péché originel et soutenait l'idée que l'homme peut s'améliorer et que le péché est un acte volontaire commis contre Dieu[20].

> [L'homme] contracte de naissance par voie de propagation et non d'imitation un péché proprement dit, lie à la peine qui affecte, à la suite de la prévarication de nos premiers parents, la nature transmissible de l'homme. Ce péché qui s'intitule péché originel, s'il n'est pas remis par la grâce du Christ, à lui seul suffit pour une condamnation à la mort éternelle[21].

---

20. *Ibid.*, p. 331-332.
21. Saint Augustin, cité dans Athanase SAGE, « Péché originel : Naissance d'un dogme », *RetAug* 13, 1967, p. 211-248.

Ainsi, en lisant ces deux hamartiologies, nous remarquerons une distinction ou des distinctions assez claires et nettes, comme deux pôles opposés. Là où saint Augustin accentue la nature de la grâce, et que sans Dieu, l'humanité ne peut rien faire pour avoir le salut, Pélage définit la grâce comme étant premièrement des facultés naturelles que Dieu a données à l'humanité, et deuxièmement de l'instruction que Dieu a pourvue pour l'homme, et ainsi, aucune assistance divine n'est requise pour marcher dans l'obéissance[22]. Pour saint Augustin, l'homme est justifié par la grâce et même les bonnes œuvres qu'il produit sont le fruit du travail divin. Le salut est donc une faveur imméritée, un don gratuit de Dieu. Pour Pélage, la justification de l'homme s'acquiert en vertu de ses œuvres méritoires[23]. Quoique le pélagianisme fût condamné comme hérésie par plusieurs autorités religieuses (par ex. le concile de Carthage [418], le concile d'Éphèse [431]) et par les lois des empereurs, ses répercussions seront considérables dans le monde ancien et moderne. Cependant, saint Augustin, dans son articulation et sa défense de ce dogme fondamental de la foi chrétienne, a laissé un héritage qui ne peut être sous-estimé, car n'est-ce pas là l'idée ou l'une des idées qui distingue le christianisme des autres religions, que toute l'humanité a besoin de la grâce de Dieu manifestée en Jésus-Christ qui est le Sauveur de tous les hommes ? Puisque tous les hommes sont nés pécheurs, le salut ne peut donc être qu'un don gratuit de Dieu (Ep 2.8-10 ; Tt 3.5 ; Ga 2.16). Selon Augustin, la grâce peut être catégorisée en grâce prévenante qui prépare le cœur de l'homme pour la conversion, grâce opérative avec laquelle Dieu produit la conversion dans l'homme, et grâce coopérative qui produit la sanctification de l'homme régénéré quand il collabore avec Dieu[24]. Ces élaborations serviront de toile de fond pour les théologiens du Moyen Âge et surtout pour ceux de la réforme protestante. Ainsi, au XVIe siècle, le moine allemand, Martin Luther, augustinien, articulera parmi ses 95 thèses le fameux « Sola Gratia », une phrase latine accentuant le salut par la grâce seule. Dans la même veine, Jean Calvin, Theodore de Bèze, Martin Bucer, et d'autres théologiens du calvinisme ou du protestantisme réformé émettront avec finesse l'idée de l'incapacité totale de l'homme, à cause de sa chute, à satisfaire la justice de Dieu et atteindre la sainteté par lui-même ; car l'homme est né corrompu et dépravé. Plusieurs théologiens contemporains continuent d'élaborer sur la portée de cette corruption ; certains pensent que toutes les facultés de l'homme sont affectées : son intelligence est obscurcie, sa volonté s'est corrompue

---

22. McGrath, *Christian Theology*, p. 332-333.
23. *Ibid.*, p. 333.
24. *Ibid.*, p. 335.

et se tient en opposition à Dieu, ses émotions sont souillées, etc. Lewis Sperry Chafer explique qu'« aucun autre être humain autre qu'Adam ne devient pécheur en péchant. Tous sont nés pécheurs[25] ». Il établit une différence entre le péché comme un mauvais acte et le péché en tant que nature pécheresse[26]. D'autres théologiens feront une distinction entre le péché hérité ou la nature pécheresse que nous héritions de nos parents, nos parents de leurs parents, le péché imputé (dans un cadre financier et légal), c'est-à-dire que la désobéissance d'Adam est créditée sur le compte spirituel de tout être humain, et les péchés personnels ou individuels qui ne sont que la manifestation ou les symptômes de la condition (pécheresse) spirituelle de sa nature[27]. Certes, le sacrifice de Jésus accordera une délivrance totale à l'homme qui croit : une délivrance de la pénalité du péché par la justification au moment où il met sa confiance en Christ, une délivrance de la puissance du péché par la sanctification progressive, et une délivrance de la présence du péché par la glorification[28]. Quoique l'homme demeure à l'image de Dieu, l'apôtre Jean prévoit une ressemblance des enfants de Dieu à l'image de Christ et là nous le verrons tel qu'il est. En ce jour-là, l'homme régénéré connaîtra la rédemption de son corps. Cette révélation de la gloire à venir qui ne peut être comparée aux souffrances du temps présent est l'essence même de l'espérance chrétienne.

La condition pécheresse est le dilemme de la création toute entière. Comme nous l'avons déjà remarqué précédemment, la désobéissance d'Adam a engagé toute la terre (*adamah*), d'où il est sorti. Ainsi, les conséquences du péché d'Adam sur la création sont telles que la Bible présente la création en état d'attente de « la révélation des fils de Dieu ». En effet, « la création a été soumise à la vanité, non de son gré, mais à cause de celui qui l'y a soumise, avec l'espérance qu'elle aussi sera affranchie de la servitude de la corruption, pour avoir part à la liberté de la gloire des enfants de Dieu », nous dit l'apôtre Paul (Rm 8.19-21). Dans la foi chrétienne, Dieu offre un salut complet qui affectera aussi toute sa création[29]. Contrairement au dualisme platonicien, le message chrétien présente un sauveur qui libère non seulement l'homme du péché, mais aussi la création toute entière des effets du péché.

---

25. Lewis Sperry CHAFER, *Systematic Theology*, Grand Rapids, MI, Kregel Publications, 1993, p. 217.
26. *Ibid.*, p. 217.
27. RYRIE, *Basic Theology*, p. 252.
28. MCGRATH, *Christian Theology*, p. 250.
29. SHERLOCK, *The Doctrine of Humanity*, p. 70.

C. Analyse critique
Sommaire de l'anthropologie des religions afro-caribéennes

À l'exception du rastafarisme, il est difficile d'affirmer d'une manière catégorique que notre analyse descriptive des religions afro-caribéennes présente une anthropologie élaborée et explicite. Sans ambages, l'accent a été mis sur des notions théologiques autres que la doctrine de l'humanité. Cette admission, cependant, ne veut pas dire que l'homme n'occupe pas une place significative dans ces phénomènes religieux. Comme nous aurons l'occasion de le constater dans le chapitre suivant, l'objectif premier de ces sectes est bien la délivrance de leurs adhérents des forces adverses dans le but de promouvoir leur bien-être. À ce sujet, nous pouvons dire que, dans une large mesure, ces religions sont anthropocentriques. Toutefois, leur conception de l'humanité existe de manière implicite et est perceptible dans les coulisses. Compte tenu du fait que ces religions prônent que l'homme mérite d'accéder à la jouissance du bien-être, nous avons le droit de les interroger sur la nature de ce genre humain qui est jugé digne d'un tel bonheur.

Similitudes

Une réflexion approfondie sur les croyances des religions afro-caribéennes nous permet de déceler au moins trois affirmations importantes d'ordre anthropologique. En premier lieu, il nous paraît clair que dans l'entendement de ces sectes, l'homme est doté d'une dimension spirituelle. Dans le vodou et les sectes de réveil, par exemple, l'être humain est censé consister en deux composants psychiques. Le vodou appelle ces éléments « le gros bon ange » et le petit « bon ange ». Dans les sectes de réveil comme le Pocomania, le Sion et le myalisme, on les dénomme tout simplement « esprits », et l'un de ces esprits est appelé « duppy ». Selon ces sectes, à la mort de l'individu, le petit bon ange et le duppy se séparent du corps. Cela indique clairement que l'homme est beaucoup plus que le phénomène physique.

De cette affirmation découle une autre assertion d'égale importance. Si l'homme ne se réduit pas à l'élément corporel, il s'ensuit que son existence transcende l'existence corporelle. Il a une vie au-delà du tombeau. Les religions afro-caribéennes semblent affirmer cette existence extra-corporelle et extra-terrestre par leur croyance en la réalité des « morts vivants », en un univers ancestral, et en l'existence d'une colonie de duppies. Pour les adeptes de ces sectes, ce monde extra-terrestre n'est pas fictif ; tous les habitants de cet univers ont la capacité d'interagir avec le monde des vivants pour le bien ou pour le mal.

À part ces affirmations, nous pouvons avancer, en troisième lieu, la croyance de certains de ces systèmes en la fierté humaine. À ce sujet, on se rappelle que déjà à l'époque esclavagiste, ce sentiment de fierté poussait les adeptes de ces croyances à travers les Caraïbes à fomenter des révoltes contre l'oppression brutale du système esclavagiste en vue de mettre fin à l'atteinte qu'il faisait à leur personne. Dans leur lutte acharnée contre leurs oppresseurs, les esclaves étaient convaincus que les divinités se rangeaient de leur côté. Ainsi n'hésitaient-ils pas à utiliser leurs croyances comme une arme formidable dans leur lutte pour regagner leur dignité. Mais comme nous l'avons vu au chapitre 4, ce sont les rastafariens qui élèvent ce souci pour la fierté et la dignité humaine, sommet de leur préoccupation, et le placent au centre de leur système de croyance. Ils déclarent péremptoirement et acceptent comme article fondamental de foi la divinité de l'homme noir.

Différences

À première vue, il semble que cette anthropologie est isolable de toute objection provenant de la foi chrétienne. Les affirmations précédemment mentionnées font partie intégrante de l'entendement biblique de l'homme. Dans la perspective biblique, l'être humain a une dimension spirituelle, est doté d'une valeur intrinsèque inestimable, et est destiné à une existence extra-mondaine. À ce sujet, l'anthropologie chrétienne et la conception de l'homme prônée dans certaines des sectes afro-caribéennes sont plus proches l'une de l'autre que l'entendement matérialiste qui réduit le genre humain à sa dimension corporelle, et la vision naturaliste qui le met au même rang que le règne animal[30].

Cela dit, nous devons remarquer que le rapprochement conceptuel ne doit pas être confondu avec une équation mathématique. S'il est juste de noter les traits que partagent les deux systèmes, il est aussi nécessaire de mettre en relief les gouffres qui les séparent. Nous en notons deux, en l'occurrence, certaines omissions que nous jugeons malheureuses et certaines réclamations qui nous paraissent exagérées et ambiguës.

Signalons d'abord *les omissions*. Comme nous l'avons vu dans l'analyse théologique, les Saintes Écritures offrent une vue équilibrée de l'homme. D'un côté, elles présentent l'être humain comme créature dotée d'une valeur intrinsèque

---

30. Concernant ces vues de l'homme, voir ERICKSON, *Christian Theology*, p. 429-436.

compte tenu de sa création à l'image de Dieu. D'un autre côté, l'Écriture parle de l'homme comme créature déchue et pécheresse. Et cette condition affecte la création toute entière. Comme l'a si bien remarqué l'éminent théologien britannique John Stott, « l'homme est une créature de gloire et de honte[31] ».

Ce portrait de l'homme est, dans une large mesure, absent dans les religions afro-caribéennes. Certes, elles parlent de la fierté et la dignité humaine ; et tout cela est louable. Cependant, elles ne disent rien de la base sur laquelle cette fierté et cette dignité s'étayent. Cette faille est due à l'absence dans ces systèmes de l'importante doctrine de l'*imago dei* – la création de l'homme à l'image de Dieu. La dignité humaine ne sort pas de nulle part ; elle a plutôt son fondement dans le fait que l'humanité est porteuse de l'image de son créateur. Toute anthropologie qui n'inclut pas ce trait fondamental est gravement déficiente.

Une pareille observation est aussi de mise quant à ce qui a trait à la condition humaine. Dans certaines des sectes afro-caribéennes, le concept de la chute de l'homme est catégoriquement nié. La secte Shango/*orisha*, par exemple, ne croit pas au péché. Dans d'autres, il existe mais d'une manière obscure et implicite. Le vodou et les sectes de réveil parlent de la nécessité de se protéger contre les actes méchants d'autrui. Nous déduisons de cela que ces religions croient en la capacité de l'homme de commettre le mal. Mais d'où vient cette capacité ? Quelle est la racine de ce penchant méchant ? La foi chrétienne répond avec une clarté lucide : la nature pécheresse de l'homme. Par contre, les religions afro-caribéennes gardent le silence !

Ensuite, nous notons certaines *réclamations qui nous paraissent exagérées et confuses.* Parmi les religions afro-caribéennes que nous avons étudiées, le rastafarisme se distingue par le caractère explicite de son anthropologie. Ici, nous trouvons une vision exaltée et optimiste de l'homme. L'homme noir, déclarent les rastafariens, est divin ; la couleur noire, affirment-ils, est un attribut divin. Et parce que l'homme noir est doté du caractère divin, il est immortel ; il ne peut mourir.

Voilà une conception de l'homme qui va bien au-delà de la portraiture biblique. D'abord, à l'instar des autres religions afro-caribéennes, l'entendement rastafarien boude l'idée de la condition pécheresse de l'homme. En effet, si l'homme noir est divin, il n'est pas question de le taxer de pécheur. Mais si tel est le cas, comment expliquer l'oppression et les mauvais traitements dont les rastafariens se plaignent d'être victimes ? Ne sont-ils pas fomentés par l'homme ?

---

31. John Stott a fait cette déclaration dans une allocution présentée à un rassemblement de leaders politiques de la Jamaïque à la résidence du gouverneur général du pays en 1992.

Si oui, qu'est-ce qui pousse l'homme à faire preuve de tels comportements contre son prochain ? Sans l'admission de la condition pécheresse de l'homme, l'anthropologie rastafarienne se contredit et se heurte à une réalité à laquelle nous sommes confrontés chaque jour : la méchanceté de l'homme contre l'homme.

Comme nous l'avons vu plus haut, la Bible adopte une haute conception de l'être humain. Dans la hiérarchie créationnelle, l'homme est second par rapport à Dieu seulement ; il est placé au-dessus du reste de la création (Ps 8.1). Mais contrairement à la vision rastafarienne, la Bible refuse de mettre Dieu et l'homme dans le même compartiment. C'est une exagération grave et même idolâtre de maintenir que l'homme partage le même statut ontologique que Dieu. L'un est Créateur ; l'autre est créature ; entre eux il existe un gouffre ontologique impénétrable.

Supposons que nous mettions de côté l'exagération de la doctrine rastafarienne au sujet de la divinité de l'homme, il n'en demeure pas moins qu'elle se heurte à d'autres difficultés énormes qui créent de véritables confusions théologiques. En voici une : le statut de divinité est attribué à l'homme noir. Mais qu'en est-il de l'homme blanc, jaune, et autre ? Si ces derniers ne sont pas divins, quel est leur statut ontologique ? Si leur statut ontologique est différent de celui de l'homme noir, y a-t-il donc différentes catégories d'hommes ? Si oui, quelles sont ces catégories ? Doit-on parler de l'homme divin, de l'homme semi-divin, de l'homme purement humain, se basant sur la proximité que ces catégories maintiennent par rapport à la race noire ? Un tel scénario n'ouvre-t-il pas la porte à la doctrine pernicieuse de la suprématie raciale, cette fois-ci de la suprématie noire ?

Il y a encore une autre difficulté. L'histoire révèle que l'homme noir qui est censé être divin est capable de faire du mal à son prochain, y compris son propre pareil. Les rastafariens eux-mêmes admettent cette vérité, puisque dans les sociétés où ils sont influents, la catégorie sociale qu'ils appellent « Babylone » inclut l'homme noir ! Cet homme noir qui appartient à la société opprimante cesse-t-il d'être divin ?

Toutes ces confusions disparaissent dans la conception biblique de l'homme. La vision biblique soutient l'égalité ontologique et la condition déchue de tous ceux qui portent l'épithète d'humain, sans tenir compte de leur race, couleur, statut social, sexe, pour ne citer que ceux-là.

Conclusion

En réfléchissant sur la vision afro-caribéenne de l'homme et sur l'entendement chrétien de l'humanité, nous trouvons des intersections importantes qu'on ne saurait ignorer. Les deux conceptions se rencontrent dans leur affirmation de la dimension spirituelle de l'homme. Elles s'accordent également sur l'accent qu'elles mettent sur la dignité de l'homme et sur la nécessité de défendre cette dignité contre les forces qui l'assaillent et veulent la dérober. Elles se séparent l'une de l'autre, cependant, à un point crucial. Il s'agit de leur divergence concernant la condition spirituelle de l'homme. Tandis que la foi chrétienne, de concert avec les Saintes Écritures, voit en l'homme un être déchu qui patauge dans un état de manque spirituel, les religions afro-caribéennes gardent le silence sur ce point, et dans le cas du rastafarisme, le nient carrément. En effet, si le diagnostic chrétien détecte dans l'être humain un mal destructeur interne qui a nécessairement besoin d'être éradiqué pour permettre de jouir d'une existence saine, l'examen des sectes afro-caribéennes l'ignore totalement et explique la situation humaine en termes d'attaques externes contre lesquelles il faut se protéger. Cette rupture n'est pas banale. En effet, comme nous le verrons dans le prochain chapitre, elle jouera un rôle déterminant dans le genre de prescription que les deux systèmes offrent pour la guérison du mal dont souffre l'homme.

8

Le salut

Introduction

La doctrine du salut ou de la rédemption est la sotériologie, du grec, *soterios* qui veut dire sauveur et *logos*, parole, discours. Le terme « sauveur » est souvent utilisé dans le domaine séculier. De nombreux leaders sociopolitiques sont considérés comme « sauveurs » de leur patrie à cause de leurs idéologies ou actions qui ont libéré nombre de personnes du joug des oppresseurs. Dans certains pays, des conseils ou comités de transition sont assez souvent établis pour le salut du peuple ou le sauvetage d'une entreprise, c'est-à-dire la restauration de la stabilité économique et/ou politique. Dans le domaine du sport, on dit du joueur de foot qui marque un but spectaculaire qu'il a sauvé son équipe. Et même dans le langage courant, on se dit « salut » quand on se croise ou que l'on se quitte, un vocable qui, du latin *salus*, veut dire bonheur, bien-être, prospérité, santé et qui fait référence à une ancienne pratique qui consiste à souhaiter la félicité à son interlocuteur par civilité. On dit que les philosophes pythagoriciens avaient l'habitude de se saluer en disant « Santé ! », l'un des sens du vocable[1]. Il est évident que ce thème fait son apparition dans des domaines très divers, même s'il est parfois démonétisé et usé.

Quant au discours philosophique contemporain, la notion de salut (et, corrélativement, de sauveur) se présente de façon inattendue, en particulier chez des philosophes qui n'ont aucune affinité pour le christianisme. Dans l'*Éthique* de Spinoza, nous entendons parler de la suprême béatitude de l'esprit humain, de son salut[2]. De son côté, le philosophe français du XXe siècle Michel Foucault déclare : « Je sais que le savoir a le pouvoir de nous transformer, que la vérité n'est

---
1. Denis MOREAU, *Les voies du salut : Un essai philosophique*, Paris, Bayard, 2010, p. 15.
2. SPINOZA, *L'Éthique*, Paris, Folio, 1994.

pas seulement une manière de déchiffrer le monde [...], mais que, si je connais la vérité, alors je serai transformé. Et peut-être sauvé. Ou alors je mourrai mais je crois, de toute façon, que c'est la même chose pour moi[3]. » Quant à Ludwig Wittgenstein, considéré comme l'un des plus grands philosophes du XXe siècle, il décrit la nécessité du salut en ces mots : « C'est mon âme avec ses passions pour ainsi dire avec sa chair et son sang, qui doit être sauvée, non mon esprit abstrait[4]. » De même, Luc Ferry développe la notion du salut en présentant et en défendant une philosophie qui serait une doctrine du salut comme la religion, « mais lucide, par la raison et par soi-même, plutôt que par Dieu et par la foi[5] ». Ces œuvres philosophiques modernes qui présentent la notion du salut au grand public peuvent nous laisser perplexes, car elles suscitent une série d'interrogations : Quel est ce salut ? Doit-on être sauvé ? De quoi ? À quoi ? Comment s'opère-t-il ? Comme l'indiquent les citations mentionnées précédemment, les avis des philosophes divergent, bien que d'un commun accord leurs sotériologies rejettent ce que proclame la Bible, un salut centré sur la souffrance et la mort du Christ par le moyen de la foi à la louange de la gloire de sa grâce (Ep 1 et 2). Selon eux, l'homme ou l'humanité peut obtenir le salut par soi-même, une « auto-rédemption » en faisant usage de ses propres capacités naturelles, notamment rationnelles[6]. Ce salut par soi, pour soi, et qui n'aboutit qu'à soi-même est à l'opposé du salut chrétien, qui requiert une intervention extérieure, surnaturelle et divine. Dans les paragraphes suivants, nous allons donc tourner nos regards vers la foi chrétienne pour trouver la définition précise de cette notion du salut qui pour certains théologiens constitue l'essentiel des grands thèmes de la Bible.

A. Exposition biblique et théologique

L'encre qui coule depuis la Genèse jusqu'à l'Apocalypse raconte la grande histoire de l'amour de Dieu qui se soucie de l'humanité et qui agit volontairement par sa grâce pour la sauver. La racine hébraïque du verbe « sauver » est « *yasha'* » ; ce verbe et ses dérivés sont mentionnés plus de 350 fois dans l'Ancien Testament[7]. Ce terme signifie « être large » ou « spacieux » ou « rendre suffisant » ou « vivre la vie abondante » et dénote une libération de l'oppression ou d'une étroitesse physique, spirituelle, émotionnelle, sociale, nationale et autres. Être sauvé

---

3. Michel FOUCAULT, *Dits et écrits*, IV, Paris, Gallimard, 1994, p. 535.
4. MOREAU, *Les voies du salut*, p. 20.
5. *Ibid.*
6. *Ibid.*, p. 120.
7. Bruce DEMAREST, *The Cross and Salvation*, Wheaton, Crossway Books, 1997, p. 25.

« suggère qu'on est libre de toutes les forces qui empêchent ou restreignent le développement personnel holistique[8] ». Au nifal, *yasha'* est traduit par « être sauvé », « être délivré », tandis que le causatif actif (hifil) du verbe veut dire « défendre, délivrer, sauver, secourir[9] ». Dans les premiers chapitres des évangiles du Nouveau Testament, la notion du salut réapparaît avec le verbe grec *sōzō* qui, dans la version Septante, traduit le mot hébreu *yasha'*. Dans la Septante et dans l'Ancien Testament, le verbe *sōzō* en grec signifie la délivrance, la guérison, l'affranchissement, le sauvetage ou la rédemption. Parfois *sōzō* traduit *shalom* en hébreu qui désigne la paix, le bien-être, l'harmonie, la complétion, la sécurité, la santé, la prospérité ou le salut. Généralement entendu dans les écrits du Nouveau Testament, comme nous l'avons déjà vu, ce salut peut être de l'individu ou d'un groupe de personnes qui, faisant face à une oppression humaine comme l'esclavage, un danger quelconque, une maladie, ou la mort, en sort sain et sauf (Ac 27.20, 30, 34 ; Hé 5.7 ; Mt 9.22). Cependant, à l'instar des cas où l'écrivain de l'Ancien Testament utilise *yasha'* pour désigner le salut comme une purification des souillures du péché, *sōzō* dans plusieurs textes bibliques parle de la délivrance du péché. Par exemple, dans l'Évangile selon Matthieu, l'auteur nous raconte l'histoire de la naissance du Christ Roi qui portera le nom de Jésus (Yahvé sauve) « car c'est lui qui sauvera (*sōzō*) son peuple de ses péchés » (Mt 1.21). Le Dieu de la foi chrétienne est Sauveur, le seul dans son univers qui détient la toute-puissance pour délivrer l'homme de la pénalité, de la puissance et de la présence du péché (Ps 68.20 ; Es 12.2 ; 25.9 ; 41.11 ; 43.3, 11 ; 49.26 ; 2 S 22.2-3 ; So 3.17).

En premier lieu, il importe de noter que ce salut est promis dès la chute. Le tableau peint dans les deux premiers chapitres de la Genèse nous décrit une création parfaite, que Dieu appela bonne, à l'exception de l'absence d'un être semblable à l'homme (Gn 1.10, 12, 18, 21). Pour subvenir à ce besoin, Dieu forma une femme d'une côte d'Adam, les bénit, et leur confia la vocation de dominer sur toutes les créatures de la terre et de la mer. Le tableau que nous offre le quatrième chapitre est totalement différent : La première famille s'entredéchire par la jalousie, la haine, et le meurtre entre frères. L'auteur nous rapporte l'intervention judiciaire de Dieu et met l'accent sur l'exercice de sa justice. Cependant, il ne dit rien de la façon dont Adam et Ève ont réagi au meurtre de leur second fils et à la malédiction de leur premier-né condamné à errer comme un vagabond sur la terre. Les récits qui suivent rapportent une déchéance ou dégradation morale, sociale et physique incluant la mort. Le pourquoi de ce déclin s'explique dans le

---

8. *Ibid.*
9. *Ibid.*

troisième chapitre du livre où nous trouvons la désobéissance de l'homme à ce que Dieu a commandé, de ne pas manger du fruit de l'arbre de la connaissance du bien et du mal (Gn 2 et 3). Cette désobéissance introduit dans la race humaine la mort spirituelle, un état d'aliénation et de séparation d'avec Dieu son créateur, une désharmonie interpersonnelle et intrapersonnelle caractérisée par le blâme et la peur, leur expulsion du jardin d'Éden loin de l'arbre de vie, et par conséquent la mort physique. Les conséquences cosmiques sont aussi à considérer, ainsi que l'augmentation des douleurs de l'enfantement chez la femme (Rm 5.12 ; Ep 2.1-5 ; 1 Co 5.21). Le verdict prononcé sur l'animal séducteur est le suivant : « Tu seras maudit entre tout le bétail et entre tous les animaux des champs, tu marcheras sur ton ventre, et tu mangeras de la poussière tous les jours de ta vie » (Gn 3.14). De plus, Dieu lui fait une promesse : « Je mettrai inimitié entre toi et la femme, entre ta postérité et sa postérité : celle-ci t'écrasera la tête, et tu lui blesseras le talon » (Gn 3.15). Selon certains théologiens comme Tertullien, ces paroles un peu énigmatiques de Genèse 3.15 semblent indiquer une lutte morale entre l'homme et Satan, entre le bien et le mal. Cependant, comme nous l'avons mentionné, ce texte biblique est souvent appelé par plusieurs le Protévangile, une préfiguration de Jésus-Christ qui sera blessé par les instruments de Satan mais qui le domptera par sa mort et sa résurrection[10]. Cette promesse verra sa concrétisation dans la venue du Christ qui remportera la victoire sur Satan et sur ses œuvres pour donner le salut à tous ceux qui croient en lui.

L'attestation scripturaire présente le salut comme rédemption, libération, justification, réconciliation, y compris « les notions de sacrifice, d'expiation souffrante et de propitiation, de satisfaction et de substitution, appliquées à l'œuvre du Christ...[11] ». La thématisation de la rédemption, l'acte par lequel Dieu paie le prix pour rendre le salut possible à l'homme, vient des mots hébreux *ga'al*, *padah* et *kaphar*. Le verbe *ga'al*, qui signifie « racheter », à la forme participiale *go'el*, désigne un rédempteur ou un parent-rédempteur, comme dans le cas de Ruth la moabite, la veuve de Mahlon, qui fut rachetée par son rédempteur (*go'el*), Boaz de Bethléhem (Rt 3 et 4). *Padah* diffère de *ga'al* par le fait que cette rédemption (*padah*) peut être exercée par n'importe qui. De plus, il contient aussi un élément de la grâce parce que celui qui est racheté reçoit de celui qui rançonne ou rachète, en général Dieu, une faveur spéciale. Ainsi, des individus furent rachetés de la mort comme David, Abraham, et parfois tout un peuple

---

10. Demarest, *The Cross and Salvation*, p. 25.
11. Gilles Langevin, « Jésus-Christ, l'unique médiateur : Essai sur la rédemption et le salut. Volume 1, Problématique et relecture doctrinale », *Science et Esprit* 41, no. 2, mai 1989, p. 243-245.

est délivré de ses détresses ou de ses iniquités par une intervention divine miraculeuse. *Padah* peut aussi refléter l'idée de substitution dans certains cas comme le sacrifice des agneaux pour racheter (*padah*) les premiers nés d'Israël avant leur exode d'Égypte (Ex 13.2-3). L'autre mot hébreu *kaphar* désigne un prix payé pour obtenir la rédemption de quelqu'un ou de quelque chose. En dépit des contextes, l'idée d'une délivrance au moyen d'un prix ou d'une rançon se retrouve toujours dans le dogme de la rédemption (Ex 21.30-32 ; Nb 35.31-32). Ainsi, le paiement d'une rançon dans le but d'obtenir une libération représente la pensée fondamentale du dogme de la rédemption dans l'Ancien Testament.

L'événement qui précède l'exode d'Israël de l'Égypte a des caractéristiques qui illustrent la doctrine de la rédemption et du salut de la foi chrétienne. L'arrière-plan historique du récit remonte à plus de 400 années pendant lesquelles les descendants de Jacob souffraient amèrement sous le joug de la servitude en Égypte[12]. Le Pharaon du pays établit une structure sociale de plus en plus rigide pour arrêter leur accroissement. « Alors les Égyptiens asservirent les fils d'Israël avec brutalité et leur rendirent la vie amère par une dure servitude : mortier, briques, toutes les servitudes des champs, bref toutes les servitudes auxquelles ils les asservirent avec brutalité[13]. » En dépit de leur nombre et de leur résilience, les fils d'Israël s'avèrent impuissants devant cette grande puissance militaire. Les cruautés imposées par leurs maîtres les poussent à gémir, à pousser des cris qui montèrent jusqu'à Dieu et il se souvint de son alliance avec les patriarches. Il s'ensuivit que Dieu, ému de compassion, descendit pour exercer ses jugements contre les dieux d'Égypte et donner la liberté à son peuple. Quel vif portrait de l'incarnation christique pour délivrer l'humanité de l'esclavage du péché ! Les plaies de jugement sont punitives et révélatrices. Chaque fléau que Dieu inflige à l'Égypte répond à la question de Pharaon : « Qui est l'Éternel pour que j'obéisse à sa voix en laissant aller Israël ? » (Ex 5.2). Avant le dixième et dernier des fléaux, la mort des premiers nés, Dieu institue la Pâque, qui de l'hébreu *pêsha* signifie passer outre. En immolant un petit agneau, âgé d'un an, sans défaut et en mettant son sang sur les deux poteaux et sur le linteau de la porte des maisons, l'ange de la mort passera outre et les premiers-nés d'Israël seront rachetés. L'immolation de l'agneau pascal et l'application de son sang pour échapper au jugement de Dieu

---

12. Certains pensent que le terme « hébreu » est ethnique. D'autres pensent que c'est un terme social, référant à des étrangers, serfs, mercenaires, ou esclaves. Cependant, il est remarquable qu'il soit utilisé quand un Égyptien parle des Israélites ou quand un Israélite s'adresse aux Égyptiens. Voir Walter Vogels, « D'Égypte à Canaan : un rite de passage », *Science et Esprit* 52, no. 1, 2000, p. 21-35. ATLA Religion Database with ATLASerials, EBSCOhost (consulté le 13 janvier 2018).

13. *Ibid.*, p. 27.

illustre ce que le sang du Christ accomplira pour tous ceux qui l'appliquent par la foi. C'est pourquoi Jean-Baptiste, voyant Jésus venir à lui au-delà du Jourdain, s'exclama : « Voici l'Agneau de Dieu, qui ôte le péché du monde » (Jn 1.29). L'apôtre Paul dans son Épître aux Corinthiens affirme que Christ est l'Agneau pascal. À l'instar des premiers-nés parmi les Israélites qui furent rachetés et délivrés du jugement et de la mort physique par le sang de l'agneau, les écrits de l'Évangile selon Jean nous rapportent ces mots de Jésus : « Celui qui écoute ma parole, et qui croit à celui qui m'a envoyé, a la vie éternelle et ne vient point en jugement, mais il est passé de la mort à la vie » (Jn 5.24). Ce caractère substitutif et libérateur de cet agneau pascal qui a subi la mort pour donner la vie constitue l'un des traits distinctifs de la foi chrétienne.

Dans la foi chrétienne, la croix du Christ est donc le fondement du salut ; car au moyen de son sacrifice expiatoire, la rédemption est accomplie une fois pour toutes. L'étymologie et l'usage du terme expier dans le texte hébreu nous donne l'idée de couvrir, d'effacer, d'enlever, de laver, de purifier[14]. Alan Gomes explique que l'expiation enlève l'offense du péché[15]. Dans l'Ancienne Alliance, le prêtre devait suivre une formule liturgique par le rite du sang pour la rémission ou le pardon des péchés car le sang représente et véhicule la vie (Dt 12.23 ; Lv 17.14). Comme l'explique l'auteur du Lévitique :

> Le sacrificateur prendra avec son doigt du sang de la victime, il en mettra sur les cornes de l'autel des holocaustes, et il répandra tout le sang au pied de l'autel. Le sacrificateur ôtera toute la graisse, comme on ôte la graisse de l'agneau dans le sacrifice d'actions de grâces, et il la brûlera sur l'autel, comme un sacrifice consumé par le feu devant l'Éternel. C'est ainsi que le sacrificateur fera pour cet homme l'expiation du péché qu'il a commis, et il lui sera pardonné. (Lv 4.34-35)

Il est important de noter que même si le sang de la victime animale sert d'amende d'expiation pour le pardon, la source de cette rémission même est l'amour miséricordieux de Yahvé (Es 43.25). Les textes du Nouveau Testament continuent avec la notion d'expiation mais cette fois-ci présentent le Christ comme Celui qui accomplit tous les rôles dans l'expiation du péché. Dans l'Ancien

---

14. François BOURASSA, « À propos de la rédemption », *Science et Esprit* 37, no. 2, mai 1985, p. 189-229.
15. Alan W. GOMES, « Glossary 1 Technical Terminology », dans William G. T. SHEDD et Alan W. GOMES, sous dir., *Dogmatic Theology*, 3ᵉ édition, Phillipsburg, NJ, P & R Pub., 2003, p. 955. Voir aussi la discussion de Culver dans Robert Duncan CULVER, *Systematic Theology: Biblical and Historical*, Fearn, Mentor/Christian Focus, 2005, p. 55.

Testament, nous rencontrons aussi un vocable similaire : la propitiation. C'est l'acte par lequel Dieu peut être propice ou favorable à l'égard de quiconque vient à lui. Le couvercle d'or de l'arche de l'alliance, le propitiatoire, dans le lieu très saint du tabernacle était le siège de miséricorde pour Israël. En ce lieu, de dessus le propitiatoire (le *kapporeth* en hébreu), le Dieu saint avait rendez-vous avec Moïse (Ex 25.22) ; et sur le propitiatoire, au grand jour des propitiations, le dixième jour du septième mois, le souverain sacrificateur faisait l'aspersion du sang du sacrifice pour ses péchés, les péchés de sa maison, du sanctuaire et de son peuple. L'acte propitiatoire détourne donc la colère de Dieu et satisfait sa justice (Lv 16.34). Comme l'auteur de l'Épître aux Hébreux le déclarera : « Sans effusion de sang, il n'y a point de pardon » (Hé 9.22). Dans le Nouveau Testament, nous voyons que Dieu a présenté le Christ Jésus comme victime propitiatoire, le *hilasterion* en grec, pour la rémission des péchés (Rm 3.25 ; Hé 9.22)[16]. Le parallèle entre les sacrifices des animaux offerts par les sacrificateurs lévitiques et le sacrifice christique offert par le Fils de Dieu lui-même est bien articulé dans l'Épître aux Hébreux. L'auteur nous dit que, par nature, les sacrifices d'animaux offerts n'étaient qu'une solution temporaire et provisoire, car par eux Dieu couvrait (*kaphar* en hébreu) ou expiait les péchés, mettant en évidence la nécessité d'un bon nombre de successeurs issus de la lignée lévitique pour maintenir ce sacerdoce, car la mort empêchait la continuité de leurs œuvres. Mais le sacrifice du Christ a achevé et obtenu une rédemption éternelle à cause de l'identité du souverain sacrificateur (sa déité et sa parfaite humanité), son impeccabilité, et son ineffabilité comme sacrifice et sacrificateur. Ainsi, Dieu manifeste son amour envers l'homme en envoyant « son Fils comme victime expiatoire [du grec *hilasmon*] pour nos péchés » (1 Jn 4.10). Le sang des boucs et des taureaux préfigurait donc l'ultime sacrifice de Jésus, l'agneau de Dieu sans tâche et sans défaut, immolé à Golgotha. Ainsi : « En lui nous avons la rédemption par son sang, la rémission des péchés » (Ep 1.7).

Selon les recherches de nombreux théologiens, l'expiation et la propitiation se distinguent en ce que le premier met l'accent sur l'homme et le dernier sur Dieu. Cependant, James E. Allan argue un chevauchement des deux termes en ce sens que pour apaiser la colère de Dieu, il faut enlever la cause. De plus, les différents vocables utilisés dans la Bible pour l'expiation et la propitiation dans les contextes divers les relient à ces trois idées : la première est le pardon parce que Dieu a enlevé sa colère par le substitut qui paie la pénalité, la deuxième est l'enlèvement de la culpabilité et de l'opprobre pour l'infraction par la purification de leur conscience des œuvres mortes pour servir le Dieu vivant, et la troisième

---

16. MCGRATH, *Christian Theology*, p. 252.

est sa sainteté et sa justice[17]. Ces trois idées ne sont pas nécessairement présentes dans chaque vocable, mais l'une d'entre elles s'y trouve toujours quand il s'agit de l'expiation et de la propitiation. Le fruit de l'expiation et de la propitiation est la réconciliation. Même si le terme n'est pas présent dans l'hébreu, l'idée est implicitement révélée dans plusieurs récits bibliques (Gn 3 ; Ex 32-34 ; 2 S 14.14)[18]. L'image présentée est celle d'une famille dont les membres précédemment séparés ou désunis se sont réconciliés ou se retrouvent dans l'harmonie et la paix (Es 59.2)[19]. L'apôtre Paul utilise le mot grec *katallage* qui est mentionné quatre fois dans le Nouveau Testament et qui veut dire « changer complètement », pour démontrer l'importance de l'Évangile, « car Dieu était en Christ réconciliant le monde avec lui-même » (2 Co 5.18-19, cf. Rm 5.11 ; 11.15). Dans la foi chrétienne, Dieu initie la réconciliation parce que le sacrifice propitiatoire du Christ enlève l'hostilité qui existait entre Dieu et l'homme et ouvre la porte pour que l'homme puisse par la foi avoir une relation d'amitié, de communion et de paix avec Dieu[20]. L'homme peut s'approprier ce salut par le moyen de la foi en Jésus-Christ. En somme, Dieu, en offrant son Fils unique comme rançon pour les péchés de l'homme, démontre sa justice, sa sainteté, sa miséricorde, sa grâce et son amour.

À part l'expiation et la propitiation, il est impératif de porter une attention particulière à la notion du rachat (rédemption) dans le Nouveau Testament qui conduit à la liberté (*eleutheria*) de chaque croyant. Les mots grecs (*agorazō, exagorazō, peripouioumai, lutroō, apolutrōsis*) sont utilisés. L'utilisation sotériologique du mot grec *agorazō* qui tire son origine du mot *agora* (marché public) révèle ce fond assez sombre qui fait référence à la triste condition de tout être humain et l'amour de Dieu qui initie un plan pour payer le prix d'achat en vue de le libérer (Ac 20.28) ; Dieu donne son propre Fils en sacrifice, le Christ (2 P 2.1 ; Ap 5.9-10 ; 1 Co 6.19-20 ; 7.22-23). Le vocable indique donc que tous les êtres humains sont prisonniers ou esclaves, vendus au péché, condamnés à une vie de séparation d'avec Dieu, nécessitant un libérateur tout puissant. Quant à *exagorazo* (du grec *ek* signifiant « hors de » et *agorazo* qui veut dire « obtenir quelque chose après avoir payé le prix approprié »), il dénote l'acte d'emmener

---

17. James E. ALLMAN, « ἱλάσκεσθαι: To Propitiate Or to Expiate? » *Bibliotheca Sacra* 172, no. 687, juillet 2015, p. 335-355. ATLA Religion Database with ATLASerials, EBSCOhost (consulté le 29 janvier 2018).
18. Klyne SNODGRASS, « Reconciliation : God being God with special reference to 2 Corinthians 5:11-6:4 », *The Covenant Quarterly* 60, no. 2, mai 2002, p. 3-23. ATLA Religion Database with ATLASerials, EBSCOhost (consulté le 29 janvier 2018).
19. DEMAREST, *The Cross and Salvation*, p. 180.
20. *Ibid.*

l'objet acheté hors du marché en vue de le soustraire à toute autre transaction nouvelle, mettant l'accent sur le caractère définitif de la rédemption (Ga 3.13 ; 4.4-5)[21]. *Lutroō* présente une autre nuance de la doctrine de la rédemption, car c'est l'action de détacher ou de rendre libre l'esclave, soulignant l'état de liberté dont jouissent les rachetés pour vivre en esclaves de Dieu. En dernier lieu, nous retrouvons le mot grec *peripoioumai* dans les Actes des Apôtres qui, au sens théologique, signifie acquérir, posséder, avoir possession de, rappelant l'idée que Dieu s'est acquis pour lui-même son Église, à savoir les chrétiens, par son sang. Cependant, il est intéressant de constater que des textes bibliques précisent aussi la rédemption du corps mortel du croyant, l'espérance eschatologique de la résurrection. Même la création participera à la rédemption car « elle aussi sera un jour affranchie de la servitude de la corruption, pour avoir part à la liberté de la gloire des enfants de Dieu » (Rm 8.21). L'œuvre de la croix de Christ, le Rédempteur, a en effet lancé le compte à rebours pour une restauration d'Éden. L'exclamation du prêtre Zacharie capture l'essence de la dynamique et de la magnificence de la rédemption ou du salut que nous procure la croix du Christ : « Béni soit le Seigneur, le Dieu d'Israël, de ce qu'il a visité et racheté (*lutrosis*) son peuple, et nous a suscité un puissant Sauveur (*soteria*) dans la maison de David, son serviteur ! » (Lc 1.68-69).

B. Analyse évaluative

De l'analyse théologique que nous venons de mener, deux choses découlent de l'entendement biblique du salut. Tout d'abord, les données bibliques nous portent à conclure que le principe de la délivrance est au cœur de la notion biblique du salut. Le salut, c'est la rédemption ou le rachat ; il implique la libération d'une situation difficile ou d'une condition humaine néfaste. C'est le passage d'une situation malheureuse à une situation heureuse et de bonheur. Ensuite, cette délivrance provient d'une tierce personne, et non du bénéficiaire de l'acte rédempteur. En d'autres termes, dans la perspective de la foi chrétienne, *nul* ne peut se sauver.

Similitudes

Ainsi définie, il semble que la notion de salut n'est pas totalement absente dans les religions afro-caribéennes que nous avons étudiées. L'analyse descriptive

---

21. RYRIE, *Basic Theology*, p. 335.

que nous avons faite dans les chapitres 2 à 5 révèle que le souci de la délivrance apparaît sous plusieurs formes dans ces systèmes de croyance. Nous le rencontrons d'abord dans le concept de *protection* qui est un trait caractéristique de la majorité des systèmes religieux afro-caribéens. Le vodou et l'obeah soulignent à encre rouge le besoin du dévot de se protéger contre la malveillance d'autrui au moyen de mesures défensives et offensives. À cette fin, l'une et l'autre de ces religions trouvent en la magie un moyen efficace. Pour sa part, la santeria met l'accent sur la nécessité du croyant de se protéger contre l'énergie négative qui se dégage dans l'univers et qui peut entraver l'effort du dévot dans la poursuite de son dessein. De son côté, le Shango enseigne que l'un des objectifs premiers de la crise de possession est la communication des révélations et des oracles d'aide et de protection de la part des puissances spirituelles. Les sectes de réveil abondent dans un sens similaire ; elles soulignent un trait qui est aussi présent dans le vodou, en l'occurrence, le besoin de se protéger des défunts ou des esprits des morts. Si au moment de leur décès, les morts ne sont pas renvoyés convenablement au moyen des rites funéraires appropriés, ils peuvent revenir dans le monde pour nuire aux vivants et semer la terreur.

Le concept du salut comme *libération* que nous trouvons dans les croyances de certaines des religions afro-caribéennes est intimement lié à cette notion de protection. Rappelons que durant la période esclavagiste, les adeptes du vodou et du myalisme voyaient en ces systèmes de foi des outils de combat dans la lutte contre la brutalité de ce système inhumain ; et ils les utilisaient à cette fin. Mais c'est chez les rastafariens que le salut comme libération sociopolitique prend une dimension proéminente. Pour eux, l'objectif premier de la foi rastafarienne est la libération des Afro-caribéens d'une condition jugée opprimante et sans issue dans un monde hostile et oppressif. Le salut rastafarien a un double aspect. Le premier consiste en la fuite d'une « Babylone » oppressive et le second concerne le rapatriement dans la « Terre Promise » pour jouir du bonheur d'une Afrique restaurée.

Ce deuxième aspect de la conception rastafarienne du salut conduit à la troisième idée du salut dans les systèmes religieux afro-caribéens : *le bien-être*. Si les adhérents des religions afro-caribéennes cherchent à se protéger des forces négatives, c'est bien pour pouvoir mener une vie heureuse. Pour la majorité de ces religions, cette vie de bonheur consiste en la jouissance d'une bonne santé, et cela est rendu possible par la quête de guérison et la prévention des maladies par les mains de ceux qui s'y connaissent en la matière. Le bien-être humain consiste aussi en la jouissance de la bonne fortune et l'assurance du succès dans tout ce qu'entreprend le dévot. Le bien-être ici est équivalent à la bonne chance.

Nous devons noter que pour ces religions, la source de cette délivrance est en dehors du monde temporel et de ceux qui en bénéficient. Certes, les dévots doivent s'acquitter de certaines obligations rituelles en vue de faciliter le processus rédempteur. Toutefois, les rites et sacrifices ne fonctionnent pas d'une manière *ex opere operato*. Ces actes cultuels sont faits à l'intention des divinités subalternes qui accomplissent la délivrance. Un tel entendement va à l'encontre de la conception hérétique pélagienne et séculière qui fait de l'homme l'auteur de son propre salut ; il est plus proche de la perspective orthodoxe qui situe le salut carrément dans un agent extra-humain et extra-mondain.

Divergences

La sotériologie des religions afro-caribéennes est-elle donc identique à celle de la foi chrétienne ? Nullement ! Nonobstant les points de convergence précédemment mentionnés, il existe des différences palpables et notoires entre les deux conceptions sotériologiques. Sans prétendre offrir une analyse exhaustive, nous notons trois difficultés qui rendent très inadéquate la conception du salut que prônent les religions afro-caribéennes.

En passant en revue la notion de rédemption en vogue dans les religions afro-caribéennes, on se rend vite compte que *leur conception du salut est partielle et réductrice*. Pour elles, le salut consiste presque entièrement en la délivrance des situations néfastes, des revers et des vicissitudes de la vie (vodou, Shango, Orisha), ou en la libération sociopolitique (rastafarisme). Certes, l'étudiant sérieux de la Bible ne saurait nier que la notion biblique de la rédemption embrasse ces éléments. La délivrance d'Israël de l'esclavage égyptien (Ex 6-15), la déclaration de Jésus concernant sa mission messianique (Lc 4.18 ; Mt 11.1-5), la déclaration de Paul et de Jean concernant l'aspect corporel et psychosocial du salut eschatologique parlent clairement de la nature intégrale du salut chrétien. Mais dire que la rédemption biblique englobe ces éléments ne consiste pas à affirmer qu'elle peut être réduite aux dimensions physiques et matérielles de la vie. Dans la perspective biblique, la rédemption est d'abord une notion spirituelle. Elle entend d'abord nous libérer d'une condition interne : la nature pécheresse que nous avons héritée de nos premiers parents. Dans la vision biblique, le salut parle en premier lieu du rachat de cette condition pécheresse au moyen duquel le pécheur repentant devient une nouvelle créature. Cette notion essentielle est absente dans les religions afro-caribéennes.

Nous avons noté plus tôt que pour les adeptes des religions afro-caribéennes, le salut est de provenance externe. Nous avons aussi remarqué que ce concept d'externalité trouve une résonance dans la sotériologie biblique. Cela dit, nous observons une différence palpable entre les deux systèmes. Celle-ci se rapporte aux agents pourvoyeurs du salut. Dans la perspective biblique, ces agents sont des *sauveurs non qualifiés*. Comme nous l'avons souligné dans l'analyse descriptive, les agents de délivrance dans les religions afro-caribéennes sont les divinités subalternes, en l'occurrence, les *loas*, les *orishas*, les puissances spirituelles et les esprits danseurs. En général, l'Être suprême, étant éloigné du monde temporel, ne se soucie pas de telles choses. Dans le rastafarisme, cette tâche est dévolue à Ras Tafari, le messie africain. Sur ce point, les deux systèmes se heurtent forcément, frontalement et brutalement. Dans la perspective biblique, le salut n'a qu'une source et un seul pourvoyeur : le Dieu Trinitaire. Le Père planifie le plan rédempteur, le Fils l'exécute et le Saint-Esprit l'applique. En fait d'accomplissement, les Écritures déclarent d'une manière catégorique que cette tâche est l'apanage exclusif d'une seule personne : le Seigneur Jésus-Christ. C'est lui qui est « le chemin, la vérité, et la vie » (Jn 14.6). En dehors de lui, le salut n'existe nulle part, ni dans le ciel, ni sur terre, ni dans les lieux inférieurs à la terre (Ac 4.12). Si l'affirmation scripturaire est vraie, il s'ensuit qu'à l'exception de Jésus-Christ, aucun être ne peut, à juste titre, jouer le rôle de sauveur.

Outre les différences mentionnées, nous notons aussi que *les moyens de salut prônés dans les religions afro-caribéennes sont erronés*. Pour être efficace, tout plan de rédemption doit inclure la commission d'un acte jugé essentiel pour l'achèvement de la délivrance escomptée. Cet acte est le moyen par lequel le rachat ou la délivrance est accompli et prend effet. Si nous prenons comme exemple la situation néfaste de la prise d'otage, l'on comprend vite ce que nous essayons de communiquer. Dans un tel cas, la délivrance des captifs de la main des ravisseurs requiert nécessairement le paiement d'une somme exorbitante – la rançon – ou un assaut militaire. Dans l'un ou l'autre cas, pour aboutir à la délivrance des otages, l'acte doit être convenablement exécuté. Un faux pas dans son exécution peut signifier l'avortement et l'échec fatal de tout le plan.

Lorsque nous considérons la doctrine du salut telle qu'elle est conçue dans les religions afro-caribéennes, nous nous rendons compte qu'elle renferme un acte rédempteur. Dans le vodou, cet acte prend la forme des cérémonies organisées à l'intention des *loas*, connues sous le nom de « sèvis-*loas* » ou de « *manje loas* ». Il consiste aussi en des pèlerinages effectués dans les lieux sacrés à l'intention de ces dieux subalternes. Dans le Shango, aussi bien que dans le vodou, il consiste en sacrifices d'animaux. Dans la santeria, c'est la cérémonie de divination durant laquelle le dévot reçoit les symboles protecteurs (colliers et images taillées). Pour le rastafarisme, l'acte rédempteur prend la forme de rapatriement en Afrique pour participer au bonheur de l'Afrique renouvelée et restaurée.

Vus à travers le prisme biblique, ces actes rédempteurs sont tous fautifs et erronés ; et de ce fait, ils sont incapables de produire la délivrance que désirent si ardemment les Afro-caribéens. Selon le témoignage scripturaire, le seul acte qui soit capable de procurer la délivrance de l'être humain de sa condition déchue est le sacrifice que Jésus-Christ a accompli à la croix. Jésus-Christ est l'Agneau divin qui par l'effusion de son sang porte le péché du monde (Jn 1.29 ; Hé 10.22). Il est la victime expiatoire dont la mort a satisfait la justice de Dieu et la rend favorable au pécheur (Rm 3.25ss). Il est l'Agneau-Lion qui par sa mort a vaincu les forces esclavagistes qui oppriment le pécheur et le délivre de leur emprise. (Col 2.15-17 ; Gn 3.15 ; Ap 5.1-5). Cet acte salutaire est irremplaçable ; il a été accompli une fois pour toutes (Hé 10.10). Pour autant que les religions afro-caribéennes ne l'incluent pas dans leur doctrine du salut, elles ne peuvent pas procurer la délivrance que recherche l'homme afro-caribéen.

Conclusion

Que le salut soit jugé nécessaire au bien-être du genre humain est une affirmation qui est commune aux religions afro-caribéennes et à la foi chrétienne. Les deux systèmes s'accordent sur la nécessité d'un *surplus* à l'existence brute si l'être humain doit réaliser son potentiel et jouir du bonheur maximal. Mais cet accord devient vite une bifurcation énorme et insurmontable lorsqu'on tourne les regards vers l'entendement qu'ont les deux systèmes de la nature du salut et du moyen d'y accéder. Ici, les différents points de rupture paraissent irréconciliables. Là où le salut afro-caribéen vise presque exclusivement le domaine matériel, la rédemption chrétienne, quand elle demeure fidèle à la révélation biblique, cible la totalité de l'être humain : son corps, son âme et son esprit. Là où les religions afro-caribéennes remettent le salut entre les mains de multiples agents-sauveurs, la foi chrétienne le confie à une seule personne capable de le pourvoir et de l'assurer, en l'occurrence Jésus-Christ, l'homme-Dieu. Là où les phénomènes religieux afro-caribéens traditionnels requièrent des dévots des sacrifices continuels pour maintenir le salut, la foi chrétienne désigne un seul sacrifice effectué une fois pour toutes, non par les bénéficiaires, mais par une tierce partie en leur faveur.

9

Le Saint-Esprit

Introduction

Dans le monde d'aujourd'hui, nous constatons un intérêt renouvelé pour la spiritualité. Bien que ce concept de spiritualité ait des significations, interprétations et conceptualisations différentes dans le dialogue des cultures, des civilisations, des religions et des philosophies, la notion embrasse l'idée que l'être humain est essentiellement un être spirituel. Souvent, le but de la quête dans ces pratiques est donc de parvenir à la connaissance de la conscience divine, de notre esprit. En français, le mot « esprit » est dérivé du latin *spiritus*, désignant de façon générale « la dimension immatérielle de l'être humain, l'âme ou encore la pensée, l'intelligence, le moi profond. Il peut également désigner des êtres purement imaginaires comme les génies, les gnomes, les sylphes, etc… Enfin, il peut définir une mentalité…[1] ».

Après une période de déclin de la religion instituée, de nouvelles formes de religiosité sont apparues qui embrassent l'idée que l'individu, croyant ou non, religieux ou non, peut accéder à des expériences spirituelles qui lui permettent de se rattacher à Dieu, à lui-même, à la nature, aux morts, à un proche, ou à une cause[2]. Dans le secteur religieux, depuis la fin du XXe siècle jusqu'à ce jour, des mouvements de réveil ou du surnaturel se réclamant de l'Esprit de Dieu font irruption dans les églises chrétiennes et dans les assemblées non chrétiennes. Par exemple, le soufisme, l'hindouisme et le bouddhisme, ainsi que d'autres religions non chrétiennes portent un intérêt soutenu à la dimension spirituelle. « Cette redécouverte de la dimension spirituelle » nécessite un regard dans les Écritures

---

1. Jean-Paul GABUS, *Dans le vent de l'Esprit*, Paris, Les Bergers et les mages, 1992, p. 8.
2. Sandra CAMUS et Max POULAIN, « La spiritualité : émergence d'une tendance dans la consommation », *Management & Avenir* 19, no. 5, 2008, p. 72-90.

pour décrire qui est le Saint-Esprit de la foi chrétienne et quelles sont les œuvres qui le caractérisent[3].

A. Exposition biblique et théologique

Doctrine essentielle de la foi chrétienne

Dans le langage théologique, la doctrine du Saint-Esprit s'appelle pneumatologie. Venant directement du grec *pneuma* et *pneumatos*, signifiant esprit, vent, et *logos*, qui veut dire mot, parole, la pneumatologie est donc un discours sur le Saint-Esprit. Les mots *roua'h* en hébreu (mentionné 378 fois dans l'Ancien Testament) et *pneuma* en grec (mentionné 379 fois dans le Nouveau Testament) servent à désigner l'Esprit de Dieu et l'esprit humain, selon le contexte. Littéralement, ils veulent dire « souffle, respiration, principe de vie, de mouvement, d'animation, ou encore tout simplement le vent, un souffle d'air[4] ». La pneumatologie orthodoxe se préoccupe de la personne du Saint-Esprit. Cette doctrine est d'une importance capitale, car, dit-on, par le Saint-Esprit, Dieu devient personnel au croyant. Puisqu'il est très actif dans la conversion et dans la vie du croyant, il n'est pas comme le Père qui est transcendant ou comme le Fils qui a vécu parmi nous il y a plus de 2000 ans. Il est celui qui nous tient compagnie afin que nous ne soyons pas comme des orphelins en ce monde[5]. De plus, depuis sa descente au jour de la Pentecôte jusqu'à ce jour – connu communément comme l'âge de l'Église – le Saint-Esprit occupe une place centrale dans la gouvernance du corps du Christ[6]. Enfin, nous vivons dans une époque où « le spirituel », « le vécu » et « la spiritualité » sont admirés et désirés et puisque c'est par l'Esprit que le croyant est guidé par Dieu, la pneumatologie orthodoxe est très pertinente et de toute première importance pratique[7].

Le statut et l'œuvre du Saint-Esprit

Les Saintes Écritures attestent que le Saint-Esprit est *un membre à part entière de la divinité suprême*. Cela veut dire qu'il est véritablement Dieu. Tout

---

3. Gabus, *Dans le vent de l'Esprit*, p. 7.
4. *Ibid.*
5. Millard Erickson, *Christian Theology*, 3ᵉ édition, Grand Rapids, MI, Baker Publishing Group, 2013, p. 772-773.
6. *Ibid.*, p. 773.
7. *Ibid.*

d'abord, l'appellation divine lui est attribuée dans des textes bibliques tels qu'Actes 5.3, 1 Corinthiens 3.17 et 2 Corinthiens 3.17[8]. Ainsi, mentir au Saint-Esprit c'est mentir à Dieu ; détruire le temple où le Saint-Esprit habite, c'est détruire le temple de Dieu ; et le Seigneur, c'est l'Esprit. Dans ces versets, le « Saint-Esprit » et « Dieu » sont donc utilisés de façon interchangeable, exposant la divinité du Saint-Esprit[9]. Le nombre accru d'attestations de son association avec le Père et le Fils rend aussi témoignage de sa divinité. Il est « le Saint-Esprit » dans Matthieu 1.18, « L'Esprit de votre Père » dans Matthieu 10.20, « Un autre consolateur... l'Esprit de vérité » dans Jean 14.16-17, « l'Esprit du Seigneur » dans Actes 5.9, « l'Esprit de Jésus » dans Actes 16.7, et « l'Esprit de Jésus-Christ » dans Philippiens 1.19[10]. De plus, la formule baptismale de l'ordre missionnaire dans Matthieu 28 (« au nom du Père, du Fils et du Saint-Esprit »), la bénédiction de Paul aux chrétiens de Corinthe, la distribution des dons, l'exercice des ministères dans l'église, entre autres, indiquent sa consubstantialité et son unité avec les deux autres personnes de la trinité.

Cependant, la Bible souligne également une distinction de personne entre l'Esprit et le Père et le Fils[11]. Quoique procédant du Père et du Fils, plusieurs textes bibliques affirment que le Saint-Esprit est distinct d'eux (Es 48.16 ; 59.21 ; 63.9-10)[12]. Jésus annonce dans Jean 15.26 qu'il leur enverra « de la part du Père, l'Esprit de vérité, qui vient du Père, et qui rendra témoignage de [lui] ». Si une distinction n'existe pas, cela sous-entend que le Fils enverra lui-même de lui-même. Évidemment, cette périchorèse ou union consubstantielle que nous venons de noter, cette indivisibilité et distinction hypostatique inexplicables, réfutent le trithéisme et en même temps expliquent l'impossibilité pour l'entendement humain de scruter le mystère de la Sainte Trinité.

Néanmoins, outre ces appellations, il convient de souligner que les attributs que le Saint-Esprit possède montrent également sa divinité. Il est omniscient car « il sonde tout, même les profondeurs de Dieu » (1 Co 2.10 ; cf. Jn 16.13 ;

---

8. *Ibid.*, p. 782.
9. *Ibid.*
10. Ryrie, *Basic Theology*, p. 397.
11. Erickson, *Christian Theology*, p. 777.
12. Ryrie, *Basic Theology*, p. 59, 66. L'idée de procession est articulée par le premier concile de Constantinople en l'an 381, attestant que le Saint-Esprit est Seigneur, qu'il donne la vie, qu'il « procède du Père et du Fils, avec le Père et le Fils, il reçoit même adoration et même gloire ; il a parlé par les prophètes » (cf. Symbole de Nicée). Au concile de Tolède en l'an 589, le terme « filioque », du latin « et le fils » fut ajouté pour préciser que l'Esprit-Saint procédait du Père « et du Fils ». Cet ajout est à l'origine de la séparation entre les chrétiens de l'Occident et de l'Orient.

Es 40.13). Il est tout-puissant ; son nom, le « Saint-Esprit », est utilisé en parallèle avec la phrase « la puissance du Très-Haut » ; la conception virginale, les miracles et les prodiges, le pouvoir de convaincre, de régénérer sont aussi des œuvres qui démontrent son omnipotence (Rm 15.19 ; Jn 16.8-11 ; Jn 3.5-8). Quant à son omniprésence, les propos suivants du psalmiste David y font allusion de manière précise : « Où irais-je loin de ton esprit, et où fuirais-je loin de ta face ? » (Ps 139.7)[13]. Il est aussi « l'Esprit de gloire » (1 P 4.14), « esprit éternel » (Hé 9.14) ; il est souverain, distribuant à chacun des membres de l'église de Dieu les dons qu'il veut (1 Co 12.10). Pour cette raison, les noms, les attributs divins et la relation éternelle qui existent entre le Saint-Esprit et le Père et le Fils sont des indications scripturaires de sa divinité.

La Bible nous révèle que le Saint-Esprit est *un agent médiateur de la création*. Il est fait mention de l'Esprit dès le commencement : « La terre était informe et vide : il y avait des ténèbres à la surface de l'abîme, et *l'esprit de Dieu* se mouvait au-dessus des eaux » (Gn 1.2, italiques ajoutés). Quelques théologiens s'interrogent sur l'origine de ce chaos ou du *tohu wa-bohu* hébraïque (*tohu wabohu* en hébreu) alors que d'autres font des spéculations sur l'ordre chronologique du récit. Il est cependant important de noter que c'est par l'Esprit que le Seigneur Dieu a effectué son œuvre créatrice[14]. Job nous dit que Dieu « a orné les cieux par son Esprit [de l'hébreu, *ruach*, signifiant souffle, vent, esprit], et sa main a formé le serpent traversant » (Jb 26.13, Martin 1744). Dans la même veine, l'auteur du Psaume 104 nous raconte comment les créatures marines, petites et grandes, attendent leur nourriture du Créateur. Et ce même Dieu, qui est la cause de leur existence et qui pourvoit à leur subsistance, a le pouvoir de retirer leur souffle et de les rendre à la poussière. Au verset 30, le psalmiste, célébrant les œuvres merveilleuses de ce Dieu, lui dit : « Tu envoies ton souffle : ils sont créés, et tu renouvelles la face de la terre. » Dans la même optique, sa puissance vivificatrice se manifeste dans la vallée des ossements desséchés dans Ézéchiel 37, accentuant que la vie et le renouveau viennent de lui. Le Saint-Esprit joue donc explicitement le rôle d'agent médiateur de la création et du renouvellement[15].

Cette étroite association du Saint-Esprit à l'œuvre créatrice du Père affirme une différence ontologique entre le Créateur et les créatures, comme les anges, entre celui qui donne la vie et ceux qui la reçoivent, ce que les croyants confessent dans le Symbole de Nicée, à savoir que l'Esprit est celui « qui est Seigneur et

---

13. Ryrie, *Basic Theology*, p. 397.
14. John F. Walvoord et Roy B. Suck, *The Bible Knowledge Commentary : An Exposition of the Scriptures*, Colorado Springs, Victor, 2004, p. 28.
15. *Ibid.*, p. 869.

qui donne la vie ». Dans le Psaume 33, David fait ressortir cette même vérité fondamentale que « Les cieux ont été faits par la parole de l'Éternel, et toute leur armée par le souffle de sa bouche » (Ps 33.6). L'Esprit dans l'Ancien Testament est donc vu comme « présent et agissant dans toute la création en tant que principe de vie et de perpétuelle nouveauté[16] ». La ressemblance entre le rôle créateur et vivifiant de l'Esprit et le rôle du Fils dans le Nouveau Testament ont poussé les théologiens de l'ère patristique tels qu'Athanase, Basile, Grégoire de Nazianze à défendre la divinité du Saint-Esprit.

La Bible présente le Saint-Esprit comme l'*Auteur des Saintes Écritures*. Il est donc « indissolublement lié à Sa Parole[17] ». Dès la genèse, on le voit planer à la surface des eaux, une activité qui précède la parole : « Dieu dit : Que la lumière soit ! Et la lumière fut » (Gn 1.3). L'Esprit qui crée et renouvelle parle. Il est l'Esprit de prophétie dans l'Ancien Testament. L'histoire du premier roi d'Israël expose le danger associé à la désobéissance à la Parole divine : l'Esprit de Dieu s'est retiré de lui et il fut habité par un esprit de jalousie, de haine et de méchanceté (1 S 10, 11, 16, 18, et 19). Le lien indissociable qui existe entre le Saint-Esprit et la Parole de Dieu explique le baromètre qu'Israël devait utiliser pour savoir si un prophète ou si une prophétie venait de Dieu. En premier lieu, il y a l'accomplissement du signe ou du prodige dont le prophète a parlé. En second lieu, il faut discerner ce que le prophète incite le peuple à faire : courir après d'autres dieux ou bien craindre Yahvé, observer ses commandements et lui obéir ? (Dt 13.1-4). L'Esprit de Dieu est l'Esprit Saint, qui dit la vérité, qui exhibe la pureté et qui est plein de bonté ; il se distingue des esprits mauvais qui animaient les faux prophètes ou incitaient les gens à la méchanceté, comme le roi Saül qui voulait tuer David[18]. Dans le Nouveau Testament, nous voyons que c'est par l'Esprit de Dieu que le Christ chasse les démons ou esprits mauvais qui habitent certains humains, et c'est Jésus-Christ lui-même dans l'Évangile de Jean, qui annonce que l'Esprit Saint, quand il sera venu, conduira les siens dans toute la vérité. La portée de ce lien entre le Saint-Esprit et la Parole divine se révèle en proportion vertigineuse dans la deuxième épître de Pierre, où il nous enseigne que « ce n'est pas par une volonté d'homme qu'une prophétie a jamais été apportée, mais c'est poussés par le Saint-Esprit que des hommes ont parlé de la part de Dieu » (2 P 1.21). Comme le bateau dans lequel se trouvaient Paul et les autres prisonniers était emporté par le vent d'ouragan dans Actes 27, ainsi le Saint-Esprit poussa les

---

16. GABUS, *Dans le vent de l'Esprit*, p. 17.
17. *Ibid.*, p. 19.
18. *Ibid.*, p. 20.

écrivains humains à produire les écrits de la Bible[19]. L'apôtre Paul déclare dans 2 Timothée 3.16-17 : « Toute Écriture est inspirée de Dieu, et utile pour enseigner, pour convaincre, pour corriger, pour instruire dans la justice, afin que l'homme de Dieu soit accompli et propre à toute bonne œuvre. » L'expression « inspirée de Dieu », en grec *theopneustos* et en latin *divinus inspiratus*, dénote au sens propre que les Saintes Écritures sont le souffle de Dieu[20]. Clément de Rome, à la fin du premier siècle de l'ère chrétienne, dans une de ses lettres contemporaines affirme : « Vous vous êtes plongés dans les Saintes Écritures, ces vraies Écritures données par l'Esprit-Saint[21]. » Ainsi, les Écritures occupent une place éminente dans la foi chrétienne par le fait qu'elles sont soufflées de Dieu, que les manuscrits originaux sont inhérents et infaillibles et que les copies sont très fiables parce que son auteur est le Saint-Esprit qui est lui-même Dieu.

Les enseignements néotestamentaires affirment que le Saint-Esprit *applique la rédemption* accomplie par Jésus-Christ. La pneumatologie de l'apôtre Jean nous fournit le plus d'informations sur son rôle dans la rédemption de l'homme que Christ a accompli par sa mort sur la croix. Au chapitre 3, Jésus confronte le docteur d'Israël, Nicodème, pharisien et chef des Juifs, israélite authentique, sur la nécessité de sa nouvelle naissance. Il accentue l'impossibilité d'entrer dans le royaume de Dieu sans la régénération et l'impossibilité de la régénération sans le Saint-Esprit par l'impératif suivant : « En vérité, en vérité, je te le dis, si un homme ne naît d'eau et d'Esprit, il ne peut entrer dans le royaume de Dieu » (Jn 3.5). Cette nouvelle naissance se distingue catégoriquement de la naissance physique parce que « ce qui est né de la chair est chair, et ce qui est né de l'Esprit est esprit » (Jn 3.6). Cela reflète la pensée de Jean 1.12-13 qui enseigne que devenir enfant de Dieu est une opération qui ne vient pas « du sang, ni de la volonté de la chair, ni de la volonté de l'homme, mais de Dieu ». Naître d'en haut (*anothen*), naître de nouveau, devenir enfant de Dieu sont des phrases synonymes qui désignent l'acte par lequel le Saint-Esprit donne une nouvelle vie à celui qui reçoit le Christ, qui croit en son nom. Bien entendu, cet acte requiert une réponse affirmative à sa conviction car c'est l'Esprit qui convainc le monde de péché, de justice et de jugement (Jn 16.8). Nous retrouvons cette notion de régénération ou de nouvelle naissance ou de nouvelle création dans l'Épître de Paul à Tite : « Il nous a sauvés, non à cause des œuvres de justice que nous aurions faites, mais selon sa miséricorde, par le baptême de la régénération et le renouvellement

---

19. RYRIE, *Basic Theology*, p. 78-79.
20. *Ibid.*
21. Wolf-Dieter HAUSCHILD et Voker Henning DRECOLL, *Le Saint-Esprit dans l'Église ancienne*, Berne, Peter Lang, 2004, p. 5.

du Saint-Esprit, qu'il a répandu sur nous avec abondance par Jésus-Christ notre Sauveur... » (Tt 3.5-6). C'est aussi l'Esprit qui habite tous les croyants et les marque de son sceau, lequel est un gage de leur rédemption (Ep 1.13-14).

Le Saint-Esprit est *l'agent de la sanctification* du croyant. Être sanctifié, c'est être mis à part, être consacré, être traité comme sacré, comme saint[22]. Celui qui est régénéré peut expérimenter une sanctification progressive ou quotidienne s'il se laisse conduire par le Saint-Esprit[23]. Ce processus par lequel le croyant devient de plus en plus conforme à l'image du Christ ne peut se produire que par la puissance du Saint-Esprit. Dans l'économie de la Nouvelle Alliance, sa présence permanente dans la vie des croyants rend possible cette victoire qui est « impossible à la loi, parce que la chair la rendait sans force » (Rm 8.2-3). C'est une victoire que Christ a déjà remportée sur la croix par sa mort, mais elle ne peut être vécue que si, en premier lieu, nous faisons mourir les actions du corps par l'Esprit (Rm 8.13). Le chapitre 6 de l'Épître aux Romains nous apprend que quand Christ est mort sur la croix, nous aussi par notre union avec lui sommes morts au péché, et cet ancien maître n'a plus le droit de nous dominer. Il nous faut donc apprendre, reconnaître, et proclamer la vérité de notre mort avec Christ et par là rejeter les sollicitations que nous fait la chair ou les exigences du corps. En second lieu, il nous faut marcher selon l'Esprit afin de ne pas satisfaire les désirs de la chair (Ga 5.16). Cette lutte acharnée entre les désirs de l'Esprit et ceux de la chair existera aussi longtemps que nous sommes en vie, mais quand nous nous laissons conduire par l'Esprit, nous connaissons la victoire de la résurrection[24]. Quand la chair domine, « l'impudicité, l'impureté, la dissolution, l'idolâtrie, la magie, les inimitiés, les querelles, les jalousies, les animosités, les disputes, les divisions, les sectes, l'envie, l'ivrognerie, les excès de table, et les choses semblables » (Ga 5.19-21) en sont ses œuvres. Quand le Saint-Esprit a le contrôle, c'est la vie abondante ; le fruit qu'il produit est « l'amour, la joie, la paix, la patience, la bonté, la bénignité, la fidélité, la douceur, la tempérance » (Ga 5.22-23). En dernier lieu, il faut être rempli du Saint-Esprit. Dans Éphésiens 5.18, l'apôtre Paul nous offre une comparaison entre le vin et l'Esprit et le résultat de leur influence. Celui qui a bu trop de vin a un comportement irrationnel parce que le vin contrôle ses actions de la mauvaise manière. Le Saint-Esprit cependant peut aussi contrôler nos actions jusqu'à changer nos comportements mais d'une manière positive. Les principes dans Éphésiens 5.18-20 indiquent comment atteindre la plénitude du

---

22. RYRIE, *Basic Theology*, p. 442.
23. *Ibid.*, p. 442.
24. *Ibid.*, p. 900-902.

Saint-Esprit et quel est le rôle du croyant dans sa sanctification quotidienne. Il doit avoir des entretiens intra et interpersonnels par des psaumes, des hymnes et par des cantiques spirituels, offrir des actions de grâces continuelles au Père, et demeurer dans un état de soumission mutuelle[25]. Dans tous les passages cités précédemment, le Saint-Esprit est celui qui nous permet de mener un combat victorieux dans la vie chrétienne et d'être transformés à l'image du Christ chaque jour[26].

B. Analyse critique

Si la pneumatologie est conçue d'une manière générale comme une réflexion sur l'entité dénommée esprit, nous pouvons affirmer, sans crainte d'être contredit, qu'à l'exception du rastafarisme, comme la foi chrétienne, les religions afro-caribéennes sont elles aussi dotées d'une pneumatologie.

Ressemblances apparentes

Comme nous l'avons vu dans l'analyse descriptive, ces *systèmes de foi affirment l'existence d'un univers spirituel*. Rappelons que nous avons rencontré ces entités spirituelles sous des noms divers. Dans le vodou les esprits prennent le nom de *loas* ou mystères ; dans la santeria, ils s'appellent *orishas* ; dans le Shango on les dénomme puissances ou forces spirituelles ; dans les sectes de réveil, ce sont les esprits danseurs. Contrairement à la conception matérialiste et naturaliste du monde et de concert avec la vision chrétienne, pour les adhérents de ces sectes afro-caribéennes, le monde ne se réduit pas à son aspect matériel. Et, hormis leur prédominance, rappelons aussi que les esprits jouissent d'un statut élevé. Certes, les systèmes de croyances afro-caribéens ne leur accordent pas un statut ontologique identique à celui de l'être suprême. Toutefois, dans tous ces phénomènes ils occupent une place très proche du grand dieu. Voilà pourquoi, mis à part le rastafarisme, les esprits font partie du panthéon de tous ces systèmes, et en raison de ce fait, acquièrent l'épithète de divins.

Une autre ressemblance est *la croyance en l'immanence du monde spirituel*. Comme nous avons eu l'occasion de le noter, le rôle des êtres spirituels ne se limite pas à la place qu'ils occupent dans l'ontologie et le panthéon des religions afro-caribéennes. Leur présence au sein du monde temporel est d'une importance

---

25. Frank Thielman, *Ephesians : Baker Exegetical Commentary on the New Testament*, Grand Rapids, MI, Baker, 2010, p. 358-363.
26. Gabus, *Dans le vent de l'Esprit*, p. 38.

capitale. Si le dieu suprême se retire du domaine éphémère pour occuper l'univers transcendant, les esprits, par contre, se donnent pour devoir de l'envahir, de le pénétrer, et d'y manifester leur présence. Dans la croyance de certains adeptes des sectes afro-caribéennes, l'exode du dieu suprême du monde temporel n'est pas interprété comme un signe d'indifférence de sa part ; c'est plutôt la mise en œuvre de son système de gérance. Les adeptes de la santeria par exemple affirment qu'après avoir créé le monde, le dieu suprême l'a remis entre les mains des esprits intermédiaires pour le gérer. Ce serait superflu pour lui de continuer à intervenir dans son fonctionnement.

Il n'est pas nécessaire d'être en accord avec cette théologie pour affirmer que la croyance en l'activité des esprits dans le monde témoigne du fait que pour les religions afro-caribéennes le monde n'est pas un univers clos, fermé à la réalité spirituelle. Une telle affirmation et croyance se rapprochent de la pensée biblique qu'il existe un monde invisible et des êtres spirituels. Elles s'opposent à la vision sécularistе de certains secteurs du christianisme moderne qui nient carrément l'activité des agents spirituels dans le domaine temporel. Les Écritures enseignent sans ambages que des esprits bons et mauvais sont actifs dans le monde (Ep 2.1-2 ; 6.13 ; Hé 1.14).

La valorisation de l'ingérence personnelle de l'esprit est un autre trait que partagent les deux systèmes de croyances. Dans la pneumatologie des religions afro-caribéennes, l'immanence des êtres spirituels ne se limite pas à leur présence dans le monde temporel. En plus de cela, elle revêt une dimension immensément personnelle. En l'occurrence, elle inclut une intrusion totale de l'élément spirituel dans la vie quotidienne des dévots. L'analyse descriptive que nous avons menée plus tôt démontre clairement que l'existence des adhérents des diverses sectes afro-caribéennes tourne autour des êtres spirituels, que ceux-ci soient appelés *loas*, mystères, forces spirituelles, *orishas* ou autres. Les dévots se sentent obligés de chercher la direction et l'adhésion des esprits pour résoudre la moindre des situations. Ils cherchent leur aide pour se garantir le succès, esquiver les sorts néfastes, repousser la mauvaise fortune, et contrecarrer les assauts méchants qu'ils suspectent provenir d'autrui. Ils se sentent obligés d'exprimer gratitude et remerciements aux esprits quand les choses vont bien, et de les apaiser quant à leur avis ceux-ci font montre de mécontentement. Ce souci pour une relation intime, continuelle, et directe avec les esprits est évident dans la place prédominante accordée au phénomène de la crise de possession dans les religions afro-caribéennes, outre le rastafarisme. Pour le religieux afro-caribéen, être possédé par l'esprit est le paroxysme de la vie spirituelle – une expérience et un honneur sans égal.

De prime abord, la foi chrétienne semble n'avoir rien à reprocher à cette soif d'intrusion spirituelle reflétée dans la pneumatologie afro-caribéenne. Les Écritures nous exhortent à mener une vie qui soit sous la direction totale de l'Esprit : « Marchez selon l'Esprit » exhorte l'apôtre Paul, « et vous n'accomplirez pas les désirs de la chair » (Ga 5.25). Un style de vie qui reflète la protection et la direction de l'Esprit démontre que nous sommes enfants de Dieu et que nous faisons l'expérience d'une vitalité spirituelle (Rm 8.13-14). De plus, en mettant l'accent sur les concepts de résidence et de plénitude de l'Esprit chez le croyant (Rm 8.11 ; 1 Co 3 ; Ep 5.18), la Bible étaye l'idée de la nécessité d'une relation intime, vitale et continuelle entre le Saint-Esprit et l'individu. Cette intimité protège le croyant contre les influences qui peuvent provenir de ces esprits. À l'évidence, l'idéal biblique est que, par l'Esprit, la vie entière du peuple de Dieu soit totalement imprégnée de Lui.

Différences

Nonobstant ces affinités apparentes, il existe des différences majeures entre la conception de l'esprit des religions afro-caribéennes et celle de la foi chrétienne. Ces différences concernent le statut ontologique de l'Esprit, son caractère moral, sa fonction et le maintien de sa relation avec le croyant.

La première différence à noter est *le statut ontologique fautif et confus de ces esprits*. Certes, dans la majorité des systèmes de croyances afro-caribéens, les êtres dits spirituels font partie du panthéon divin. Mais l'appartenance à ce club ne veut pas dire qu'ils partagent un statut ontologique identique à celui du dieu suprême. La théologie de ces sectes présente une hiérarchie divine qui accorde une place inférieure aux êtres jugés subalternes par rapport au dieu suprême. La foi chrétienne ne contient pas une telle divergence. Elle reconnaît chez le Saint-Esprit le même statut ontologique dont jouissent les autres membres de la Trinité. Contrairement à la pneumatologie afro-caribéenne, dans la perspective biblique, le Saint-Esprit n'est pas simplement divin ; il est *déité*. Il partage avec le Père et le Fils la même essence et les mêmes attributs ; les trois sont consubstantiels. Dans la mesure où une pneumatologie n'attribue pas ce statut à l'être qu'elle dénomme « esprit », elle ne peut pas être dénommée chrétienne. Ontologiquement parlant, l'Esprit qui est le sujet de réflexion dans la pneumatologie chrétienne est au même pied d'égalité que les autres membres qui, ensemble, constituent la déité transcendante.

Et la difficulté ne s'arrête pas là. Puisque les êtres spirituels ne sont pas au même rang que le dieu suprême, quel est en réalité leur statut ontologique ?

Dans la partie descriptive de l'étude nous avons vu que cet univers dit spirituel est un mélange d'entités. Selon certaines sectes, certains des esprits sont des créations humaines, d'autres sont des esprits ancestraux, d'autres encore sont des défunts qui jouissaient d'un haut statut de leur vivant. Ici, nous nous heurtons à une confusion qui n'existe pas dans la doctrine biblique du Saint-Esprit. Dans la vision biblique, l'Esprit dont traite la pneumatologie est *un* et non plusieurs ; il est Créateur, et non *créé*.

Une autre différence concerne *l'ambiguïté du caractère moral de ces esprits*. À l'exception des sectes de réveil, les religions afro-caribéennes accommodent les esprits dits bons et mauvais. C'est pourquoi, dans le vodou par exemple, les *houngans/bòkòrs* et les *manbo* doivent apprendre à servir « à deux mains ». Autrement dit, ils doivent apprendre à faire commerce avec les deux genres d'esprit. Aussi, un même esprit peut être bon et mauvais suivant les circonstances. Voilà encore un autre gouffre entre les deux conceptions sur lequel on ne saurait fermer les yeux. Dans les Saintes Écritures, à l'instar de sa déité, le statut moral de l'Esprit est clair. L'Esprit révélé dans la Bible est reconnu pour sa *sainteté* : Il est l'Esprit *Saint* qui maintient une relation étroite avec les deux autres membres de la trinité qui sont eux aussi reconnus pour leur caractère impeccable. Il est souvent appelé Esprit de *Dieu* et Esprit de *Christ*. Cette portraiture met clairement en relief le caractère foncièrement moral de l'entité dénommée Saint-Esprit que nous trouvons dans les pages de la Bible.

Une autre divergence majeure concerne *la conception inadéquate de l'œuvre de l'Esprit*. Dans la pneumatologie des religions afro-caribéennes, le rôle primordial des êtres spirituels est d'assurer le bien-être matériel et physique des dévots. Suivant la nature du besoin, leurs démarches en faveur des dévots prennent parfois une forme préventive et proactive, parfois défensive et réactive. L'objectif premier de leur intervention est d'assurer que le dévot navigue avec succès sur la mer turbulente et dangereuse qu'est l'existence humaine dans ce monde.

Dans la perspective de la foi chrétienne, le Saint-Esprit aussi s'intéresse au bien-être du croyant. En effet, l'une de ses fonctions est l'édification du croyant pour la vie quotidienne. Les Écritures l'appellent Consolateur. Ce mot vient du terme grec *parakletos* et décrit l'Esprit comme celui qui est toujours au côté du croyant pour lui offrir l'aide nécessaire pour faire face aux vicissitudes de la vie.

Toutefois, selon la foi chrétienne, la tâche de veiller au bien-être du chrétien incombe plus au Père dans l'exercice de son rôle providentiel qu'à l'Esprit lui-même. Selon l'économie biblique, le rôle primordial de l'Esprit est d'appliquer au pécheur repentant l'œuvre rédemptrice accomplie par Christ à la croix, et de le rendre capable de vivre la vie nouvelle. Plus précisément, parmi les fonctions essentielles de l'Esprit se trouve celle de convaincre le pécheur de son besoin de Christ, d'opérer en lui une nouvelle naissance lorsqu'il se repent et accepte le salut divin, et de le transformer continuellement à l'image de Christ, suite à ce changement radical. Il est remarquable d'observer que ni le rôle régénérateur de l'Esprit, ni sa fonction sanctificatrice ne figurent dans la pneumatologie des religions afro-caribéennes. Voilà une omission malheureuse qui dresse une barrière infranchissable entre les deux pneumatologies.

Une dernière différence se rapporte à *la relation exigeante* qui existe entre ces esprits et leurs dévots. Nous avons souligné plus tôt le fait que la conception afro-caribéenne, comme la conception chrétienne de l'Esprit, mettent toutes deux l'accent sur la valeur d'une relation intime entre les dévots et l'Esprit ou les esprits. Ce que nous n'avons pas souligné, cependant, est la grande différence qui existe entre les deux pneumatologies concernant les conditions à satisfaire pour maintenir cette relation. Dans les sectes afro-caribéennes, l'attitude des esprits vis-à-vis des dévots varie suivant leur disposition et état d'âme. Si un esprit se sent lésé parce qu'un dévot néglige d'accomplir une obligation à son égard, sa disposition envers ce dernier change, et souvent, la restauration de son attitude favorable vient au prix de grands sacrifices. Et même en l'absence de grief dans le rapport dévot-esprit, il y a toujours des conditions routinières à satisfaire pour maintenir la relation sur la bonne voie. C'est ce qui explique, en grande partie, la prédominance des activités rituelles pratiquées à l'intention des esprits dans les religions afro-caribéennes. Elles sont essentielles au maintien de la relation du dévot avec son esprit.

Un tel scénario ne figure pas dans la conception chrétienne de l'Esprit. Le maintien de la relation du croyant avec l'Esprit est gratuit ; il ne requiert aucune redevance rituelle de la part du croyant. Quand le croyant mène une vie de péché, cela attriste l'Esprit, entrave son œuvre dans sa vie, et rend le croyant vulnérable aux influences des esprits mauvais (Ep. 4.27-30). L'Esprit peut même le discipliner sévèrement (Ac 5.1-12). Mais même dans ce cas regrettable, cela ne veut pas dire que l'Esprit se fâche contre le croyant au point de l'abandonner et de se retirer de lui. Certes, le chrétien doit changer de comportement pour rétablir sa relation avec l'Esprit. Mais ce changement n'implique rien de rituel ; seulement un cœur contrit et repentant.

Conclusion

Les mouvements religieux afro-caribéens que nous avons considérés dans notre analyse, à l'instar de la foi chrétienne, embrassent l'idée du surnaturel. À l'exception du rastafarisme, tous affirment l'existence des êtres spirituels qui peuvent être sollicités et qui dans certaines circonstances peuvent tangiblement se manifester dans la vie quotidienne ; donc, contrairement au matérialisme et au naturalisme qui récusent la pensée d'un monde invisible, les chrétiens et les membres des religions afro-caribéennes y croient. Aussi, la soif spirituelle qu'ils pensent apaiser dans leurs relations avec ces esprits est assez légitime, importante et partagée. Cependant, dans la foi chrétienne, cette soif ne peut être étanchée que par la Source d'eau vive : le Saint-Esprit. Que ces adhérents assoiffés, affamés et épuisés s'arrêtent donc au puits de Jacob pour rencontrer le Messie et voir des fleuves d'eau vive couler de leurs seins.

Pour résumer, du point de vue ontologique, l'Esprit qui habite le croyant, le marque de son sceau, et le remplit pour accomplir le plan du Dieu Créateur ; tandis que les esprits des religions afro-caribéennes sont des créations. De plus, moralement, ces derniers, disent-ils, peuvent être bons ou mauvais tandis que l'Esprit de Dieu est saint et bon, produisant dans le cœur des croyants l'amour pour ceux qui nous aiment et pour ceux qui nous haïssent. C'est bien lui qui génère en nous ce désir de prier pour ceux qui nous persécutent et de faire du bien à ceux qui nous maudissent. Et du point de vue relationnel, nous avons mentionné que le croyant jouit gratuitement de la présence du Saint-Esprit jusqu'au jour de la rédemption de son corps tandis que les adhérents de ces religions doivent continuellement faire de grands sacrifices pour maintenir leurs relations avec ces esprits et calmer leurs irritations, parfois au détriment de leur propre existence. Nous avons aussi et surtout fait la remarque que la régénération opérée par le Saint-Esprit dans la vie du pécheur qui croit en Jésus n'existe malheureusement pas dans les religions afro-caribéennes. Manifestement, bien qu'il y ait quelques similitudes, les différences entre la pneumatologie de la foi chrétienne et les pneumatologies des systèmes de croyances afro-caribéens sont tellement énormes et fondamentales qu'il serait impossible de les réconcilier.

10

Dieu

Introduction

Les religions afro-caribéennes que nous avons examinées dans cette étude sont toutes des religions théistes. Autrement dit, la croyance en Dieu est l'une de leurs affirmations de base. Comme nous l'avons vu dans les chapitres 2 et 3, toutes ces religions sont dotées d'un panthéon au centre duquel se trouve un être divin, juge suprême et dominant. Dans le cas du rastafarisme, le panthéon consiste en un seul échelon sur lequel s'assied Haïlé Sélassié. En cela, ces religions partagent une affinité avec la religion chrétienne qui elle aussi est une foi théiste. Mais comment comprendre la nature de cet être qu'elles considèrent comme suprême ? Et comment le comparer au Dieu révélé dans les Saintes Écritures ? C'est la tâche à laquelle nous nous attelons dans ce chapitre final.

Nous nous proposons de procéder de la manière suivante. Dans une première partie, nous brosserons un portrait de Dieu sur la base des données révélées dans la Bible. Ensuite, jetant un coup d'œil rétrospectif sur le travail opéré dans les chapitres 2 à 4, nous ferons un bref rappel de la conception de Dieu prônée dans les religions afro-caribéennes. Ensuite, nous soumettrons les deux conceptions à une analyse critique en nous servant de la dialectique transcendance-immanence, avant de conclure avec une conception de Dieu que nous jugeons plus fidèle à la conception biblique.

A. Conception biblique et théologique

1. La révélation de Dieu

De deux mots grecs combinés, *theos* (Dieu) et *logos* (discours, étude), le terme théologie désigne littéralement le discours ou l'étude sur Dieu. Bien entendu, toutes les tentatives de la créature pour décrire parfaitement ou entièrement le Créateur sont vouées à l'échec car il est éternellement et infiniment grand et « ses jugements sont insondables, et ses voies incompréhensibles » (Rm 11.33-36). Cependant, nonobstant cette impossibilité d'acquérir une connaissance exhaustive et parfaite de Yahvé, il a choisi de se révéler à l'homme parce qu'il veut que nous apprenions à le connaître autant que possible (Jr 9.23-24). Toute connaissance de Dieu serait donc impossible sans cette autorévélation. De façon générale, toute la création porte l'empreinte de Yahvé et « ses perfections invisibles, sa puissance éternelle et sa divinité se voient comme à l'œil nu » (Rm 1.20 ; cf. Ps 19.1, 6). La conscience morale de l'homme révèle aussi l'existence d'une autorité morale suprême ; et Dieu a créé dans le cœur humain un vide que lui seul peut combler. De plus, sa providence, sa bonté et sa grâce commune, illustrées à travers les saisons fertiles, les pluies du ciel, la nourriture et la joie rendent aussi témoignage de ce qu'il est (Ac 14.15-18). Dans son discours à Athènes, à l'Aéropage, Paul confronte quelques philosophes épicuriens et stoïciens avec l'idée que nous, étant de la race de Dieu, ne devrions pas stipuler que « la divinité soit semblable à de l'or, à de la pierre, sculptés par l'art et l'industrie de l'homme » (Ac 17.29). Cette révélation générale ou naturelle a pour but de démontrer à l'homme la gloire de Dieu, sa puissance, sa majesté, sa nature, sa grâce, son existence, etc.[1] Elle fournit des évidences qui nécessitent une réponse de la part de l'homme. Dieu a choisi de se révéler par des moyens surnaturels, comme le sort, l'urim et le thummim (utilisés par le grand prêtre), les rêves et les visions, les apparitions physiques des anges, les prophètes, et les œuvres de Dieu dans l'histoire[2]. Et plus inclusivement, la Bible est une forme de révélation spéciale qui rapporte les différentes avenues de révélation. D'ailleurs, dans le Nouveau Testament (Jn 1.14, 18 ; 14.9 ; 2 Co 4.6 ; Hé 1.1), nous apprenons que la révélation parfaite, définitive et ultime de Dieu se trouve dans l'incarnation de Jésus-Christ, l'image du Dieu invisible, le reflet de sa gloire et l'expression de sa personne. Le Christ lui-même affirme que « la vie éternelle, c'est qu'ils te connaissent, toi, le seul vrai Dieu, et celui que tu as envoyé, Jésus-Christ » (Jn 17.3). Cette tâche de connaître Dieu est donc cruciale, car une théologie déficiente, superficielle ou erronée peut se traduire en une vie dépourvue de sens et une éternité malheureuse.

---

1. Ryrie, *Basic Theology*, p. 37.
2. *Ibid.*, p. 71-73. Voir Pr 16.33 ; Ac 1.21-26 ; Ex 28.30 ; Gn 20.3 ; Es 1.1 ; 6.1 ; Dn 9.20-21 ; 2 S 23.2 ; Mi 6.5.

2. La relation de Dieu avec la création

La transcendance de Dieu

En tout premier lieu, le Dieu de la Bible est un être transcendant. Du latin *transcendens* du verbe *transcendere*, qui veut dire surpasser, la transcendance de Yahvé décrit donc son indépendance parfaite par rapport à la nature, à la création et au monde qu'il a créés[3]. Ainsi, le Dieu de la Bible dépasse toutes les qualifications que l'homme puisse donner, car il se situe au-dessus de tout, visible et invisible ; ses pensées sont plus élevées que les pensées de l'homme (Col 1.15-18 ; Es 6.1-5 ; 55.8-9). Le psalmiste déclare :

> L'Éternel est élevé au-dessus de toutes les nations,
> Sa gloire est au-dessus des cieux.
> Qui est semblable à l'Éternel, notre Dieu ?
> Il a sa demeure en haut ;
> Il abaisse les regards sur les cieux et sur la terre. (Ps 113.4-6)

Jésus évoque cette distinction fondamentale, cette différence saisissante dans les mots suivants : « Vous êtes d'en bas ; moi, je suis d'en haut. Vous êtes de ce monde ; moi, je ne suis pas de ce monde » (Jn 8.23). Une des vérités absolues de la foi chrétienne, c'est que Dieu n'est pas la meilleure version de la nature humaine ou pareil aux autres dieux, mais plutôt l'Être souverain, unique, infini et éternel, existant avant la création. En parlant aux philosophes athéniens, l'apôtre Paul leur fait remarquer que le dieu inconnu qu'ils révéraient sans le connaître est distinct du monde parce que c'est lui « qui a fait le monde et tout ce qui s'y trouve ; étant le Seigneur du ciel et de la terre » (Ac 17.22-23). Ainsi, il défend l'idée d'un Dieu transcendant qui « n'est point servi par des mains humaines, comme s'il avait besoin de quoi que ce soit », car il est celui « qui donne à tous la vie, la respiration, et toutes choses » (Ac 17.25). Par conséquent, il y aura toujours une différence qualitative entre Dieu et l'homme. Et même après la rédemption de nos corps, notre glorification définitive, nous ne serons jamais Dieu[4]. Le grand plan de la restauration de l'homme par la rédemption n'est pas d'élever l'homme à la position divine, au statut de Dieu, mais de lui permettre de devenir ce que Dieu a établi dans son plan[5].

---

3. ERICKSON, *Christian Theology*, p. 282.
4. *Ibid.*, p. 288-289.
5. *Ibid.*

L'immanence de Dieu

En plus d'être le Tout-Puissant qui existe hors de sa création, la Bible nous enseigne que Dieu est aussi immanent. D'origine latine (*immanens*), *manence* veut dire « demeurer » et *in* signifie « dedans », le principe d'immanence de Dieu transmet l'idée que Dieu est véritablement présent dans sa création et qu'il opère ses œuvres dans nos vies, dans la nature et dans l'histoire[6]. À première vue, dans la Genèse, il est dit que « l'esprit de Dieu se mouvait au-dessus des eaux » (Gn 1.2). Dans le chapitre qui suit, nous lisons que « L'Éternel Dieu forma l'homme de la poussière de la terre, il souffla dans ses narines un souffle de vie et l'homme devint un être vivant » (Gn 2.7). « Il fait lever son soleil sur les méchants et sur les bons, et il fait pleuvoir sur les justes et sur les injustes » (Mt 5.45). Dans le livre de Jérémie, Dieu dit : « Quelqu'un se tiendra-t-il dans un lieu caché, sans que je le voie ? [...] Ne remplis-je pas, moi, les cieux et la terre ? » (Jr 23.24). David dans ses constats arrive à la même conclusion : « Si je prends les ailes de l'aurore, et que j'aille habiter à l'extrémité de la mer, là aussi ta main me conduira, et ta droite me saisira » (Ps 139.9-10). C'est cette même droite, « qui dirigea la droite de Moïse, par son bras glorieux ; qui fendit les eaux devant eux, pour se faire un nom éternel » (Es 63.12) et les délivrer de l'esclavage. Le Dieu de la foi chrétienne s'intéresse aussi aux animaux et agit en leur faveur. Pas un des passereaux ne tombe à terre sans sa volonté et quoique les oiseaux « ne sèment ni ne moissonnent, et ils n'amassent rien dans des greniers, [le] Père céleste les nourrit » (Mt 6.25-26). Il habille le lis des champs, « couvre les cieux de nuages », et « fait germer l'herbe sur les montagnes » (Mt 6.25-33 ; Ps 147.8). L'immanence de Dieu ne se manifeste pas seulement dans ses activités directes, mais aussi dans la créativité de l'homme, dans l'établissement des royaumes et des gouvernements, dans les systèmes d'irrigation et de transportation, dans le travail, dans la façon dont l'homme assume sa responsabilité dans le monde, dans les inventions humaines, entre autres. Mais à tous ceux qui s'interrogent sur le comment du mariage de la transcendance et de l'immanence de Dieu, l'incarnation du Fils unique, le Christ, se présente comme une preuve tangible car il est « Emmanuel, ce qui signifie Dieu avec nous » (Mt 1.23 ; cf. Jn 1.1-18 ; Col 1.15-18 ; Hé 1).

La nature du Dieu trinitaire

Ce Dieu transcendant et immanent qui est l'objet de la foi chrétienne est aussi trinitaire (Père, Fils et Saint-Esprit). Le mot « Trinité » ne se trouve pas

---

6. *Ibid.*, p. 274.

explicitement dans la Bible, mais le concept y est présent, surtout dans le Nouveau Testament. En tout premier lieu, il est clairement énoncé dans la Bible que Yahvé est le seul Dieu. Le peuple d'Israël, après avoir vécu plus de quatre siècles en Égypte, reçut de Dieu le fameux « Shema Israël » : « Écoute, Israël ! L'Éternel, notre Dieu, est le seul Éternel. Tu aimeras l'Éternel, ton Dieu, de tout ton cœur, de toute ton âme et de toute ta force » (Dt 6.4-5), pour établir une distinction entre le polythéisme de l'Égypte et leur relation avec Yahvé. Cependant, dans ces mêmes écrits vétérotestamentaires, nous observons plusieurs indications véritables sur l'existence trinitaire de Dieu. La distinction entre l'Ange de l'Éternel, identifié à l'Éternel et en même temps distingué de lui par exemple (Gn 16.7-13 ; 18.1-21 ; 19.1-28 ; Ml 3.1). Dans d'autres cas, Dieu parle du Messie et de l'Esprit simultanément, ou le Messie parle de Dieu et de l'Esprit (Ps 33.6, 45.6 ; Es 48.16, 61.1 ; 63.20). Les attestations néotestamentaires sont nombreuses : Le Père envoie le Fils et l'Esprit Saint, le Fils remplit le rôle de Rédempteur et l'Esprit Saint habite l'Église (Mt 1.21 ; Jn 4.42 ; Ac 5.3 ; Rm 8.9 ; Ep 2.22). Le Père parle au Fils directement, le Fils parle au Père de la gloire qu'il partageait avec lui avant la création, l'Esprit Saint intercède pour les croyants (Mc 1.11 ; Jn 17.1-15 ; Rm 8.26). Les trois personnes de la Trinité sont appelées Dieu et font des œuvres que lui seul peut accomplir (Ep 4.6 ; Jn 6.27 ; 1 P 1.2 ; Jn 1.1 ; Ac 5.3-4 ; 1 Co 2.10). Ce grand mystère de la Trinité, une seule essence indivisible en trois personnes, révèle un Dieu personnel et interpersonnel qui exista en communauté bien avant la création.

La grandeur de Dieu

Le Dieu de la foi chrétienne possède des attributs qui appartiennent à lui seul, de par sa divinité. Tout d'abord, Yahvé, le Créateur, est un être incréé. Pour certains théologiens, le terme aséité, du mot *aseitas* qui signifie « trouvant son origine en lui-même », décrit cet attribut ; pour d'autres, surtout les réformateurs, le mot indépendance résume l'idée. L'expression de cette aséité ou indépendance se retrouve dans le tétragramme sacré *YHWH*, mentionné plus de 5 000 fois dans l'Ancien Testament[7]. Provenant apparemment du mot hébreu *hawa*, qui veut dire existence ou développement, *YHWH* transmet l'idée de Celui qui existe de par lui-même[8]. Et même si le nom fut utilisé par Ève (Gn 4.1), Noé (9.26) et Abraham (12.8 ; 15.2, 8), sa signification ne se révèle que dans le célèbre récit d'Exode, où Dieu dit à Moïse : « Je suis celui qui suis. Et il ajouta : C'est ainsi que

---

7. RYRIE, *Basic Theology*, p. 53.
8. *Ibid.*

tu répondras aux enfants d'Israël : Celui qui s'appelle "je suis" m'a envoyé vers vous » (Ex 3.14). En outre, Yahvé est Celui qui est présent avec son peuple, qui connaît et ressent les douleurs de la servitude. L'indépendance de Dieu signifie donc qu'il a tout en lui-même, qu'il est auto-suffisant et qu'il ne dépend de rien (Ac 17.25 ; Es 40.13 ; Rm 11.34, 36 ; 1 Tm 6.16). Au contraire, tout dépend de lui. C'est pourquoi la Bible nous présente Dieu comme maître souverain de sa création, l'ouvrage de sa main. Par « souverain », nous entendons qu'il est le chef suprême de tout l'univers, il est aux commandes de toutes choses en tout temps et en tout lieu. Yahvé a un plan qu'il contrôle, qui inclut tout (même le mal) et qui à terme sera à la louange de sa gloire (Ac 15.18 ; Ep 1.11 ; Ps 135.5, Pr 16.4 ; Ep 1.14). Concomitante à son indépendance, l'immuabilité de Dieu exprime l'idée qu'il n'y a pas de changement positif ou négatif (aucune variation) dans sa personne, ses perfections, ses desseins et ses promesses (Ml 3.6 ; Jc 1.17). Le Dieu sur qui la foi chrétienne se repose ne peut changer dans sa nature ; il ne peut ni croître, ni décroître[9] ; comment le parfait peut-il devenir meilleur ? Comment celui qui n'a aucun progrès à faire peut-il s'améliorer ? « Jésus-Christ est le même hier, aujourd'hui et éternellement » (Hé 13.8). Bien que Dieu soit immuable, la Bible nous enseigne qu'il n'est pas immobile, mais qu'il reste en communications multiples avec l'homme. Aussi, synchroniquement liée á l'aséité, l'éternité de Dieu est-elle un attribut incommunicable de Dieu. Au sens strict du mot, l'éternité de Dieu veut dire qu'il transcende toutes les limitations du temps, contrairement à nous qui possédons une existence jalonnée d'heures, de jours et de semaines (2 P 3.8). Moïse déclare : « Avant que les montagnes fussent nées et que tu eusses créé la terre et le monde, d'éternité en éternité, tu es Dieu » (Ps 90.2). L'infinité de Dieu est aussi à mentionner. Par « infinité », nous entendons que Dieu n'est pas du tout limité par l'espace-temps et l'univers[10]. Il ne s'agit pas d'une infinité extensive car Dieu est esprit, mais plutôt intensive (Ps 145.3 ; 1 R 8.2). Par exemple, Dieu est infiniment puissant parce que sa puissance est inépuisable. De même, l'immensité de Dieu, c'est-à-dire la façon dont il transcende toutes les limitations spatiales, doit être notée comme un des attributs incommunicables. L'omniprésence de Dieu diffère de son immensité en ce que son omniprésence met l'accent sur le fait qu'il est présent partout avec son être tout entier, tandis que son immensité accentue sa transcendance. Aussi la Bible attribue-t-elle l'omnipotence à Dieu seul, c'est-à-dire que lui seul possède la toute-puissance et est capable de faire

---

9. *Ibid.*, p. 43.
10. *Ibid.*, p. 45.

tout ce qui est conforme à son caractère (Gn 17.1 ; Ex 6.3 ; 2 Co 6.18). Plus de 56 fois dans la Bible, il nous est dit que Yahvé est le « Tout-Puissant »[11].

L'excellence morale de Dieu

Les attributs moraux ou communicables de Dieu découlent de sa nature et peuvent être communiqués à l'homme. La Bible nous présente Dieu comme étant absolument distinct de toutes ses créatures, visibles ou invisibles. Cette sainteté-majesté caractérise et couronne tous les autres attributs : sa bonté, sa justice, son amour, entre autres. Il existe aussi un aspect éthique de la sainteté de Dieu qui accentue un contenu négatif, sa séparation du péché ou du mal moral et un contenu positif, son excellence et pureté morale ou sa perfection éthique[12]. Elle constitue le thème éternel du chœur que chantent incessamment les séraphins en sa présence (Es 6.3 ; Ap 4.8). Dans la vie du croyant, cette sainteté devient l'étendard de vie car, en tant que saints par notre position en Christ, l'éthique chrétienne requiert que nous soyons saints dans toute notre conduite, à l'instar de celui qui nous a appelés (1 P 1.15). Étroitement liée à sa sainteté, la justice de Dieu peut être absolue quand elle décrit cette rectitude de sa nature (en lui-même) et sa justice relative dénote la façon dont Dieu maintient sa sainteté en relation avec sa création (cf. Ps 11.7 ; Dn 9.7 ; Ps 19.9 ; Ac 17.31). Comme Recteur et Législateur *par excellence* de l'univers, Dieu exécute sa justice de façon rémunératrice ou vindicative. Le livre des Proverbes donne des leçons de bon sens, de justice, d'équité et de droiture qui permettent à l'homme de vivre dans la crainte de L'Éternel (Pr 1.2-7). Les Écritures nous révèlent aussi la sagesse de Dieu comme attribut communicatif, qui se manifeste dans la façon dont il fait usage de ses moyens pour accomplir ses desseins (Rm 11.33). Le croyant est ainsi appelé à demander à Dieu de manifester cette sagesse en lui, ce qui lui permettra de considérer les épreuves qu'il traverse comme un sujet de joie car leur fruit sera la patience et la maturité spirituelle (Jc 1). Il faut aussi méditer sur la véracité, la consistance et la fidélité de Dieu[13]. Dieu est tout ce que Dieu devrait être. Il se révèle tel qu'il est de façon réelle ; c'est pourquoi sa révélation est digne de confiance (Nb 23.19 ; Ps 96.5). L'apôtre Paul exhorte les croyants d'Éphèse à ne pas mentir et à parler en vérité (Ep 4.25). Le dernier attribut communicable que nous allons mentionner est la bonté de Dieu, c'est-à-dire que Dieu prend plaisir à faire du bien à toute sa création[14]. Il manifeste sa bonté envers toutes

---

11. *Ibid.*
12. *Ibid.*, 42.
13. *Ibid.*, p. 49.
14. CHAFER, *Systematic Theology*, p. 206.

ses créatures. Découlant de sa bonté, l'amour de Dieu est incommensurable et sacrificiel, se démontrant par la mort de son Fils unique à la croix (Jn 3.16). Sa miséricorde, l'effet de son amour, est cette bonté qui lui fait pardonner les péchés des hommes et ne fait pas retomber sur eux le châtiment qui leur est dû. Sa grâce, qui peut se définir de façon générale comme le don que Dieu accorde à quelqu'un qui n'y a aucun droit, est une démonstration de sa bonté. La grâce salvatrice dénote le cadeau du salut ou de la vie éternelle que Dieu donne à tous ceux qui croient en son Fils. Mais la grâce peut aussi faire référence à toutes les bénédictions spirituelles accordées aux pécheurs. Les croyants doivent aussi exercer la bonté envers les bons et les méchants ; comme Christ les a aimés et s'est livré pour eux, ils doivent faire de même pour leurs frères et sœurs. Le Christ nous demande d'aimer nos ennemis et de faire du bien à ceux qui nous persécutent, c'est là la marque de ressemblance entre Dieu et ses enfants (Mt 5.38-48).

B. Sommaire de la conception de Dieu dans les religions afro-caribéennes

Le double concept de transcendance et d'immanence figure largement dans notre étude de Dieu. Rappelons que, pour l'essentiel, transcendance connote l'idée d'un être exalté et éloigné, tandis que l'immanence communique l'idée d'un être présent et disponible. Si nous prenons comme concepts de base ces deux notions, nous constatons vite qu'il y a dans les systèmes afro-caribéens deux entendements divergents de Dieu. Dans les sectes afro-caribéennes traditionnelles, nous rencontrons une conception que nous appelons *transcendance outrancière*, tandis que dans le rastafarisme nous rencontrons un entendement que nous désignons par *immanence outrancière*. Considérons-les tour à tour en jetant un coup d'œil rétrospectif sur l'analyse descriptive que nous avons conduite dans les chapitres 2 à 4.

1. Transcendance outrancière

Chez les sectes traditionnelles, le grand dieu occupe l'échelon supérieur du panthéon. Comme l'a dit Joseph Moore, dans les sectes de réveil, le « grand dieu demeure toujours dans les hauts cieux[15] ». De par sa position dans la hiérarchie

---

15. Joseph MOORE, « Religion of Jamaican Negroes : A Study of Afro-Jamaican Acculturation », thèse de doctorat, Northwestern University, Evanston, Illinois, 1953, p. 79.

divine, il vit dans l'exaltation et dans l'éloignement. En sa qualité d'Être élevé, il garde une distance qu'aucun autre être n'est capable de combler.

Comme nous l'avons mentionné plus tôt et comme nous le répétons en bref dans ce qui suit, en soi, la notion d'exaltation, de distance et de séparation d'un être jugé suprême n'est nullement critiquable. Cependant, telle que conçue dans les religions afro-caribéennes, la transcendance revêt un caractère absolu et outrancier qui va au-delà de ce que l'enseignement biblique justifie. Trois idées au moins étayent ce jugement.

En premier lieu, dans son exaltation, le dieu suprême afro-caribéen semble mener une *existence solitaire* ; il semble être isolé de contact continuel avec d'autres êtres spirituels. Le grand dieu, comme nous l'avons noté, occupe l'échelon supérieur de la hiérarchie divine ; par conséquent, seuls des êtres spirituels de son acabit peuvent partager ce lieu avec lui. Or, la théologie des sectes afro-caribéennes ne nous donne pas l'impression qu'il y a un être spirituel qui soit l'égal ontologique du grand dieu. Certes, ces systèmes incluent une multitude de divinités ; cependant, celles-ci sont des êtres subalternes qui lui sont nettement inférieurs tant ontologiquement que fonctionnellement. Elles occupent le barreau inférieur de l'échelle divine, et ont pour rôle primordial de servir d'intermédiaires entre le dieu suprême et l'humain. De ce raisonnement, il n'est pas exagéré de déduire qu'à part les ordres qu'il donne, de temps en temps, à ces divinités inférieures, le grand dieu des religions afro-caribéennes vit dans une solitude totale.

Outre sa solitude, le dieu suprême afro-caribéen maintient un écart quasi-total entre Lui et sa création. Cela veut dire que son *existence* n'est pas seulement solitaire, elle est aussi *désengagée* du cosmos. Rappelons que, parlant du vodou, par exemple, Laënnec Hurbon a déclaré que dieu, le *Gran-Mèt La*, est hors du système cosmique et créationnel. Et, selon Hurbon, cette posture est essentielle au fonctionnement du système. Car dans la logique vodouesque, dieu et le monde ne peuvent pas être enfermés dans la même totalité[16]. Ici, nous devons préciser que dans les autres religions afro-caribéennes, la raison de l'absence du dieu suprême du monde temporel n'est pas aussi philosophique que le suggère Hurbon. Par exemple, dans la santeria, il s'agit tout simplement d'une décision d'ordre administratif. Dans la santeria, après avoir créé le monde, dieu délégua la gestion de la création aux divinités subalternes qui, de l'avis de certains penseurs, représentent les « yeux innombrables du dieu suprême ». Compte tenu de cet arrangement, il est superflu pour lui de continuer à s'impliquer dans les affaires

---

16. Hurbon, *Dieu dans le vaudou haïtien*, p. 185.

mondaines. Dans d'autres religions, on a l'impression que le retrait s'explique simplement par un manque d'intérêt de la part du grand dieu de se mêler aux affaires triviales du monde. Quelles que soient les raisons avancées, l'engagement de dieu avec la création est minime, on dirait même inexistant. En effet, nous pouvons dire que, n'eût été la notion de délégation de la gestion des affaires du monde aux esprits subalternes, la conception des religions afro-caribéennes de Dieu serait identique à celle du déisme.

Enfin, le grand dieu afro-caribéen semble mener une existence *dénuée de communion*. Comme nous avons eu l'occasion de le noter, aucune secte afro-caribéenne ne nous présente un dieu suprême qui maintient une relation intime avec les dévots. Elles attribuent toutes cette tâche aux divinités et esprits intermédiaires. Ce manque de communion est évident dans le fait que le grand dieu est très rarement l'objet d'adoration de la part des dévots. Cet honneur est presque toujours dévolu aux esprits. À cet égard, il est aussi remarquable de noter que le dieu suprême ne possède jamais les adorateurs, bien que l'acte de la crise de possession soit reconnu comme l'expérience culminante la plus recherchée par les adhérents des sectes afro-caribéennes.

2. *Immanence outrancière*

À l'inverse de la transcendance quasi-absolue des religions afro-caribéennes traditionnelles, le rastafarisme prône une conception de Dieu qui peut, à juste titre, être taxée d'immanence outrancière. Ici, on rencontre un entendement de Dieu qui pèse lourdement sur l'interpénétration totale de Dieu et de l'humanité. Dans cette optique, on a de la peine à déceler même une mince cloison entre les deux. En effet, la théologie rastafarienne peut être résumée, sans craindre l'exagération, comme la divinisation de l'homme et l'hominisation de Dieu.

Comme nous l'avons vu dans le chapitre 5, la croyance en la divinité de Haïlé Sélassié I est la pierre angulaire du rastafarisme. C'est le credo principal et non négociable des *rastas*. Selon les adhérents de la secte, *Jah* est le nom propre de Dieu, et Haïlé Sélassié est *Jah* par excellence. C'est pourquoi il est appelé *Jah Rastafari*. En tant que *Jah Rastafari*, il jouit d'un double statut. Selon la théologie rastafarienne, il est à la fois messie et dieu suprême. Il joue simultanément le rôle du messie attendu et de celui du Dieu vivant.

Cependant, Haïlé Sélassié est un homme. Son arrière-plan et sa trajectoire historique sont bien connus. Comment se fait-il qu'un homme puisse jouer le rôle de Dieu et de messie ? Les rastas nous enseignent que selon la logique de leur foi, cela n'est pas un problème. Pourquoi ? Parce que l'homme est divin !

Et parce que l'humain est par nature divin, il est immortel. L'affirmation de la divinité de l'homme entraîne logiquement la matérialité de Dieu et le déni de sa spiritualité. Le théologien Nathaniel S. Murrell, dans son anthologie sur le rastafarisme, résume bien la conception rastafarienne de Dieu par rapport à l'homme. Selon lui, les rastas croient en :

> L'humanité de Dieu et, de même, en la divinité de l'homme. La divinité de Dieu est révélée à travers l'humanité du dieu-homme Haïlé Sélassié I. Dieu est homme et l'homme est Dieu ; Dieu réside dans tout homme, mais il y en a un en qui il demeure entièrement et éminemment et celui-là est l'homme suprême, Rastafari, Sélassié I[17].

C'est ici l'immanence complète ; l'homme paraît être presque complètement confondu avec Dieu. Les deux partagent la même identité, et il n'existe entre eux aucune distinction appréciable d'ordre ontologique et d'ordre spatial. En pratique, l'anthropologie et la théologie propre convergent. La transcendance disparaît et le surnaturel est enfoui dans le naturel. Comme l'a remarqué le père Joseph Owens : « Les rastas ne permettent pas que leur dieu soit une entité extra-mondaine, intangible et détachée des voies de l'homme[18]. »

C. Analyse critique

Que dire de cette conception de Dieu ? Comment ces notions de transcendance et d'immanence s'alignent-elles avec le portrait de Dieu révélé dans les Saintes Écritures et que nous avons peint dans la première partie de ce chapitre ? Pour des raisons de clarté de présentation et d'analyse, nous nous proposons d'évaluer les deux concepts tour à tour.

1. Analyse de la transcendance outrancière

Vue à travers le prisme des Écritures, en soi, la notion de transcendance divine n'est guère blâmable. Comme nous l'avons noté précédemment, la Bible enseigne clairement qu'il y a une distinction entre Dieu et la création, entre le

---

17. N. S. MURRELL, « The Rastafarian Phenomenon », dans Nathaniel Samuel MURRELL, William David SPENCER et Adrian Anthony McFARLANE, sous dir., *Chanting down Babylon*, Philadelphia, Temple University Press, 1998, p. 5 [traduction libre].
18. Cité dans CHEVANNES, *Rastafari and other African-Caribbean Worldviews*, p. 38 [traduction libre].

Créateur et le créé. Cette distinction Dieu-création est présentée sous plusieurs angles. Notons-en quelques-uns.

Tout d'abord, les Écritures parlent de la transcendance *causativement*. Elles déclarent sans ambages que Dieu est la Cause du monde. C'est lui qui l'emmena à l'existence au moyen de sa parole. Quand rien n'existait, Dieu décida souverainement de créer quelque chose à partir de rien. *Ex nihilo*, c'est à dire, du néant Dieu produit l'être. Cela sous-entend nécessairement la transcendance puisqu'elle connote l'idée de séparation entre le Créateur et le créé, et de l'emprise du Créateur sur sa création.

De plus, les Écritures parlent de la transcendance *temporellement*. Cette idée découle logiquement de la doctrine de la création. Si Dieu est le Créateur du monde, il va de soi que son existence précéda celle du monde puisque Créateur et créé ne sauraient venir à l'existence simultanément. Ainsi, non seulement Dieu existe séparément du monde, mais il existait aussi *avant le monde* et *continuera d'exister après le monde*. Comme Moïse l'affirme, « d'éternité en éternité tu es Dieu » (Ps 90.1). L'éternité appartient exclusivement à lui, et jamais au monde (Gn 1.1 ; Jn 17.2, 5 ; Ep 1.4). Cet immense décalage temporel établit clairement le caractère transcendant de Dieu.

Ensuite, la Bible parle de la séparation de Dieu et de la création *ontologiquement*. Comme nous l'avons vu dans notre exposé sur les attributs de Dieu, cet adverbe a sa racine dans le mot grec *ontos* qui veut dire être. La séparation ontologique parle donc d'un abîme insurmontable entre l'être de Dieu et l'être de la création. Le portrait que la Bible donne de Dieu est celui d'un être qui est responsable de sa propre existence. Par conséquent, Dieu est la cause de son propre être ; son existence est par lui-même. Dans le langage philosophique, nous disons que Dieu est nécessaire. Son existence est *d'exigence* ; il ne saurait ne pas être ; il est impossible qu'il ne soit pas. Par contre, l'homme est contingent ; il dérive son être d'une source *extérieure* à lui-même. Il n'est pas la cause de sa propre personne, et son existence n'est pas nécessaire. En l'occurrence, son existence et sa survie dépendent d'autrui – de Dieu. Comme Paul l'a déclaré, c'est « en lui que nous avons la vie, le mouvement et l'être » (Ac 17.28). Rien n'exige que l'homme soit. À cet égard, Hurbon a raison quand il écrit : « Dieu et le monde ne peuvent pas s'enfermer dans la même totalité[19]. »

Enfin, les Écritures présentent la séparation Dieu-création *épistémologiquement*. Voilà un autre mot qui peut nous intimider mais qui, en fait, n'est pas difficile à saisir. L'adverbe trouve sa racine dans le mot grec

---

19. Hurbon, *Dieu dans le vaudou haïtien*, p. 185.

episteme qui veut dire connaissance. La séparation épistémologique entre Dieu et l'homme veut dire qu'il existe un décalage infini entre la connaissance divine et la connaissance humaine. Les Écritures elles-mêmes soulignent l'abîme cognitif qui existe entre Dieu et l'humanité. Elles enseignent que la pensée de Dieu est impénétrable, sa sagesse incomparable, « que ses jugements sont insondables, et ses voies incompréhensibles » (Rm 11.33). Se servant de la bouche d'Ésaïe, Dieu élimine toute prétention humaine de se rapprocher de sa connaissance : « Mes pensées ne sont pas vos pensées, et vos voies ne sont pas mes voies, dit l'Éternel. Autant les cieux sont élevés au-dessus de la terre, autant mes voies sont élevées au-dessus de vos voies, et mes pensées au-dessus de vos pensées » (Es 55.8-9).

La transcendance est donc une doctrine biblique. Cependant, le fait d'admettre que la transcendance est commune aux religions afro-caribéennes et à la foi chrétienne ne veut pas dire que l'énoncé de cette doctrine dans les deux systèmes est identique. Loin de là ! En réalité, telle que conçue dans les religions afro-caribéennes, la transcendance est fautive et est loin de satisfaire certains aspects importants de cette doctrine telle qu'elle est présentée dans la Bible.

De prime abord, comme nous l'avons relevé plus haut, il convient de noter que selon la foi chrétienne, le Dieu transcendant n'est pas une monade qui existe dans la solitude absolue. Il est plutôt un Dieu dont l'existence prend la forme d'une compagnie de trois personnes distinctes qui sont également divines en raison du fait que chacune d'elle possède en totalité la même nature et la même essence divine. Le Dieu transcendant biblique *n'est donc jamais seul*. Il consiste en un trio d'êtres divins de même acabit qui vivent toujours en communion perpétuelle l'un avec l'autre. Le Dieu transcendant de la foi chrétienne *n'est donc pas une entité unitaire, mais un être trinitaire.*

Ensuite, comme nous l'avons vu plus haut, dans la perspective biblique, cet être trinitaire vit non seulement dans une communion éternelle, mais il n'est aussi *jamais absent* de sa création. Selon la foi chrétienne, la transcendance de Dieu n'implique pas son éloignement physique de la création. Comme l'a souligné le philosophe américain, Francis A. Schaeffer, Dieu est là et il parle[20]. Dans notre exposé biblique et théologique nous avons fait ressortir que l'un des attributs du Dieu trinitaire est l'omniprésence. Dieu est donc présent en tout lieu et à toute heure. La Bible déclare clairement que la création est sienne et qu'il ne s'en absente jamais (Ps 24.1 ; 139). Cela ne veut pas dire que Dieu est *en* tout (ce serait la doctrine erronée du panthéisme) ; mais plutôt qu'il est partout. Il ne

---

20. Francis A. Schaeffer, *The God Who is There*, Downers Grove, InterVarsity Press, 1968 ; *He is There and He is Not Silent*, Downers Grove, InterVarsity Press, 1971.

partage pas son être avec la création, mais plutôt sa *présence*. Contrairement aux religions afro-caribéennes, le Dieu de la foi chrétienne n'est donc jamais confiné uniquement dans les hauts lieux.

Admettons pour le moment qu'en vertu de la doctrine de l'omniprésence, la transcendance doit exclure le concept d'éloignement physique. Doit-elle, pour autant, faire de la place à l'interaction de Dieu avec la création ? À la différence des religions afro-caribéennes, la foi chrétienne répond par l'affirmative. Dans la perspective biblique, *la transcendance de Dieu n'implique pas sa non-interaction avec la création*. Dieu est non seulement présent avec la création, mais il *interagit* aussi avec elle. Cette interaction n'est pas l'action des esprits subalternes qui agissent en qualité d'intermédiaires ou d'envoyés de Dieu. En effet, elle est directe – une interaction personnelle de Dieu lui-même.

Nous pourrions donner de multiples exemples pour étayer ce jugement, mais aucun d'eux ne serait plus frappant que celui de l'Incarnation. Dans cet évènement sans égal dans l'histoire de l'humanité et de la rédemption, Dieu non seulement manifesta sa présence avec nous d'une manière sans précédent, mais plus incroyablement encore, il acquit la nature humaine elle-même ! Comme l'exprime Jean dans son évangile : « La Parole a été faite chair, et elle a habité parmi nous, pleine de grâce et de vérité » (Jn 1.14). Si la transcendance exigeait la non-interaction de Dieu avec la création, l'Incarnation serait une impossibilité.

Il y a une dernière question que nous devons soulever avant de terminer cette analyse de la transcendance : La transcendance doit-elle exclure la communion avec Dieu et le genre humain comme semblent l'exiger les religions afro-caribéennes ? La réponse biblique à cette question est un grand NON ! Et nous pouvons aller plus loin en affirmant que selon la foi chrétienne, Dieu désire cette communion ; et à cause de cela, la foi chrétienne l'exige. Comme témoignage nous pourrions citer les passages scripturaires où Dieu nous exhorte à chercher sa face (Ps 27.8 ; 105.4), et où il promet d'être disponible envers ceux qui le cherchent (Ap 3.20).

De plus, il est extrêmement important de noter qu'à l'inverse des religions afro-caribéennes, selon la foi chrétienne, la communion Dieu-homme revêt un caractère exclusif. Dans sa transcendance, Dieu non seulement accommode la communion entre lui et l'homme, mais il prohibe que cette communion soit maintenue avec nul autre que lui ! Le Dieu biblique est un Dieu jaloux ! Ainsi, selon la Bible, seul le Dieu trinitaire est l'objet d'adoration et de louange. Lui seul est digne de recevoir des sacrifices et des actions de grâces. Lui seul est digne d'imprégner la vie de son peuple et de posséder leur personne. Cela se fait par l'intermédiaire du Saint-Esprit qui est lui-même membre à part entière de la trinité biblique. La Bible taxe d'idolâtrie toute attribution de ces prérogatives à des êtres autres que le Dieu trinitaire.

2. *Immanence outrancière considérée*

Qu'en est-il de la doctrine rastafarienne de l'immanence ? Il y a certaines choses qu'on peut aisément apprécier dans cet entendement de Dieu. Tout d'abord, le souci rastafarien pour un Dieu proche et accessible, un Dieu qui n'est pas un *deus abconditus* désengagé du monde qu'il a créé, a une claire résonance dans la foi chrétienne. Dans la perspective biblique, la présence et l'accessibilité de Dieu sont considérées comme essentielles à la vie dynamique du croyant. En effet, si le sentiment de l'absence de Dieu entraîne des lamentations et du découragement, le sens de sa présence engendre la joie et l'allégresse et une vision optimiste de la vie (Ps 10.1 ; 16.11 ; 21.6 ; 73.16-28). Ensuite, étant donné le climat historique dans lequel le rastafarisme a émergé, nous pouvons apprécier l'intérêt rastafarien en un Dieu qui paraît favorable au sort de l'homme noir, et auquel il peut s'identifier. Hélas, la cause de la foi chrétienne a été endommagée pendant des siècles lorsque nombre de ses porte-paroles la présentaient comme la religion de la race blanche, et que Dieu lui-même était considéré comme appartenant à cette race. Enfin, dans la conception rastafarienne de Dieu, nous décelons une ressemblance, bien que superficielle, à la doctrine de l'Incarnation. La Bible, comme nous l'avons vu plus haut, parle aussi de la convergence et de l'interpénétration de Dieu et de l'humanité. En effet, au cœur de la foi chrétienne est le concept *théandrique*, c'est-à-dire l'union de Dieu et de l'homme en la personne de Jésus-Christ (Jn 1.1, 14-18 ; Ph 2.5-11). Jésus est le point d'intersection entre la déité et l'humanité, et c'est en raison de ce fait qu'il sert, à juste titre, de pont entre Dieu et les hommes (1 Tm 2.5).

Cela dit, nous devons vite noter que l'Écriture enseigne avec une clarté lucide que ce statut Dieu-homme n'est pas attribuable à quiconque émerge sur la scène historique, quels que soient sa lignée, son profil et ses exploits. Il est réservé à un seul homme, en l'occurrence, Jésus de Nazareth. L'évangéliste Jean déclare sans ambages que c'était seulement en Jésus que le Verbe éternel s'était incarné (Jn 1.14). Par conséquent, c'est seulement ce Jésus qui révèle ce que Dieu est aux hommes (Jn 1.18). Dans la perspective biblique, nulle autre personne, tant dans l'histoire universelle que dans l'histoire de la rédemption, n'est qualifiée pour jouer ce rôle. Voilà pourquoi, Paul a pu déclarer d'une manière absolue qu'« il y a un seul Dieu, et aussi un seul médiateur entre Dieu et les hommes, Jésus-Christ, homme » (1 Tm 2.5). Il s'ensuit donc qu'en déclarant Haïlé Sélassié dieu-homme, les rastafariens usurpent un statut qui est attribuable à Dieu seul, et ce faisant, s'exposent, à juste titre, à la charge d'idolâtrie. De la Genèse à l'Apocalypse, le témoignage scripturaire contre l'octroi de l'identité divine à un être autre que le Dieu trinitaire est unanime.

La remarque précédente s'applique aussi à l'attribution du statut de messie à Sélassié. Certes, dans l'Ancient Testament, le concept de messie ou oint s'applique à plusieurs catégories de serviteurs de Dieu : prêtres, prophètes et rois. Mais bien au-dessus de ceux-là, l'Écriture hébraïque parle d'un Messie ou d'un Oint par excellence. Il s'agissait d'un personnage prophétique, issu de David, promis dans l'Ancienne Alliance et que le peuple de Dieu attendait avec inquiétude. Comme nous l'avons noté dans le chapitre 5 sur la christologie, le témoignage unanime et irréfutable du Nouveau Testament est que cette promesse eut son accomplissement en la personne de Jésus de Nazareth. Les auteurs néotestamentaires s'accordent pour reconnaître en lui le Messie attendu, et ils *n'espèrent nul autre* ! C'est en vertu de cette conviction qu'ils taxent de faux messies tous ceux qui s'arrogent le statut messianique, et qu'ils mettent le peuple de Dieu en garde contre la foi en de telles prétentions. Voici un fort contraste entre la foi chrétienne et le rastafarisme : *Jésus de Nazareth et Haïlé Sélassié ne peuvent pas tous deux réclamer le titre et les prérogatives de Messie.*

Au moyen de l'incarnation du Verbe éternel en Jésus, Dieu vint à nous d'une manière sans précédent dans l'histoire du monde et de la rédemption. C'est pourquoi Jésus est appelé Emmanuel, Dieu avec nous (Mt 1.23). En lui, Dieu entra dans notre monde et acquit notre nature (Rm 8.3). En Jésus-Christ, Dieu devint donc incroyablement immanent, car, avant lui, personne n'a connu, et ne pouvait connaître Dieu de cette manière. Mais, à l'inverse de la conception rastafarienne, cette immanence ne représentait pas une compromission de la transcendance. L'incarnation qui rendait possible cette dimension sans précédent de l'immanence divine ne signifiait pas l'identité de l'homme et de Dieu, ou l'équation de la déité avec l'humanité. Dans la perspective biblique, l'incarnation est une *addition* de la nature humaine à la nature divine, et non l'éradication de cette dernière. Comme l'a bien énoncé Paul, dans l'incarnation, Jésus-Christ qui existait de toute éternité en forme de Dieu et qui, par conséquent, jouissait de l'égalité avec Dieu, s'est dépouillé lui-même *en prenant* la forme de serviteur en devenant semblable aux hommes (Ph 2.5-8).

De plus, la Bible établit une distinction entre Jésus l'homme-Dieu, la Parole faite chair et Dieu le Père. La notion rastafarienne semble confondre les deux. Comme nous l'avons vu, Haïlé Sélassié est à la fois le messie et Jah Rastafari, c'est-à-dire dieu suprême. Voilà pourquoi, bien que le rastafarisme fasse mention de la trinité, il a un entendement confus et flou de cette doctrine.

D. Présence transcendante

Il ressort de notre analyse que, vues à la lumière des Saintes Écritures, les conceptions de Dieu présentées dans les sectes afro-caribéennes traditionnelles et le rastafarisme sont, toutes deux, fautives. Leurs erreurs consistent en leur exagération respective de la notion de transcendance et d'immanence. Dans la perspective biblique, Dieu n'est ni absent ni éloigné de sa création comme le pensent les adeptes des religions afro-caribéennes traditionnelles, ni confondu avec l'homme, et donc identique à lui, comme le croient les rastafariens. Selon l'entendement biblique, transcendance et immanence peuvent s'entrecroiser sans que la transcendance soit annulée par l'immanence, ou inversement, l'immanence soit rendue caduque par la transcendance. En d'autres termes, il est possible de parler d'une transcendance qui demeure transcendante même lorsqu'elle se révèle et se donne au commun des mortels. À cet entendement, nous donnons le nom de *présence transcendante*.

Selon nous, la transcendance est « une élévation au-dessus du commun, un avancement sur l'ordinaire, une extension au-delà de l'usuel[21] ». En d'autres termes, par transcendance nous entendons « l'espace » qui sépare deux entités. Nous mettons le mot espace entre guillemets parce que, par espace nous entendons quelque chose de plus profond qu'un concept géographique. À notre sens, dans le cas de Dieu, « l'espace » qui le sépare foncièrement de toute autre entité est bien son être. « Dieu jouit d'un statut ontologique qui le sépare du domaine de la création et qui l'élève bien au-delà de ce domaine. L'excellence de Dieu trouve son ancrage dans le caractère incomparable de son être[22]. » À cet égard, Hurbon a raison quand il affirme que Dieu et homme ne peuvent pas être enfermés dans la même totalité. Toutefois, il fait erreur s'il pense seulement en termes d'espace. Pour Dieu, même quand il y a proximité spatiale, il y a en même temps distance impénétrable. Car l'espace géographique n'est pas ce qui constitue l'élément essentiel de la distinction Dieu-homme. La différence fondamentale et qualitative entre Dieu et nous s'explique par l'unicité ontologique de Dieu et de sa propriété purement spirituelle. L'apôtre Jean déclare que « Dieu est Esprit » (Jn 4.24) et « Dieu est lumière, et qu'il n'y a point en lui de ténèbres » (1 Jn 1.5).

---

21. NOËLLISTE, « Transcendent but Not Remote », p. 120 [traduction libre].
22. *Ibid*, p. 121 [traduction libre].

Ontologiquement, il appartient à une classe unique qu'il ne partage avec aucun autre être, sauf les autres membres de la Trinité qui eux aussi partagent cette qualité.

C'est bien cette différence d'ordre ontologique qui pourvoit une explication adéquate à la transcendance de Dieu. Pour un Dieu ontologiquement unique, la proximité ne conduit jamais à la trivialité. Le philosophe danois Søren Kierkegaard explique ce que nous essayons de communiquer ici en employant le concept de « dépassement dimensionnel[23] ». Kierkegaard entend par ce concept qu'une chose peut occuper le même espace physique que nous, mais être, toutefois, au-delà de notre portée. La raison est que cette chose fonctionne à une dimension qui *dépasse* la nôtre, en raison du fait qu'une telle dimension est qualitativement différente de la nôtre. Pour sa part, le théologien américain Millard Erickson nous invite à considérer l'exemple des ondes radiophoniques pour saisir le point que Kierkegaard entend mettre en relief. Ces ondes, explique-t-il, transportent des sons qui peuvent bien être présents dans un espace physique donné ; cependant ces sons restent inaudibles aux oreilles des occupants de cet espace à moins qu'ils aient à leur disposition des appareils récepteurs qui sont branchés sur la fréquence de ces ondes. Il conclut :

> De même, Dieu est proche de nous ; sa présence et son influence sont partout. Cependant, parce qu'il opère dans un domaine spirituel de la réalité, nous ne pouvons pas avoir accès à lui par un simple mouvement géographique. Cette transition requiert un changement d'état... Ainsi, Dieu peut être proche, très proche de nous, mais aussi très distant[24].

Nous pourrions faire appel à nombre de passages bibliques pour soutenir cet entendement de Dieu. Mais faute d'espace nous allons nous attarder sur un seul de ces exemples pour illustrer ce concept de présence transcendante que nous offrons comme une conception de la relation Dieu-homme supérieure à celles que nous trouvons dans les religions afro-caribéennes.

Le passage en question est celui qui relate l'expérience que Moïse eut avec Dieu en bas du Mont Sinaï à la suite de l'apostasie du peuple d'Israël dans les chapitres 32 et 33 du livre d'Exode.

Rappelons, en bref, la scène. Pendant que Moïse était sur la Montagne en présence de Dieu pour recevoir les Dix Commandements, le peuple qui attendait

---

23. Søren KIERKEGAARD, *Concluding Unscientific Postscript*, Princeton, NJ, Princeton University Press, 1941, p. 369.
24. ERICKSON, *Christian Theology*, p. 342 [traduction libre].

au pied de la montagne devint impatient et persuada Aaron de lui fabriquer un dieu qu'il pouvait voir et adorer. Leader faible qu'il était, Aaron acquiesça et fit une image de veau d'or qu'il présenta au peuple comme leur dieu (32.1-4). Cette idolâtrie incita la colère de Dieu qui menaça de détruire le peuple, en guise de punition. Pasteur au cœur tendre, Moïse intercéda passionnément en faveur du peuple et reçut de Dieu le gage qu'il n'infligera pas ce mal au peuple rebelle et coupable (32.11-14).

Cependant, cette solution n'était que partielle. En effet, quoique Dieu promît de ne pas consumer le peuple, et d'accomplir la promesse faite aux patriarches de faire entrer le peuple dans la Terre Promise, il décida, toutefois, de ne plus l'accompagner personnellement pour le reste du voyage. Dieu s'est plutôt fait l'idée d'envoyer un ange à sa place (33.1-3). Moïse, de concert avec le peuple, trouva cette proposition inacceptable. La décision divine jeta le peuple dans la désolation (33.4). Quant à Moïse, elle suscita en lui une remontrance forte et catégorique : « Si tu ne marcheras pas toi-même avec nous, ne nous fais point partir d'ici » (33.15). Et la raison qu'il donna pour cette intransigeance était la *nécessité* de la présence de Dieu pour l'identité de son peuple. Selon lui, rien ne pouvait remplacer la présence de Dieu. Car c'est bien cette présence qui rendait le peuple unique et qui constituait sa marque distinctive (33.16).

Contrairement à la conception de Dieu prônée dans les religions afro-caribéennes traditionnelles, la présence directe et personnelle de Dieu ne constitue ni un surplus ni une entrave à la vie pleine et bienheureuse de son peuple. Bien au contraire, elle est considérée comme essentielle à leur bien-être et à leur bonheur !

Une fois de plus, agissant en accord avec sa bonté intarissable, Dieu céda au plaidoyer de Moïse : « Je ferai ce que tu demandes », répondit-il (33.17). Étonnamment, cette réponse, aussi gracieuse qu'elle fût, ne satisfaisait pas l'exigeant pasteur. En plus de la présence de Dieu, Moïse voulut voir la *manifestation* de la présence glorieuse de Dieu : « Fais-moi voir ta gloire », exigea-t-il (33.18). Et, fait incroyable, pour la troisième fois, Dieu accepta !

C'est cette réponse gracieuse à la pétition de Moïse qui met en relief d'une manière claire et précise la vérité de la présence transcendante de Dieu. Notons bien la portée théologique de ce texte extraordinaire. Dieu dit à Moïse : « Je ferai passer devant toi toute ma bonté et je proclamerai devant toi le nom de L'Éternel ! » (33.19).

Cette manifestation de sa présence était complète. C'était une présence personnelle, de bonté absolue, d'amour et de gloire. C'était une présence réelle qui se faisait fortement sentir. Le mot hébreu *kavod* qui traduit gloire signifie

« lourdeur, épaisseur ». Même face aux comportements odieux de l'homme, Dieu n'abandonne pas sa création. Dans sa grâce, il se révèle même au sein des tragédies et des crises de l'histoire. *Cependant*, cet acte de bonté divine n'abrogeait pas sa majesté transcendante. Bien que présent au milieu de son peuple, Dieu était en même temps distant de par la simple *grandeur de son Être*. Notons bien la mise en garde que Dieu fit à Moïse : « Je marcherai avec toi... [mais] tu ne pourras pas voir ma face, car l'homme ne peut me voir et vivre » (33.14, 20). Et pour le protéger de sa présence terrifiante et fascinante, Dieu lui pourvoyait un lieu de sécurité :

> Voici un lieu près de moi ; tu te tiendras sur le rocher. Quand ma gloire passera, je te mettrai dans un creux du rocher, et je te couvrirai de ma main jusqu'à ce que j'aie passé. Et lorsque je retournerai ma main, tu me verras par derrière, mais ma face ne pourra pas être vue. (33.21-23)

Conclusion

Si l'analyse que nous avons menée plus haut a du mérite, il serait complètement faux d'affirmer que les conceptions de Dieu énoncées respectivement dans les religions afro-caribéennes et dans la foi chrétienne n'ont rien de commun entre elles. Toutefois, nous basant sur cette même analyse, nous sommes obligés de dire que les traits communs que nous avons décelés entre les deux entendements ne nous autorisent pas à conclure que les deux théologies sont identiques. Certes, il y a des affinités, mais les ressemblances que nous avons eu soin de noter entre les deux visions de Dieu ne suffisent pas pour atténuer les différences majeures qui existent entre elles. Ces différences sont tellement grandes et significatives qu'elles nous exigent le sursis de l'idée selon laquelle les portraits dessinés dans les deux systèmes réfèrent à la même réalité. Et si tel est le cas, c'est une erreur de penser que servir l'un ou l'autre de ces dieux est une question indifférente et vide d'importance.

Conclusion

Revenons à la scène historique et évangélique d'Athènes du premier siècle en compagnie de l'apôtre Paul. Rappelons l'approche qu'il employa pour le discours qu'il prononça devant les Athéniens à l'Aéropage et observons ses premières remarques aux philosophes :

> Hommes Athéniens, je vous trouve à tous égards extrêmement religieux. Car, en parcourant votre ville et en considérant les objets de votre dévotion, j'ai même découvert un autel avec cette inscription : A un dieu inconnu ! Ce que vous révérez sans le connaître, c'est ce que je vous annonce. (Ac 17.22-23)

En tout premier lieu, notons que Paul a soin de rejoindre ses auditeurs en mentionnant ce qu'il a observé au cours de son investigation minutieuse de leur culture. Il se garde de se plonger tout droit dans la tâche de proclamation et de condamnation sans une compréhension préalable de l'entendement de son auditoire. De plus, son analyse de leur culture le porte à affirmer ce qu'il était convenable d'affirmer, mais sans causer de l'injure à l'intégrité de la foi chrétienne. Il ne taxe pas leur adoration de fausse et d'insincère, mais d'ignorante. « Ce que vous révérez sans le connaître, c'est ce que je vous annonce » (17.23). Il n'hésite pas à citer avec approbation leurs poètes pour étayer son argumentation quand il croit que leur pensée était en accord avec la vérité biblique (17.28).

Mais dans ce discours exemplaire, nous notons vite que Paul ne s'arrête pas là. Nous remarquons qu'il consacre le reste de son allocution à mettre en relief des comparaisons ou plus précisément des contrastes entre Yahvé et les idoles des Athéniens. De façon non équivoque, il comble le vide évident de leur théologie en présentant un entendement de la création, de l'humanité, de Jésus-Christ, du salut et des choses à venir, ancré dans la révélation divine. Il nous paraît clair que dans ce discours paulinien nous avons l'exemple d'une dialectique caractérisée par l'affirmation des *similitudes* d'une part et la correction des *différences* dans le rapport théologie-culture d'autre part.

Dans le travail de religions comparées que nous venons d'effectuer, nous avons essayé de marcher sur les traces pauliniennes en commençant par une analyse descriptive de ces cinq religions afro-caribéennes : le vodou, la santeria, le Shango, les sectes de réveil et le rastafarisme. Nous avons noté que ces mouvements religieux reflètent des transmutations des croyances africaines et d'un frottement avec le christianisme dans des contextes sociaux, politiques et historiques particuliers. Suivant l'exemple de Paul, nous avons œuvré pour déceler des similitudes et des différences entre les systèmes de foi afro-caribéens et la foi chrétienne. Comme lui, nous avons noté, çà et là, des ressemblances et des points d'intersection entre les deux. Mais, comme lui aussi, nous avons découvert des gouffres majeurs dont nous devons tenir compte.

Sur le plan christologique, nous avons noté que la notion de médiation entre Dieu et l'homme apparaît dans les religions afro-caribéennes et dans la foi chrétienne. Cependant, l'idée d'un « unique » médiateur entre Dieu et les hommes ne figure pas dans les religions afro-caribéennes. Dans la foi chrétienne, Jésus-Christ est ce médiateur. Il est le Fils de Dieu qui s'est donné en rançon et qui est ressuscité pour sauver quiconque croit en lui, le Messie de la tribu de Juda qui est vraiment Dieu (selon Rm 9.5 ; Ph 2.4-11) et qui reviendra dans sa gloire pour établir le royaume de Dieu sur la terre. De plus, dans la perspective biblique, le remplacement de Jésus-Christ par un autre messie, tel qu'Haïlé Sélassié, est totalement hors de question. Le Dieu de la foi chrétienne interdit à l'homme d'adorer un autre dieu, un ange, un esprit, un homme, ou de créer ou de se courber devant la moindre image.

Dans le domaine de l'anthropologie, la dimension spirituelle de l'homme est reconnue dans les religions afro-caribéennes, mais les concepts de l'*imago dei* (source de la dignité humaine) et de la chute de l'homme (source de sa misère) sont absents. Cette absence est bien malheureuse, car la nature pécheresse héritée par tous les hommes et femmes de toutes les races humaines explique la nécessité du sacrifice substitutif de l'homme-Dieu, Jésus de Nazareth. Ainsi, au point de vue sotériologique, la soif dans les cœurs des adhérents des religions afro-caribéennes est évidente ; mais, sans le Jésus de la foi chrétienne pour étancher cette soif, la vie éternelle reste inaccessible.

Concernant la pneumatologie, il est vrai que les dévots du vodou, de la santeria, du Shango et des sectes de réveil croient fermement dans le surnaturel ; mais les esprits qui sont au cœur de ces systèmes ne peuvent en aucune façon être identifiés à l'Esprit de Dieu que révèle la Bible. Ces êtres sont ontologiquement et/ou moralement différents du Saint-Esprit. Il est bien d'être possédé de l'Esprit, mais pour que la possession nous fasse du bien, il faut qu'elle émane du vrai Esprit. Voilà pourquoi la Bible nous exhorte à sonder les esprits pour nous assurer de leur provenance (1 Jn 4.1).

Il ne fait aucun doute que la notion de Dieu abonde dans les religions afro-caribéennes. Mais de quel dieu s'agit-il ? Aucune de ces religions ne nous présente le Dieu trinitaire de la foi chrétienne : un seul Dieu existant éternellement en trois personnes – Père, Fils et Saint-Esprit – et partageant la même nature. De même, aucune d'elles ne peint le portrait d'un Dieu qui est à la fois transcendant et immanent – un Dieu exalté mais proche, un Dieu terrible mais soucieux des siens.

Quelles conclusions tirer de cet entendement du rapport des deux systèmes de foi pour l'exercice de la piété chrétienne et du ministère chrétien ? Trois implications semblent s'imposer.

Tout d'abord, compte tenu des différences que nous avons soulignées, il est difficile de prôner, avec intégrité, l'idée d'un chevauchement entre la pratique des religions afro-caribéennes et celle de la foi chrétienne. Les écarts théologiques sont tellement énormes que nous pouvons dire, qu'au fond, ces religions et la foi chrétienne sont mutuellement exclusives. Pour le croyant afro-caribéen conscient, l'évidence scripturaire semble écarter toute possibilité de pratiquer la foi chrétienne simultanément avec une version quelconque des systèmes religieux afro-caribéens. À la lumière de l'évidence présentée dans ce travail, il semble clair qu'à la place de chevauchement on doit parler d'engagement exclusif et de résolution ferme. L'Afro-caribéen doit choisir qui sera l'Objet de son adoration : le Créateur ou la créature. Si tout cela est vrai, nous sommes obligés, à l'instar du prophète Elie devant l'apostasie évidente et persistante de la nation d'Israël, d'interpeller tous les chrétiens qui ressentent le besoin d'avoir un pied dans ces religions et un autre pied dans la foi chrétienne à ne plus hésiter entre les deux côtés, mais à faire un choix décisif aujourd'hui même : « Si l'Éternel est Dieu, allez après lui ! si c'est Baal, allez après lui ! » (1 R 18.21)

En deuxième lieu, le refus de chevauchement interreligieux ne veut pas dire désengagement culturel et coupure de relation avec les adeptes des religions afro-caribéennes. L'existence des similitudes, aussi faibles et superficielles soient-elles, constitue un pont utile de dialogue. Il est profitable à l'évangéliste ou au croyant chrétien qui veut établir un dialogue avec l'autre d'observer ses pratiques culturelles et cultuelles pour le démarrage et le maintien d'un dialogue avisé et fructueux. Dans cette optique, l'approche d'appropriation critique du contexte ambiant que nous recommandons a en vue un objectif d'évangélisation. Si nous cherchons à déceler des points communs, c'est précisément pour ouvrir des portes en vue d'une présentation plus efficace du message de l'Évangile.

En fin de compte, l'étude menée dans les pages précédentes met en lumière deux pensées fondamentales. D'un côté, les différences théologiques nécessitent le refus d'un chevauchement entre la foi chrétienne et les religions afro-caribéennes. D'un autre côté, les similitudes ouvrent des portes pour la foi chrétienne. Il semble raisonnable de retenir ces deux idées dans notre compréhension de la relation qui devrait exister entre eux. La motivation de cette position est d'emmener les adeptes des religions afro-caribéennes à faire l'expérience du bonheur et de la satisfaction qu'ils recherchent si diligemment dans ces croyances déficientes, mais qui se trouve dans l'Évangile de Jésus-Christ.

Nous espérons que les études descriptives et évaluatives de ces systèmes de croyances présentées dans cet ouvrage vous permettront de comprendre l'attention que le ministre de Dieu qui s'adonne à l'évangélisation doit prêter à la question de la relation théologie-culture. L'incarnation de la foi chrétienne dans les différents lieux géographiques et dans les différentes cultures est certes nécessaire. Mais elle doit se faire dans le maintien et l'intégrité des dogmes bibliques, sans pour autant négliger les couleurs et les fresques particulières du milieu.

Bibliographie

ALLMAN, James E., « ἱλάσκεσθαι : To Propitiate Or to Expiate ? » *Bibliotheca Sacra* 172, no. 687, juillet 2015, p. 335-355. ATLA Religion Database with ATLASerials, EBSCOhost (consulté le 29 janvier 2018).

AUGUSTIN, « La Cité de Dieu » (*De Civitate Dei*, trad.), VIII, 15, dans Saint Augustin, *Œuvres II*, sous dir. Lucien JERPHAGNON, Paris, Gallimard (Bibliothèque de la Pléiade), 2000.

BARNETT, Miguel, *Afro-Cuban Relations*, Kingston, Jamaïque, Ian Randle Publishers, 2001.

BARRETT, Leonard, E., *The Rastafarians*, Boston, Beacon Press, 1997.

BEDIAKO, Kwame, *Theology and Identity : The Impact of Culture upon Christian Thought in the Second Century and Modern Africa*, Oxford, Regnum Books, 1992.

BESSON, Jean, « Religion as Resistance in Jamaican Peasant Life : the Baptist Church, Revival Worldview and Rastafari Movement », dans Barry CHEVANNES, sous dir., *Rastafari and Other Caribbean Worldviews*, London, Palgrave Macmillan, 1998.

BIRD, Michael F., *Evangelical Theology*, Grand Rapids, Zondervan, 2013.

BISNAUTH, Dale, *History of Religions in the Caribbean*, Kingston, LMH Publishing Limited, 2006.

BLAKE, Byron, « The Caribbean – Geography, Culture, History and Identity: Assets for Economic Integration and Development », dans Kenneth HALL et Denise BENN, sous dir., *Contending with Destiny : The Caribbean in the 21st Century*, Kingston, Jamaïque, Ian Randle Publishers, 2000.

BLOCHER, Henri, *La doctrine du Christ*, Vaux-sur-Seine, France, Edifac, 2002.

BLOESCH, Donald, *Essentials of Evangelical Theology : Vol One : God, Authority and Salvation*, San Francisco, Harper and Row Publishers, 1978.

BOURASSA, François, « À propos de la rédemption », *Science et Esprit* 37, no. 2, mai 1985, p. 189-229.

CAMUS, Sandra, et Max POULAIN, « La spiritualité : émergence d'une tendance dans la consommation », *Management & Avenir* 19, no. 5, 2008, p. 72-90.

CASSEUS, Jules, *Éléments de théologie haïtienne*, Port-au-Prince, Haïti, Presse Évangélique Haïtienne, 2007.

CHAFER, Lewis Sperry, *Systematic Theology*, Grand Rapids, MI, Kregel Publications, 1993.

CHEVANNES, Barry, sous dir., *Rastafari and Other African-Caribbean Worldviews*, New Brunswick, Rutgers University Press, 1998.

CHISHOLM, Clinton, « The Rasta-Selassie-Ethiopian Connections », dans Nathaniel Samuel MURRELL, William David SPENCER, Adrian Anthony MCFARLANE, sous dir., *Chanting down Babylon*, Philadelphia, Temple University Press, 1998.

COLLINS, Jack, « A Syntactical Note (Genesis 3:15) : Is the Woman's Seed Singular or Plural ? », *Tyndale Bulletin* 48, no. 1, 1997, p. 139-148.

CULVER, Robert Duncan, *Systematic Theology: Biblical and Historical*, Fearn, Mentor/Christian Focus, 2005.

D'ALÈS, Adhémar, « Les ailes de l'âme », *Ephemerides Theologicae Lovanienses* 10, no. 1, 1933, p. 63-72. ATLA Religion Database with ATLASerials, EBSCOhost (consulté le 26 novembre 2017).

DEMAREST, Bruce, *The Cross and Salvation*, Wheaton, Crossway Books, 1997.

DESMANGLES, Leslie, *The Faces of the Gods : Vodou and Roman Catholicism in Haiti*, Chapel Hill and London, University of North Carolina Press, 1992.

DICK, Devon, *Rebellion to Riot : The Jamaican Church in Nation Building*, Kingston, Ian Randle, 2002.

DURAND, Emmanuel, « "Trinité immanente" et "Trinité économique" selon Karl Barth. Les déclinaisons de la Distinction et son Dépassement (Aufhebung) », *Revue des Sciences Philosophiques et Théologiques* 90, no. 3, 2006, p. 453-478.

DUVALIER, François, *Œuvres essentielles : Éléments d'une doctrine*, Port-au-Prince, Presses nationales d'Haïti, 1968.

EDMONDS, Ennis, « Structure and Ethos of Rastafari », dans Nathaniel Samuel MURRELL, William David SPENCER et Adrian Anthony MCFARLANE, sous dir., *Chanting down Babylon*, Philadelphia, Temple University Press, 1998.

EDMONDS, Ennis, et Michelle GONZALEZ, *Caribbean Religious History : An Introduction*, New York et Londres, New York University Press, 2010.

ERICKSON, Millard J., *Christian Theology*, 3e édition, Grand Rapids, MI, Baker Publishing Group, 2013.

FARRIS, Joshua R., « An Immaterial Substance View : Imago Dei in Creation and Redemption », *Heythrop Journal* 58, no. 1, janvier 2017, p. 108-123.

FERERE, Gerard A., *Le vodouisme haïtien / Haitian Voodouism*, Philadelphia, St. Joseph's University Press, 1989, édition bilingue.

FILS-AIME, Jean, *Vodou, je me souviens. Le combat d'une culture pour sa survie*, Montréal, Éditions Dabar, 2007.

GABUS, Jean-Paul, *Dans le vent de l'Esprit*, Paris, Les Bergers et les mages, 1992.

GATES, Brian, sous dir., *Afro-Caribbean Religions*, London, Ward Lock Educational, 1980.

GILL, David W. J., Conrad H. GEMPF, et Bruce W. WINTER, *The Book of Acts in Its First Century Setting*, vol. 2, Grand Rapids, MI, Eerdmans, 1994.

GIRVAN, Norman, « Creating and Recreating the Caribbean », dans Kenneth HALL et Denise BENN, sous dir., *Contending with Destiny : The Caribbean in the 21st Century*, Kingston, Jamaïque, Ian Randle Publishers, 2000.

GOMES, Alan W., « Glossary 1 Technical Terminology », dans William G. T. SHEDD et Alan W. GOMES, sous dir., *Dogmatic Theology*, 3ᵉ édition, Phillipsburg, NJ, P & R Pub., 2003.

HALL, Kenneth, et Denise BENN, sous dir., *Contending with Destiny : The Caribbean in the 21st Century*, Kingston, Jamaïque, Ian Randle Publishers, 2000.

HAUSCHILD, Wolf-Dieter, et Voker Henning DRECOLL, *Le Saint-Esprit dans l'Église ancienne*, Berne, Peter Lang, 2004.

HOLMES, Arthur, sous dir., *The Making of a Christian Mind : A Christian World View and the Academic Enterprise*, Downers Grove, InterVarsity Press, 1985.

HUBERT, Bernard, « Du commencement de la vie humaine. », *Bulletin de Littérature Ecclésiastique* 110, no. 2, 2009, p. 207-218. ATLA Religion Database with ATLASerials, EBSCOhost (consulté le 26 novembre 2017).

HURBON, Laënnec, *Dieu dans le vaudou haïtien*, Port au Prince, Henry Deschamps, 1987.

HURBON, Laënnec, *Religions et lien social : L'Église et l'État moderne en Haïti*, Paris, Éditions du Cerf, 2004.

HURBON, Laënnec, *Voodoo : Search for the Spirit*, New York, Harry N. Abrams, 1995.

JEANTY, Jean Edner, *Le christianisme en Haïti*, Port au Prince, Presse Évangélique Haïtienne, 1990.

JOSEPH, Jean Duthène, « The Symbiotic Relationship between Roman Catholicism and Haitian Vodou and the Impact of their Association on the Protestant Church and Community in Haiti », thèse de doctorat, Trinity Theological Seminary, NewBurgh, Indiana, 2006.

JOSEPH, Rony, *Pale Kare : Dizon Ayisyen pou tout Okazyon*, Coconut Creek, FL, Educa Vision Inc., 2009.

KAISER, Jr., Walter C., *The Messiah in the Old Testament*, Studies in Old Testament Biblical Theology, Grand Rapids, Zondervan, 1995.

KIERKEGAARD, Soren, *Concluding Unscientific Postscript*, Princeton, NJ, Princeton University Press, 1941.

KOMBO, James, *The Doctrine of God in African Christian Thought*, Leiden, Boston, Brill, 2007.

LACHATAÑERÉ, Rómulo, *El Sistema Religioso de los Afrocubanos*, Habana, Editorial de Ciencias Sociales, 1992.

Langevin, Gilles, « Jésus-Christ, l'unique médiateur : Essai sur la rédemption et le salut. Volume 1, Problématique et relecture doctrinale », *Science et Esprit* 41, no. 2, mai 1989, p. 243-245.

Madvig, D. H., « Athens », *International Standard Bible Encyclopedia*, sous dir. G. W. Bromiley, Vol. 1. Grand Rapids, Eerdmans, 1979.

Maldamé, Jean-Michel, « Adam était-il un homo sapiens ? » *Bulletin de Littérature Ecclésiastique* 112, no. 3, juillet 2011, p. 231-254. ATLA Religion Database with ATLASerials, EBSCOhost (consulté le 10 février 2018).

Marguerat, Daniel, « La "troisième quête" du Jésus de l'histoire », *RSR* 87, 1999, p. 397-421.

Marks, Herbert, « Voodoo in Haiti », dans Brian Gates, *Afro-Caribbean Religions*, London, Ward Lock Educational, 1980.

Mbiti, John, *African Religions and Philosophy*, London, Ibadan, Nairobi, Heinemann, 1985.

McFarlane, A. W., « The Epistemological Significance of "I-an-I" as a Response to Quashie and Anancyism in Jamaican Culture », dans Nathaniel Samuel Murrell, William David Spencer et Adrian Anthony McFarlane, sous dir., *Chanting down Babylon*, Philadelphia, Temple University Press, 1998.

McGrath, Alister E., *Christian Theology : An Introduction*, 6e édition, Newark, Wiley, 2017.

Mekonnen, Alemayehu, *The West and China in Africa : Civilization without Justice*, Eugene, OR, Wipf and Stock, 2015.

Meunier, Bernard, « Le christianisme a-t-il une âme ? », *Théophilyon* 11, no. 2, 2006, p. 251-270. ATLA Religion Database with ATLASerials, EBSCOhost (consulté le 26 novembre 2017).

Mintz, Sidney W., *Caribbean Transformations*, Baltimore, London, John Hopkins University Press, 1974.

Mitchell, Mozella G., *Crucial Issues in Caribbean Religions*, New York, Peter Lang, 2009.

Moore, Joseph, « Religion of Jamaican Negroes : A Study of Afro-Jamaican Acculturation », thèse de doctorat, Northwestern University, Evanston, Illinois, 1953.

Moreau, Denis, *Les voies du salut : Un essai philosophique*, Paris, Bayard, 2010.

Morrish, Ivor, *Obeah, Christ and Rastaman : Jamaica and its Religion*, Cambridge, UK, James Clarke, 1982.

Mulrain, George M., *Theology in Folk Culture : The Theological Significance of Haitian Folk Religion*, Francfort et New York, Verlag Peter Lang, 1984.

Murrell, Nathaniel Samuel, « The Rastafarian Phenomenon », dans Nathaniel Samuel Murrell, William David Spencer et Adrian Anthony McFarlane, sous dir., *Chanting down Babylon*, Philadelphia, Temple University Press, 1998.

MURRELL, Nathaniel Samuel, *Afro-Caribbean Religions*, Philadelphia, Temple University Press, 2010.

NDJEREAREOU, Abel, « God and Humanity in African Religious Beliefs and Christianity », dans Dieumeme NOËLLISTE et Sung Wook CHUNG, sous dir., *Diverse and Creative Voices : Theological Essays from the Majority World*, Eugene, Pickwick Publications, 2015.

NEIMARK, Philip J., *The Way of the Orisa*, San Francisco, Harper, 1993.

NERESTANT, Micial M., *Religions et politique en Haïti*, Paris, Editions Karthala, 1994.

NOËLLISTE, Dieumeme, « Faith Transforming Context : in Search of a Theology for a Viable Caribbean », vol 1, 1 *Binah*, 1997.

NOËLLISTE, Dieumeme, « Handmaiden to God's Economy : Biblical Foundation for Theological Education », dans Fritz DEININGER et Orbelina EGUIZABAL, sous dir., *Leadership in Theological Education, Volume 1 : Foundations for Academic Leadership*, Carlisle, Langham Global Library, 2017.

NOËLLISTE, Dieumeme, « Is Haiti Under Divine Curse ? », *Journal of Latin American Theology : Christian Reflection from the Latino South*, vol. 6, no. 1, 2011, p. 86-106.

NOËLLISTE, Dieumeme, « Transcendent but Not Remote: The Caribbean », dans Aida et William SPENCER, sous dir., *The Global God: Multicultural Evangelical Views of God*, Grand Rapids, Baker, 1998, p. 104-126.

PALMER, Delano, *Messianic 'I' and Rastafari in New Testament Dialogue : Bio-Narratives, the Apocalypse, and Paul's Letter to the Romans*, Lanham, MD, University Press of America, 2010.

PAMPHILE, Léon, *L'éducation en Haïti sous l'occupation américaine : 1915-1934*, Port-au-Prince, Imprimerie des Antilles, 1988.

PIRENNE-DELFORGE, Vinciane, « Épithètes cultuelles et interprétation philosophique. À propos d'Aphrodite Ourania et Pandemos à Athènes », *L'antiquité classique*, Tome 57, 1988, pp. 142-157.

PREMDAS, Ralph R., « Ethnicity and Identity in the Caribbean : Decentering a Myth », Kellogg Institute for International Studies, Working Paper #234, 1996.

PRICE-MARS, Jean, *Ainsi parla l'oncle*, Port-au-Prince, Les Presses de l'Imprimeur II, 1998.

RANGER, Jean-Philippe, « La question de l'animal politique : Une mise en dialogue entre Aristote et Épicure », *Revue canadienne de science politique*, vol 42, no. 1, mars 2009, p. 237-258.

RICHARDSON, Don, *Peace Child*, Glendale, Regal Books Division, 1976.

ROMAIN, Charles-Poisset, *Le protestantisme dans la société haïtienne : contribution à l'étude sociologique d'une religion*, Port-au-Prince, Imprimerie Henri Deschamps, 1986.

RYDELNIK, Michael, *The Messianic Hope : Is the Hebrew Bible Really Messianic ?* Nashville, TN, B&H Publishing Group, 2010.

RYRIE, Charles C., *Basic Theology : A Popular Systematic Guide to Understanding Biblical Truth*, Chicago, Moody Press, 1999.

SAGE, Athanase, « Péché originel : Naissance d'un dogme », *RetAug* 13, 1967, p. 211-248.

SANDERS, Ed Parish, *Jesus and Judaism*, Philadelphia, Fortress, 1985.

SCHAEFFER, Francis A., *He is There and He is Not Silent*, Downers Grove, InterVarsity Press, 1971.

SCHAEFFER, Francis A., *The God Who is There*, Downers Grove, Intervarsity Press, 1968.

SEAGA, Edward, « Revival Cults in Jamaica : Notes toward a Sociology of Religion », *Jamaica Journal* 3, no. 2, juin 1969, p. 1-13.

SHERLOCK, Charles, *The Doctrine of Humanity : Contours of Christian Theology*, Downers Grove, InterVarsity Press, 1996.

SNODGRASS, Klyne, « Reconciliation : God Being God with Special Reference to 2 Corinthians 5:11-6:4 », *The Covenant Quarterly* 60, no. 2, mai 2002, p. 3-23. ATLA Religion Database with ATLASerials, EBSCOhost (consulté le 29 janvier 2018)

SPENCER, William David, *Dread Jesus*, London, SPCK, 1999.

THIELMAN, Frank, *Ephesians : Baker Exegetical Commentary on the New Testament*, Grand Rapids, MI, Baker, 2010.

THOMAS-HOPE, Elizabeth, « The Pattern of Caribbean Religions », dans Brian GATES, *Afro-Caribbean Religions*, London, Ward Lock Educational, 1980.

TROUILLOT, Michel-Rolph, « The Caribbean Region : An Open Frontier in Anthropological Theory », *Annual Review of Anthropology* 21, 1992, p. 19-42.

TURAKI, Yusufu, *Foundations of African Traditional Religion and Worldview*, Nairobi, Kenya, Word Alive Publishers, 2006.

TURNER, Harold, « Caribbean Christianity », dans Brian GATES, *Afro-Caribbean Religions*, London, Ward Lock Educational, 1980.

TURNER, Harold, « New Religious Movements in the Caribbean », dans Brian GATES, *Afro-Caribbean Religions*, London, Ward Lock Educational, 1980.

VAN DEN TOREN, Benno, *La doctrine chrétienne dans un monde multiculturel : Introduction à la tâche théologique*, Carlisle, Cumbria, Langham Global Library, 2014.

VOGELS, Walter, « D'Égypte à Canaan : un rite de passage », *Science et Esprit* 52, no. 1, 2000, p. 21-35.

WAGLEY, Charles, « Plantation-America : A Cultural Sphere », dans Vera RUBIN, sous dir., *Social and Cultural Pluralism in the Caribbean*, New York, Annals of the New York Academy of Sciences, 1960.

WALKER, Edwin S., *Astonishing Grace : A Mentor's Ministry in Haiti and Beyond*, Bloomington, WestBow Press, 2015.

WALVOORD, John F., Roy B. Zuck et Dallas Seminary Faculty, *The Bible Knowledge Commentary : An Exposition of the Scriptures*, Colorado Springs, Victor, 2004.

Index des sujets

A
ache 45, 46, 48
Adam 104, 105, 107, 109, 111, 119
Afrique 16, 17, 18, 19, 27, 32, 45, 47, 54, 66, 67, 68, 69, 126, 129
    centrale 19, 54
    de l'Ouest 23
    occidentale 14, 17, 18, 26, 54
Afro-Caribéens 13, 17, 126, 129
Amérindiens 12, 16
anthropologie 2, 71, 74, 81, 103, 104, 106, 109, 112, 113, 114, 115, 155, 166
Antilles 49
    Grandes 11
    Petites 11
appropriation critique 6, 83, 84, 87, 167
arianisme 99
aséité 149, 150

B
bouddhisme 131

C
Caraïbes 3, 10, 11, 12, 13, 14, 15, 16, 17, 41, 43, 50, 53, 56, 59, 61, 65, 66, 68, 113
catholicisme 5, 15, 23, 29, 36, 37, 43, 47, 49, 50, 51, 53
chevauchement (de deux croyances) 4, 42, 57, 82, 123, 167
Christ de l'histoire 91
christianisme xi, 2, 3, 15, 21, 41, 43, 54, 63, 89, 91, 96, 100, 110, 117, 139, 166
    catholique 16, 27, 32, 36, 42
    protestant 16, 42, 53, 54, 56, 58
christologie 2, 92, 160
clergé vodouesque 33
Colomb, Christophe 12, 14, 15, 17
culture 1, 18, 29, 35, 37, 44, 80, 81, 82, 83, 84, 86, 87, 165
    africaine 20, 30, 53
    Akan 19
    Fon 26
    haïtienne 35
    Kongo 19
    Yoruba 18, 43, 45

D
dechoukaj 30
deus abconditus 159
diaspora 65, 66, 67, 68, 69
dieu suprême (des religions afro-caribéennes) 19, 20, 31, 42, 46, 48, 51, 52, 59, 98, 99, 139, 140, 153, 154, 161
Dieu suprême 92
différences 5, 6, 55, 88, 98, 103, 113, 127, 128, 140, 143, 164, 165, 166, 167
divinus inspiratus 136
Duvalier, François 29, 30, 32, 36, 67, 68
Duvalier, Jean-Claude 30

E
esprits danseurs / *trumping spirits* 60, 97, 99, 128, 138

F
forces spirituelles 46, 48, 51, 56, 99, 138, 139
frottement (de deux types de croyances) 3, 4, 5, 16, 21, 27, 42, 53,

166

G
ganja 68, 73
Garvey, Marcus 66, 67, 70
Gran-Mèt-la 30, 31, 32, 33
Great Awakening 53, 57

H
hamartiologie 103, 104, 107, 110
hindouisme 3, 16, 41, 50, 131
houngan/bòkòr 34, 35, 97, 141

I
Ifa 21, 50
imago dei 86, 105, 106, 114, 166
immanence de Dieu 148
immanence outrancière 152, 154
islam 2, 16, 50, 99

J
Jah 68, 71, 73, 154, 160
Jésus
    de l'histoire 90, 91
    historicité de 90
    historique 91
Jésus-Christ xi, 38, 42, 51, 59, 85, 87, 89, 90, 91, 92, 93, 94, 95, 96, 97, 98, 99, 100, 110, 111, 119, 120, 122, 123, 124, 127, 128, 129, 133, 135, 136, 143, 146, 147, 159, 160, 166, 168

K
Kumina 54, 56

L
loas 23, 28, 31, 32, 33, 34, 35, 36, 45, 46, 47, 97, 128, 138, 139

M
mambo 34, 35, 97
marijuana 73, 74

médiation 37, 80, 96, 97, 98, 100, 166
messianisme 63, 90
messie 65, 66, 70, 73, 100, 128, 154, 160, 166
Messie (Jésus-Christ) 70, 72, 89, 90, 96, 100, 108, 143, 149, 160, 166
myalisme 54, 55, 56, 112, 126

N
Nouveau Monde, le 17, 20, 21, 27

O
obeah 16, 42, 54, 55, 56, 126
orishas 43, 45, 46, 47, 48, 50, 97, 128, 138, 139

P
panafricanisme 67
panthéon vodouesque 30, 32
Pélage 110
pélagianisme 109, 110
pluralisme religieux xi, 5, 41
pneumatologie 132, 136, 138, 140, 141, 142, 166
    afro-caribéenne 140
    chrétienne 140, 143
    des religions afro-caribéennes 139, 141, 142, 143
Pocomania 53, 57, 58, 60, 61, 99, 112
protestantisme 3, 6, 15, 16, 23, 37, 43, 49, 51, 53, 110
Protévangile 120
puissances spirituelles 51, 52, 97, 126, 128, 138
Pukumina 43, 53, 57

R
RastafarI 72
Ras Tafari 65, 66, 71, 128
rastafarisme 5, 21, 43, 63, 64, 66, 68, 69, 70, 71, 74, 97, 100, 101, 112, 114, 116, 127, 128, 129, 138, 139,

143, 145, 152, 154, 155, 159, 160, 161, 165
reggae 43, 68
religions afro-caribéennes 2, 3, 4, 5, 6, 9, 10, 16, 21, 23, 63, 74, 77, 87, 89, 96, 97, 98, 99, 100, 112, 114, 116, 125, 126, 127, 128, 129, 138, 139, 140, 141, 142, 143, 145, 153, 154, 157, 158, 161, 162, 163, 164, 165, 166, 167, 168

S
saint Augustin xii, 106, 109, 110
santeria 5, 16, 21, 41, 42, 43, 44, 45, 46, 47, 48, 49, 50, 51, 52, 53, 59, 60, 61, 97, 98, 99, 100, 126, 128, 138, 139, 153, 165, 166
santeros/as 47
santos 43, 47
sectes de réveil 5, 16, 21, 41, 42, 43, 53, 54, 59, 60, 61, 69, 97, 99, 100, 112, 114, 126, 138, 141, 152, 165, 166
Sélassié, Haïlé 64, 65, 66, 67, 68, 69, 70, 71, 72, 73, 100, 145, 154, 155, 159, 160, 166
Shango 5, 16, 21, 41, 42, 43, 48, 49, 50, 51, 52, 53, 61, 69, 99, 100, 114, 126, 127, 128, 138, 165, 166
similitudes 5, 6, 88, 100, 103, 112, 125, 143, 165, 166, 167
sionisme 43, 53, 99
sotériologie 117, 118, 127, 128
symbiose xi, 4, 32, 36, 44, 46, 50, 82
syncrétisme 4, 5, 16, 21, 36, 50, 56, 81

T
traite des Noirs 14, 18, 38
transcendance de Dieu 147, 157, 158, 162
transcendance outrancière 152, 155
trumping spirits / esprits danseurs 60

V
vision vodouesque 37
vodou 4, 5, 16, 21, 23, 24, 25, 26, 27, 28, 29, 30, 32, 33, 34, 36, 37, 38, 41, 42, 43, 45, 47, 48, 49, 50, 51, 52, 53, 59, 60, 61, 64, 69, 97, 98, 99, 100, 112, 114, 126, 127, 128, 138, 141, 153, 165, 166

Index des références bibliques

ANCIEN TESTAMENT

Genèse
1.1 156
1.2 .... 134, 148
1.3 135
1.6-2.4a 104
1.10 119
1.12 119
1.18 119
1.21 119
1.26-27 105
1.31 84
2 120
2.4a 104
2.4b-3.24 105
2.7 148
2.16-17 107
3 .... 120, 124
3.1 107
3.1-5 107
3.1-6 108
3.6 107
3.9-10 108
3.14 120
3.15 .... 108, 120, 129
4.1 149
9.6 105
16.7-13 149
17.1 151
18.1-21 149
19.1-28 149
20.3 146
26.4 108
28.14 108
38.1-30 108
49.10 .... 64, 90

Exode
3.14 .... 93, 150
5.2 121
6.3 151
6-15 127
13.2-3 121
21.30-32 121
25.22 123
28.30 146
32 162
32.1-4 163
32.11-14 163
32-34 124
33 162
33.1-3 163
33.4 163
33.15 163
33.16 163
33.17 163
33.18 163
33.19 163
33.21-23 164

Lévitique
4.34-35 122
16.34 123
17.14 122

Nombres
6.1-7 73
23.19 151
24.7 108
35.31-32 121

Deutéronome
6.4-5 149
12.23 122
13.1-4 135
18.15 .... 90, 94
18.18 90

Ruth
3 120
4 120

1 Samuel
10 135
11 135
16 135
18 135
19 135

2 Samuel
7 95
7.10-16 90
7.12-16 108
7.14 65
14.14 124
22.2-3 119
23.2 146

1 Rois
8.2 150
11 65
18.21 167

1 Chroniques
17 95

Job
26.13 134

Psaumes
2 95
8.1 115
8.1ss 86
8.4-5 105
10.1 159
11.7 151
16.11 159
19.1 146
19.6 146
19.9 151
21.6 159
23 53
24.1 157
27.8 158
33.6 .... 135, 149
45.6 149
68.20 119
73.16-28 159
89 95
90.1 156
90.2 150
96.5 151
105.4 158
110 95
110.1-4 90
113.4-6 147
135.5 150
139 157
139.7 134
139.9-10 148
145.3 150
147.8 148

Proverbes
1.2-7 151
14.31 105
16.4 150
16.33 146

Ésaïe
1.1 146
6.1 146
6.1-5 147
6.3 151
9.6 .... 64, 90
11.1-5 90
12.2 119
25.9 119
40.13 .... 134, 150
41.11 119
43.3 119
43.11 119
43.25 122
48.16 .... 133, 149
49.26 119
52.13-53.12 90
55.8-9 .... 147, 157
59.2 124
59.21 133
61 90
61.1 .... 94, 149
63.9-10 133
63.12 148
63.20 149
68.11 70

Jérémie
9.23-24 146
23.5-6 90
23.24 148

Daniel
7.14 96
9.7 151
9.20-21 146
9.25 96

Osée
4.6 ix

Michée
5.2 64
6 146

Sophonie
3.17 119

Zacharie
9.9 .... 64, 95

Malachie
3.1 149
3.6 150

NOUVEAU TESTAMENT

Matthieu
1.21 .... 119, 149
1.23 .... 70, 148, 160
2.1-4 90
2.2 .... 64, 95
5.38-48 152
5.45 148
6.25-26 148
6.25-33 148
9.15 93
9.22 119
11.1-5 127
16.4 94
21.1-9 95
21.11 94
24.23-27 100
28.18 96

Marc
1.11 149
2.19 93

Index des références bibliques

Luc
1.32-33 95
1.68-69 125
4.18 127
4.18-19 94
5.34 93

Jean
1.1 .... 97, 149, 159
1.1-3 93
1.1-18 .... 100, 148
1.14 .... 81, 146, 158, 159
1.14-18 159
1.18 .... 93, 97, 146, 159
1.29 .... 122, 129
1.30 93
3.5 136
3.5-8 134
3.6 136
3.16 .... 107, 152
4.24 161
4.42 149
5.18 93
5.24 122
6.14 100
6.27 149
6.35 93
8.12 93
8.23 147
8.40 93
10.2 93
10.9 93
10.11 93
10.16 93
10.30 93
10.33 93
11.25 93
11.47 93
12.27 94
14.6 .... xi, 80, 93, 128
14.9 146
15.1 93
16.8 136
16.8-11 134

16.13 133
17.1-15 149
17.2 156
17.3 146
17.5 .... 93, 156
18.37 94
19.19 95

Actes
1.21-26 146
4.12 .... 100, 128
5.1-12 142
5.3 .... 133, 149
5.3-4 149
5.9 133
11.26 100
13.33 96
14.15-18 146
15.18 150
16.17 133
17.22 1
17.22-23 .... 147, 165
17.23 1
17.25 .... 147, 150
17.28 156
17.29 146
17.31 151
20.28 .... 93, 124
27 135
27.20 119
27.30 119
27.34 119

Romains
1.20 146
3.4 80
3.10-12 109
3.23 109
3.25 123
3.25ss 129
5.11 124
5.12 .... 109, 120
6 137
8.2-3 137

8.3 .... 93, 107, 160
8.9 149
8.11 140
8.13 137
8.13-14 140
8.19-21 111
8.21 125
8.26 149
9.5 .... 93, 166
10.17 xi
11.15 124
11.25 157
11.33 151
11.33-36 146
11.34 150
11.36 150
15.19 134

1 Corinthiens
2.10 .... 133, 149
3 140
3.17 133
5.21 120
6.19-20 124
7.22-23 124
10.4 93
12.10 134

2 Corinthiens
3.17 133
4.6 146
5.18-19 124
6.18 151
10.5 2
11.3 108
13.5 2

Galates
2.16 110
3.13 125
4.4-5 125
5.16 137
5.19-21 137
5.22-23 137

5.25 140

Éphésiens
1 118
1.4 156
1.7 123
1.11 150
1.13-14 137
1.14 150
2 118
2.1-2 139
2.1-4 109
2.1-5 120
2.8-10 110
2.22 149
4.6 149
4.25 151
4.27-30 142
5.18 .... 137, 140
5.18-20 137
6.13 139

Philippiens
1.19 133
2.4-11 166
2.5-8 160
2.5-11 159
2.10 93

Colossiens
1.15 107
1.15-18 .... 93, 147, 148
2.9 93
2.15-17 129

1 Timothée
1.19 x
2.5 .... 98, 159
4.1 .... ix, xi
6.16 150

2 Timothée
2.2 2
3.1 .... ix, xi

3.16 79
3.16-17 136

Tite
3.5 110
3.5-6 137

Hébreux
1 148
1.1 146
1.1-3 100
1.14 139
3.3 94
4.15 94
5.6 95
5.7 .... 94, 119
7.2 96
9.12 95
9.14 134
9.22 123
10.10 129
10.19ss 97
10.22 129
11.1-3 2
13.8 150

Jacques
1 151
1.17 150
3.9-10 105

1 Pierre
1.2 149
1.15 151
3.15 2
4.14 134

2 Pierre
1 79
1.4 107
1.21 135
2.1 124
3.8 150

1 Jean
1.5 .... 80, 161
4.1 166
4.10 123

Jude
3 .... xi, 2

Apocalypse
1.5 xii
1.8 .... xii, 72, 93
3.20 158
4.8 151
5.1-5 129
5.1ss 64
5.9-10 124
17.14 96
19.16 .... 64, 96
21.1 84
21.6 93
22.13 .... 72, 93

Table des matières

Préface ix

Remerciements xiii

Introduction 1

Première partie: Analyse descriptive

1 Le contexte caribéen et africain des religions afro-caribéennes.......... 9

2 Le vodou ou le culte des *loas* 23

3 Le vodou et certaines autres sectes afro-caribéennes : la santeria, le Shango et les sectes de réveil.. 41

4 Le rastafarisme ou le messianisme africain 63

Deuxième partie: Analyse critique et évaluative

5 Les critères de discernement du rapport théologie-culture............ 77

6 Jésus-Christ.. 89

7 L'humanité et le péché 103

8 Le salut.. 117

9 Le Saint-Esprit.. 131

10 Dieu... 145

Conclusion.. 165

Bibliographie 169

Index des sujets.. 177

Index des références bibliques 181

Langham Partnership est un organisme chrétien international et interdénominationnel qui poursuit la vision reçue de Dieu par son fondateur, John Stott -

promouvoir la croissance de l'église vers la maturité en Christ en relevant la qualité de la prédication et de l'enseignement de la Parole de Dieu.

Notre vision est de voir des églises équipées pour la mission, croissant en maturité en Christ, par le ministère de pasteurs et de responsables qui croient, qui enseignent et qui vivent la Parole de Dieu.

Notre mission est de renforcer le ministère de la Parole de Dieu de trois manières:
- par la mise en place de mouvements nationaux de formation à la prédication biblique
- par la rédaction et la distribution de livres évangéliques
- par la formation d'enseignants théologiques évangéliques qualifiés qui formeront ensuite des pasteurs et responsables d'églises dans leurs pays respectifs

Notre ministère

Langham Preaching collabore avec des responsables nationaux en vue de la création de mouvements de prédication biblique dirigés par les nationaux eux-mêmes. Ces mouvements, qui naissent progressivement un peu partout dans le monde, rassemblent non seulement des pasteurs mais aussi des laïcs. Nos équipes de formateurs venus de beaucoup de pays différents proposent une formation pratique qui comporte plusieurs niveaux, suivie d'une formation de facilitateurs locaux. La continuité est assurée par des groupes de prédicateurs locaux et par des réseaux régionaux et nationaux. Ainsi nous espérons bâtir des mouvements solides et dynamiques, constitués de prédicateurs entièrement consacrés à la prédication biblique.

Langham Literature fournit des livres évangéliques et des ressources électroniques par la publication et la distribution, par des subventions et des réductions à des leaders et futurs leaders, à des étudiants et bibliothèques de séminaires dans le monde majoritaire. Nous encourageons aussi la rédaction de livres évangéliques originaux dans de nombreuses langues nationales par le biais de bourses pour des écrivains, en soutenant des maisons d'éditions évangéliques locales, et en investissant dans quelques projets majeurs comme *le Commentaire Biblique Contemporain* qui est un commentaire de la Bible en un seul volume rédigé par des auteurs africains pour l'Afrique.

Langham Scholars soutient financièrement des doctorants évangéliques du monde majoritaire dans le but de les voir retourner dans leurs pays d'origine pour former des pasteurs et d'autres chrétiens nationaux en leur proposant un enseignement biblique et théologique solide. Cette branche de Langham cherche donc à équiper ceux qui en équiperont d'autres. Langham Scholars travaille aussi en partenariat avec des séminaires dans le monde majoritaire afin de renforcer l'éducation théologique évangélique sur place. De ce fait, un nombre croissant de « Langham Scholars » (le nom « Scholars » signifie « boursiers ») peut aujourd'hui suivre des programmes doctoraux de haut niveau au cœur même du monde majoritaire. Une fois leurs études terminées, ces « Langham Scholars » vont non seulement former à leur tour une nouvelle génération de pasteurs mais exercer une grande influence par leurs écrits et par leur leadership.

Pour plus d'informations, consultez notre site: langham.org

www.ingramcontent.com/pod-product-compliance
Lightning Source LLC
Chambersburg PA
CBHW070536170426
43200CB00011B/2442